复旦城市治理评论

Fudan Urban Governance Review

复旦城市治理评论　07
Fudan Urban Governance Review 07
复旦大学国际关系与公共事务学院

主编
唐亚林　陈水生

副主编
李春成　孙小逸

编辑部主任
陈水生（兼）

编辑部副主任
孙小逸（兼）

编辑委员会（按姓氏音序排列）

陈水生	陈 醒	高恩新	高 翔	谷志军
韩志明	黄 璜	李春成	李德国	李瑞昌
李文钊	刘建军	刘 鹏	罗梁波	马 亮
孟天广	庞明礼	容 志	尚虎平	锁利铭
孙小逸	谭海波	唐亚林	王佃利	吴晓林
线 实	肖建华	颜昌武	叶 林	叶 敏
易承志	余敏江	张海波	张乾友	朱旭峰

复旦城市治理评论

人民城市论

唐亚林　陈水生　主编

復旦大學出版社

内容提要

本书以"人民城市论"为主题,通过探讨人民城市论的理论渊源、人民城市论的整体逻辑、人民城市的治理主体,以及人民城市建设与更新的实践机制和逻辑等内容,阐释和建构城市发展与治理的新型理论范式和实践模式,以期推动城市的高质量发展与高效能治理,进而为民众创造美好城市生活。

本书可为基层治理特别是城市治理领域的研究者提供学术参考,也可为政府管理者的实践活动提供理论基础。

目 录

| 专题论文 |

李春成 袁沂滨 人民城市疏论 ………………………………… 3

姚尚建 人民城市的神圣性回归：基于"群众"概念的身份
考察 ………………………………………………………… 25

王佃利 孙 妍 "网格"何以为民：人民城市建设中的网格化
回应机制研究 ……………………………………………… 42

容 志 宋纪祥 以人民为中心的治理：人民城市更新的
逻辑与实践 ………………………………………………… 67

余敏江 方熠威 人民城市论的整体性逻辑：基于浦东城市
治理实践的理论思考 ……………………………………… 89

魏程琳 人民城市的生活政治学 ………………………………… 110

唐丽萍 姜 云 智慧城市为人民：科技赋能公民权益保护
问题研究 …………………………………………………… 128

| 研究论文 |

叶 敏 徐咏意 马佐江 福利型治理：沪郊HY村的村治
经验 ………………………………………………………… 155

蒋亦晴　孙小逸　城市中小企业如何应对运动式治理：
　　以 S 市 J 区环保政策执行为例……………… 168

李　玮　新冠肺炎疫情何以演变为全球灾难：基于集体
　　行动视角的理论分析………………………… 189

唐　曼　甘　甜　乡村治理数字化转型的多重逻辑：以浙江
　　省德清县为例………………………………… 217

朱　晶　李清华　张　扬　数字时代我国边境海关国门安全
　　智慧防控治理模式研究……………………… 239

专题论文

人民城市疏论

李春成*　袁沂滨**

[内容摘要]　人民城市的基本内涵包括三方面：人民是城市的主人，城市是属于人民的；人民是城市的目的，城市是为了人民的；人民是城市的力量，城市发展要依靠人民。"人民城市论"是人民主权理论、民本治理理念和民主治理伦理在城市治理与发展领域中的具体表达。"人民城市论"是一种兼具批判性和建设性的主张。作为一种批判性理论，"人民城市论"的矛头直指新自由主义对城市的人民属性的悖逆。在理论层面主要涉及城市生活异化、城市空间异化和城市权利危机等批判性议题；在实践层面主要涉及如何矫正资本逻辑的"无序扩张"，确保城市的人民属性。

[关键词]　人民属性；美好生活；城市权利；空间资本化

一、"人民城市论"的思想渊源

无论城市最初的功能源起是安全防御或商贸交通，还是社会分工或统治秩序等，其当下的目的论定义应该是：城市是由人民构

---

*　李春成，复旦大学国际关系与公共事务学院公共行政系教授、博士研究生导师。
**　袁沂滨，上海公安学院讲师。

成的,城市即人民①。套用亚里士多德的三段论目的论推理,即:"一切社会团体的建立,其目的总是为完成某些善业";城邦(城市)是"至高而广涵的社会团体","它所求的善业也必定是最高而最广的";因此,城邦(城市)的目的就是为全邦人民谋求"至善"的。②这种"至善",从市民的角度看,包括但又不仅是"为了生活"、"寻取互助以防御一切侵害","也不仅为便利物品交换以促进经济的往来"③,还包括参与城市公共事务、美德以及与美德相匹配的职务(甚至轮流执掌城市政务)等;从城邦的角度讲,主要包括"订有良法"、"实行善政"、"促进善德"④、保障正义等。尽管亚里士多德所论"城邦"基本上是指城邦国,其所谓的"全邦人民"更近于"公民"概念,且包容性很差(不包括奴隶、妇女、儿童等),但是他的观点不啻为"人民城市论"的经典阐述。

由于城市是现代国家重要的并日益成为主要的构成区域(甚至有的国家仅为单一城市国家),因此,"人民城市论"基本上可以看作国家尺度上的"人民主权论"在城市尺度上的"转译"(translation)。这种"转译"不是简单的搬迁,而是一种启示和保障:一方面,"人民城市论"是"人民主权论"在城市尺度上的具体表达,前者从后者汲取了许多被当代视为理所当然的精神元素——城市的民有、民治和民享(of the people, by the people and for the people),后者是前者的意识形态保障;另一方面,尺度的不同使两者的诉求内涵不同——城市市民权与国家公民权之间、城市正义与国家正义之间尽管有不少相通之处,但也存在重要的差异,所以,不能也不应该简单套用。不过,值得注意的是,尽管"人民城

---

① 参见[美]亨利·丘吉尔:《城市即人民》,吴家琦译,华中科技大学出版社2016年版,前言。
② [古希腊]亚里士多德:《政治学》,吴寿彭译,商务印书馆2009年版,第3页。
③ 同上书,第140页。
④ 同上书,第141页。

市"的观念古已有之,但只有在"人民主权论"嵌入实践、深入民心之后的现当代,真正的(以城市为域)"人民城市论"才有可能成为一种实践性的理念,成为一种历史性的努力。套用马克斯·霍克海默(Max Horkheimer)的论断,"人民城市论"的价值"不仅仅取决于真理的形式标准,更多地取决于其与某一特定历史时期由进步社会力量承担的任务的关系"①。

二、新时代"人民城市论"的内涵

当代中国是指"中华人民共和国",中国共产党是以"为人民服务"为宗旨的政党,中央和地方政府都是"人民政府",党和国家干部都是"人民公仆",因此,城市理应是"人民城市","人民城市"只是"人民当家作主"理念体系的一个有机组成部分。1978年,中央城市工作会议文件《关于加强城市建设工作的意见》明确提出"人民城市人民建"的方针;1983年2月16日,《人民日报》社论文章《依靠群众自己动手谋福利》把"人民城市人民建"界定为"我们党一贯坚持的自力更生、艰苦奋斗的优良传统,是勤俭办一切事业的基本经验"②。在这两篇重要文献中,"人民城市"是个理所当然的概念,其内涵重心落到依靠人民群众的力量建设城市,当时主要是指"对于确系生产、生活特别急需而城市政府一时又难以解决的市政公用设施",在自愿的前提下,可以组织人民群众和受益单位提供"必要的人力、物力、财力进行建设"。③ 这里主要强调的是人民在城市建设发展中的主体地位,未曾阐发人民城市规划和治理中

---

① 转引自[英]威廉姆·奥斯维特:《新社会科学哲学:实在论、解释学和批判理论》,殷杰等译,科学出版社2018年版,第77页。
② 人民日报评论员:《依靠群众自己动手谋福利》,《人民日报》,1983年2月16日。
③ 中共中央:《关于加强城市建设工作的意见》(中发〔78〕13号),1978年3月。

的人民主体地位、人民城市的目的(人民城市发展为了人民)和归属(人民城市属于人民)。

党的十八大以来,以习近平同志为核心的党中央进一步从政治与理论高度,丰富和深化了"人民城市"的内涵。以下是习近平总书记有关人民城市的一系列重要论述。2013年8月,在全国宣传思想工作会议上,习近平总书记提出"以人民为中心"的工作导向,将"坚持人民性"界定为"把实现好、维护好、发展好最广大人民根本利益作为出发点和落脚点,坚持以民为本、以人为本"①。2013年12月,在改革开放以来首次召开的中央城镇化工作会议上,习近平总书记提出"要以人为本,推进以人为核心的城镇化,提高城镇人口素质和居民生活质量"②。在2015年12月召开的中央城市工作会议上,习近平总书记强调"做好城市工作,要顺应城市工作新形势、改革发展新要求、人民群众新期待,坚持以人民为中心的发展思想,坚持人民城市为人民"③。2018年6月在山东青岛考察时和2019年8月在甘肃兰州考察时,习近平总书记都强调"城市是人民的","城市建设要贯彻以人民为中心的发展思想,让人民群众生活更幸福"。④ 2019年11月,习近平总书记考察上海时较为完整地提出了"人民城市"的思想:"我们这个城市,归根结底是人民的城市,是老百姓的幸福乐园","人民城市人民建,人民

---

① 《全国宣传思想工作会议在京召开》(2013年8月20日),中国文明网,http://www.wenming.cn/xj_pd/ssrd/201308/t20130820_1422721.shtml,最后浏览日期:2021年10月28日。

② 《中央城镇化工作会议在北京举行 习近平 李克强作重要讲话 张德江 俞正声 刘云山 王岐山 张高丽出席会议》(2013年12月15日),共产党员网,https://news.12371.cn/2013/12/15/ARTI1387057117696375.shtml,最后浏览日期:2021年10月28日。

③ 《中央城市工作会议在北京举行》(2015年12月22日),新华网,http://www.xinhuanet.com/politics/2015-12/22/c_1117545528.htm,最后浏览日期:2021年10月28日。

④ 《习近平:城市是人民的》(2019年8月22日),新华网,http://www.xinhuanet.com/politics/2019-08/22/c_1124906465.htm,最后浏览日期:2021年10月28日。

城市为人民","让城市成为老百姓宜业宜居的乐园"。① 2020年11月,习近平总书记在浦东开发开放30周年庆祝大会上的重要讲话中,进一步强调要"提高城市治理现代化水平、开创人民城市建设新局面。人民城市人民建、人民城市为人民。城市是人集中生活的地方,城市建设必须把让人民宜居安居放在首位,把最好的资源留给人民。要坚持广大人民群众在城市建设和发展中的主体地位"②。

习近平新时代"人民城市论"精准回答了新时代城市建设发展治理的"属于谁、为了谁、依靠谁"的根本问题,即"城市是人民的城市""人民城市为人民""人民城市人民建";是其国家治理和发展理论中"人民至上"的价值理念、"以人民为中心"的发展思想、"群众路线"工作总方针在城市治理和发展中的适用。"妙言至径,大道至简。"习近平新时代"人民城市论"直观把握了城市的本质。(1)人民是城市的主人:如无人民,就无所谓城市;人民就是城市,城市就是人民。人民是城市生活与实践的主体,人民群众是城市历史的创造者,任何城市的发展史从根本上讲都是人民的奋斗、解放与发展史。因此,城市是属于人民的。(2)人民是城市的目的:人民为了更好地生活才创造城市、来到城市的;如果城市不能提升人民群众的获得感、幸福感、安全感,不能助益人民的美好生活,那么,它就从根本上失去了存在价值。概言之,城市是为了人民的。(3)人民是城市的力量:人民是城市的核心,是最富变动性和创造力的能动性因素;人民不仅是城市建设与发展的行动主体,其不断发展的需求和期望也构成了城市发展的永续动力。总之,城市发展要

---

① 《习近平:人民城市人民建,人民城市为人民》(2019年11月3日),人民网,http://cpc.people.com.cn/n1/2019/1103/c64094-31434692.html,最后浏览日期:2021年10月28日。

② 《浦东开发开放30周年庆祝大会隆重举行 习近平发表重要讲话》(2020年11月12日),共产党员网,https://www.12371.cn/2020/11/12/ARTI1605170753247861.shtml,最后浏览日期:2021年10月28日。

依靠人民。这三个维度依次确立了城市的所属、目的和主体,引领①着人民城市建设与发展的所有制结构、目标结构和主体结构;三者相辅相成、相互呼应、互相策动,构成了新时代"人民城市"理论与实践的核心概念构架。

新时代"人民城市论"强调"坚持以人民为中心,聚焦人民群众的需求",将人民美好生活作为城市建设和发展的根本目的,以是否有利于城市人民美好生活作为评判城市规划、建设与治理的标准,将提升城市人民美好生活作为城市社会治理、经济发展和生态保护的方向指针。这充分彰显了我们党以"一切城市工作都要围绕人民群众需要、贴近人民群众生活、服务人民群众利益"作为全部城市工作的宗旨和方针。②"人民城市"是属于人民的城市,是为民服务的城市,是公共的、包容的、公平的、美好生活的城市;与之相对的是利益集团的、私有的、充满特权的资本主义城市。只有坚持城市的人民性,才能"不忘初心",原道固本,确立城市总体发展和各业发展正确的定位与方向;只有坚持城市的人民性,才能正确看待和利用城市发展中各种要素的作用,给予不同要素相当的权重,实现城市社会价值的分配正义;只有坚持城市的人民性,才能"合理安排生产、生活、生态空间",实现空间正义,使城市成为生产-生活-生态"三生融合"、宜业-宜居-宜乐-宜游"四宜兼具"③的场所;只有坚持城市的人民性,才能合理安排城市中各类别、各尺度时间之间的关系,确保时间秩序正义;只有坚持城市的人民性,才能正确利用和看待城市发展中的各种力量、调动各方面的积极性,并将人民作为城市发展的根本性依靠力量。

---

① "引领"意味着并非完全限定、绝对宰制,意味着对其他导向型治理要素与机制的包容、吸纳与运用。
② 谢坚钢、李琪:《以人民为中心推进城市建设》,《人民日报》,2020年6月16日。
③ 李琪:《人民城市人民建,人民城市为人民》,《文汇报》,2021年6月30日。

中国的城市归根结底是人民的城市,人民对美好生活的向往就是城市建设与治理的方向,也是我们做好城市工作的出发点、落脚点和根本立场。① 新时代的"人民城市论",是"城市规划好、建设好、管理好,促进以人为核心的新型城镇化发展"②工作的指导思想。

三、当代西方城市批判理论研究

城市是经济社会发展和人民生产生活的重要载体,是现代文明的标志。"当代世界是城市世界。"这不仅因为城市居民日益多于农村人口,是国家人口的主要基础;而且因为城市在组织经济生产、分配和交换,社会再生产和文化生活,政治权力的分配与使用等各方面,都发挥着根本性的作用。③ 正如哈耶克所说:"文明是与城市生活密不可分的。文明社会区别于初民社会的几乎所有的东西都是与我们称之为'城市'的大型人口集居中心紧密相关。"④基本上可以说,城市意味着文明,城市让生活更美好。

然而,现实中的城市,无论是作为物质(空间)实体,还是作为社会(交往)实体,抑或是功能(运营)实体,并非总是积极的和正确的。当"人民城市论"的理想期许遭遇城市发展中的不平衡不充分不公正的现实时,势必激发出社会批判的理论与实践。

---

① 李琪:《人民城市人民建,人民城市为人民》,《文汇报》,2021 年 6 月 30 日。
② 中共中央、国务院:《关于进一步加强城市规划建设管理工作的若干意见》(2016 年 2 月 6 日),中国政府网,http://www.gov.cn/gongbao/content/2016/content_5051277.htm,最后浏览日期:2021 年 8 月 20 日。
③ Michael Pacione, ed., *The City: Critical Concepts in the Social Sciences*, Vol 1: The City in Global Context, London and New York: Routledge, 2002, pp.1-2.
④ [英]弗雷德里希·奥古斯特·冯·哈耶克:《自由宪章》,杨玉生等译,中国社会科学出版社 2012 年版,第 515 页。

德国法兰克福学派新秀哈特穆特·罗萨(Hartmut Rosa)在对社会加速这种"新异化"进行分析时,提出了社会批判的两类模式:功能批判和规范批判(包括道德批判和伦理批判两种形态)。① 基本上可以说,功能批判主要针对的是"社会制度、社会结构和社会互动"工具理性和形式理性(譬如功用、功效、效率等),一般不涉及对目的理性和实质理性的批判。"功能批判的核心是预言社会系统(或社会实践)最终会失败、无法运作。"与功能批判主要以技术标准作为批判参照系不同,规范批判是基于一定的价值和规范标准,分析和判定某种社会分配、社会政策或社会关系是不好或不公正的。这里的关键是要能证明所参照的价值和规范(相对于其他潜在主张)有某种权威性或优先性。它们或是历史性的观念(譬如"古制"、"古法"、长期形成的文化观念),或是商谈得来的共识(譬如哈贝马斯的商谈伦理、契约伦理),或是所谓普适的正义观(譬如大多数的自由主义路径),甚或是某种自明的"公意"(譬如以人民的美好生活作为治理目的)。规范性批判又可以分为道德批判和伦理批判。罗萨认为,道德批判是以社会公正作为参照,主要关注社会物品在人际之间、群际之间分配的公平正义问题,"通常认为既有的社会制度让财货、权利、身份和/或权益出现了不公正(比如不公平)的分配"②。与道德批判倾向于以"绝对律令"、普遍道德理论作为规范基础不同,伦理批判倾向于把幸福生活(美好的或成功的生活)当作规范基础,主要批判社会系统阻碍美好的或成功的生活的实现,比如社会异化的状态。伦理批判的重点不在于公正与否,而在于幸福生活的可能性。伦理批判的典型形式是"明确指出导致人们无法实现美好生活的结构或实践模式是什么,而且这种结构或实践模式可能会让所有社会成员遭遇到某

---

① [德]哈特穆特·罗萨:《新异化的诞生:社会加速批判理论大纲》,郑作彧译,上海人民出版社2018年版,第十部分"时间情境批判的三种形态"。
② 同上书,第75页。

些异化"①。正如泰勒或麦金太尔等社群主义者所提出的,美好生活的概念已经被吸收进现代论述和实践当中,其内容与所处时代和社会相关,是特殊性的。因而,对于伦理批判的理论与实践来说,可能会因为对于"美好生活"的不同界定而生"内讧"或受到批评。尽管功能批判与规范批判,以及规范批判内部的道德批判与伦理批判在逻辑上存在上述区别,但实际运用中它们常常结合在一起,相互支撑。

"人民城市论"作为一种社会批判理论,其目的主要在于"开辟一个讨论的领域,即我们应该如何更好地理解我们当前的世界并对此做出反应"②,或者说,旨在批判性地审视城市中存在的"病状"及其"病理",阐发针对现况的批判性建设主张。借用罗萨的分析框架,"人民城市论"的城市批判包括对于城市基础设施、城市公共服务、城市治理体系、城市价值分配体系、城市物质和社会的时间和空间结构等方面的功能批判、道德批判和伦理批判。功能批判主要审视城市治理体系与治理能力的充分性和有效性,城市设施、服务、资源、时间和空间等的开发利用的有效性和可持续性,城市文明秩序与公共安全的稳定性和充分性,各项城市社会与物理机能的合理性和有效性,等等;道德批判主要关注诸种城市价值(如时间、空间、安全、资源、服务、设施、身份、职业等)的人际、群际分配正义问题,这似乎成了城市批判理论的重镇;伦理批判则以"城市让生活更美好"或美好生活作为出发点,批判性检视城市政治、经济、文化、社会、生态等各方面可能存在的阻碍。在这三种批判中,秉承人民美好生活主旨的伦理批判最契合"人民城市"精神;以分配正义为核心的道德批判最能吸引人们的眼球,是城市批判理论的富

---

① [德]哈特穆特·罗萨:《新异化的诞生:社会加速批判理论大纲》,郑作彧译,上海人民出版社 2018 年版,第 75 页。
② [英]大卫·哈维:《新帝国主义》,初立忠、沈晓雷译,社会科学文献出版社 2009 年版,第 1 页。

矿;功能批判较为具体和务实,最接近一般的城市问题研究。

既有的城市批判理论研究鲜见涵盖上述三套路径的百科全书式的研究。如果论文集也算的话,迈克尔·帕西奥内(Michael Pacione)汇编的五卷本《城市:社会科学的批判观念》①无疑是这个方向的重要努力。该论文集收集了20世纪重要的城市研究论文,批判性地审视了城市的起源与发展、城市化进程与城市变迁、城市区域一体化、城市土地利用、城市规划与政策、住房与邻里变迁、城市经济形态、城市就业与贫困、交通与城市形态、城市生活质量、居住分化和区隔、城市政治与治理等重要问题。除此之外,绝大多数研究成果都是基于特定理论视角或对某一特定问题域的专题式批判研究,其中热度最高的是城市空间正义、城市权利(the right to the city)、城市治理与发展中的新自由主义批判以及美好生活视角下的城市批判研究。当代西方最负盛名的城市批判研究包括:亨利·列斐伏尔(Henri Lefebvre)的(城市)空间生产与空间政治学理论②、城市权利以及现代日常生活批判③;大卫·哈维(David Harvey,也译为"戴维·哈维",本文译为大卫·哈维,但涉及引用文献时,保持文献原貌)的城市空间地理学批判④、城市权利运动⑤、城市社会正义批判⑥、资本主义和新帝国主义批判⑦;以及其他大量的举不

---

① Michael Pacione, ed., *The City: Critical Concepts in the Social Sciences*, London: Routledge, 2002.

② Henri Lefebvre, *The Production of Space*, translated by Donald Nicholson-Smith, Oxford and Cambridge: Basil Blackwell Ltd., 1991.

③ [法]亨利·列斐伏尔:《日常生活批判》(三卷本),叶齐茂、倪晓晖译,社会科学文献出版社2018年版。

④ David Harvey, *Spaces of Capital: Towards a Critical Geography*, Edinburgh: Edinburgh University Press, 2001.

⑤ [美]戴维·哈维:《叛逆的城市:从城市权利到城市革命》,叶齐茂、倪晓晖译,商务印书馆2014年版。

⑥ David Harvey, *Social Justice and the City*, Georgia: The University of Georgia Press, 2009.

⑦ [英]大卫·哈维:《资本之谜:人人需要知道的资本主义真相》,陈静译,电子工业出版社2011年版;[英]大卫·哈维:《资本的限度》,张寅译,中信出版社2017年版;[英]大卫·哈维:《新帝国主义》,初立忠、沈晓雷译,社会科学文献出版社2009年版。

胜举的相关研究成果,如唐·米切尔(Don Mitchell)的城市空间正义理论①等。此外,以查尔斯·泰勒(Charles Taylor)和阿克塞尔·霍耐特为代表的"承认"或"承认政治"理论研究,②尽管它们并无城市批判之名,却有城市批判之实。

将当代西方城市批判理论研究全部归为市域中的新自由主义批判,可能有简约化的嫌疑,但总体方向上应无大错。尽管流派众多、观点纷呈,但总体上讲,新自由主义者的主要观点包括:主张私有制,反对公有制,认为私有制比公有制更具效率、私有制比公有制更能保障个人自由;信奉市场"原教旨主义",推崇市场竞争,认为市场竞争是唯一有效率的资源配置机制和社会问题解决方法,"看不见的手"是经济与社会繁荣的福音,各国政府都应该建立一个统一的全球市场,实现贸易和投资在世界范围内的完全自由化;否定国家干预,敌视社会主义制度,认为任何形式的国家干预都是"致命的自负",不仅会降低经济效率,而且在政治上容易导致对自由民主的破坏和对个人权利的侵犯,是"通往奴役之路";主张"小政府",反对福利国家制度,认为"管得最少的政府,才是最好的政府"③,政府既没有权力也没有责任利用公共权力和公共财政支持社会福利保障和精神文明建设,因为生活的穷富好坏完全属于独立自主的个体私人范畴之事。

新自由主义之所以会成为众矢之的,不仅因为其理论观点有

---

① [美]唐·米切尔:《城市权:社会正义和为公共空间而战斗》,强乃社译,苏州大学出版社 2018 年版。
② 参见 Charles Taylor, "The Politics of Recognition Charles", in Charles Taylor et al., eds., *Multiculturalism: Examining the Politics of Recognition*, New Jersey: Princeton University Press, 1994, pp.25-73;[加]查尔斯·泰勒:《本真性的伦理》,程炼译,上海三联书店 2012 年版;[德]阿克塞尔·霍耐特:《为承认而斗争》,胡继华译,上海人民出版社 2005 年版;[德]阿克塞尔·霍耐特:《物化:承认理论探析》,罗名珍译,华东师范大学出版社 2018 年版。
③ 对新自由主义观点的概述,参见张才国:《新自由主义意识形态》,中央编译出版社 2007 年版,第 65—70 页。

失偏颇,更是因为,总括地说,其政策与治理实践会直接或间接损害城市"美好生活"。

首先,如果城市社会奉行"资本为王"和市场至上的逻辑,资本就会将一切城市要素包括其中的人,都转化为逐利的工具,人与人之间就只有金钱关系、利害关系,就会把他人甚至自己都当作物化的工具,遗忘"承认"、舍弃"交往理性",每个人都成为"冷漠的观察者",这种冰冷的、势利的城市只利于资本的逐利,而无益于城市中人过上"人之为人"的"优良生活"。我们并非如新自由主义所设定的原子主义个体,我们的自我认同需要他人和社会的承认和支持,且人与人之间的主体间性的承认"优位于"客观性的认知。"我们不应将沟通行动者当作一个认知意义上的主体,而应当作一个存在涉人的主体;主体并非中立地认识他人的感受,他人感受实际上会感染并影响我的自我关系。"① 缺乏"承认"的城市生活,可能是富有的,但不可能是幸福的、美好的。作为卢卡奇"物化"理论的批判继承者,霍耐特呼吁人们重拾"人之为人"的伦理性,运用"交往理性",回忆起被遗忘的"承认",以对抗新自由主义"物化"。

其次,如果城市社会奉行"资本为王"和市场至上的逻辑,不仅会使城市生活"物化",还会导致城市权利危机。尽管新自由主义主张私人财产权和个体自由权神圣不可侵犯,似乎是公民权利的"守护神"。然而,新自由主义的人权概念基本上是以个人权利和私人物权为基础的,其所捍卫的是资本的权力和资本富有者的权利。与新自由主义的个人权利观相反,大卫·哈维认为,城市权利"是一种按照我们的期望改变和改造城市的权利",是决定"我们要生活在一个什么样的城市里"的权利,其内容和意义"远远超出我们所说的获得城市资源的个人的或群体的权利"——这正是新自

---

① [德]阿克塞尔·霍耐特:《为承认而斗争》,胡继华译,上海人民出版社2005年版;[德]阿克塞尔·霍耐特:《物化:承认理论探析》,罗名珍译,华东师范大学出版社2018年版,第72页。

由主义特别关心的;同时,因为"改变城市不可避免地依赖于城市化过程中集体力量的运用,所以,城市权利是一种集体的权利,而非个人的权利"。① 因为我们生活于其中并不断改造着的城市也在塑造者我们,换言之,我们在改造城市的同时也在改造自己,所以,城市权利是城市居民身份内在的权利;"建设改造自己和自己城市的自由是最宝贵的人权之一",然而,由于新自由主义长期垄断着城市治理与发展的思想,所以,"城市权利也是迄今为止被我们忽视最多的一项权利"。② 准确地说,人民的城市权利长期被资本强权和资本主义逻辑所侵占、所篡夺。按照新自由主义的主张,城市中无需或至少不应由城市政府或集体行动提供"公共物品""共享资源",也没什么"公共利益"可言,合理存在的只有市场竞争和资本逐利。如是,城市就成了资本的工具。在一次演讲中,哈维用1975年纽约城市破产这一"具有全球性后果的重大事件"例解了新自由主义的投资利益优先于民众福祉的决策逻辑。③

最后,如果城市社会奉行"资本为王"和市场至上的逻辑,还会导致城市"空间异化",引发空间正义危机。按照新自由主义的路线,不仅国内城市会沦为资本的"投机"空间,全球城市都会成为资本全球化的表演舞台。大卫·哈维认为,资本主义城市是受利益和生产需求驱动的产物,从城市空间的规划、更新到运行,始终体现着一种资本的逻辑;④权力与资本联盟,催生出一种新型城市治理模式——"都市企业主义"(urban entrepreneurialism)。都市企业主义属于新自由主义的衍生品,它提倡公共资源私有化,鼓励多样

---

① [美]戴维·哈维:《叛逆的城市:从城市权利到城市革命》,叶齐茂、倪晓晖译,商务印书馆2014年版,第4页。
② 同上。
③ [美]大卫·哈维:《新自由主义与城市》(2006年9月),冯早早、张舒杰译,实践与文本网站,https://ptext.nju.edu.cn/b9/7c/c13495a244092/page.htm,最后浏览日期:2021年10月26日。
④ David Harvey, *Social Justice and the City*, Georgia: University of Georgia Press, 2010, p.307.

化的融资形式,试图融合国家权力、社会组织及企业与个体的私人利益(尤其是大型资本企业与政府力量的联合),形成某种都市或区域发展联盟,从而构建出垄断经济,共同攫取"垄断地租"。资本主义都市空间的生产遵循着资本的逻辑,呈现出不均衡性、利益导向性和阶级性。① 由于资本运作对空间正义的扭曲,激发了一系列为城市化空间的民主权利斗争运动,例如:1992 年,洛杉矶市公交乘坐者联盟和有关组织合力通过诉讼使得轨道建设停止转而完善地面巴士系统;2011 年 9 月,上千名示威者聚集在美国纽约曼哈顿,试图占领华尔街。在《寻求空间正义》②的作者苏贾(SOJA)看来,空间是社会构成的重要因素;空间包含正义,而不是外在于正义的;正义必然需要空间,否则正义就是一种单纯的理念,不能落地生根。因此,我们要从空间正义的角度来批判新自由主义的城市社会正义问题,深化大卫·哈维对资本主义都市空间的不平衡地理发展的批判。大卫·哈维甚至呼吁工人阶级和市民社会以"身体"为纽带,将"生活政治"与"解放政治"结合起来,通过"身体政治"(body politics)反抗新自由主义的剥削和压迫,展开针对"空间资本化"的斗争,争取空间解放,实现空间正义。③

四、新时代"人民城市论"的中国实践

"人民城市"的发展与治理是中国特色社会主义建设的应有之义和重要内容。中华人民共和国成立以来,我国城市的规划、建设

---

① 杜培培、杨正联:《大卫·哈维在城市空间层面对新自由主义的批判——基于资本的向度》,《国外理论动态》2017 年第 5 期,第 23、20 页。
② SOJA, *Seeking Spatial Justice*, Minneapolis: Minnesota University of Press, 2010.
③ 强乃社:《资本主义的空间矛盾及其解决——大卫·哈维的空间哲学及其理论动向》,《学习与探索》2012 年第 12 期。

和发展基本上贯彻了"为人民服务"的理念。但是,由于多种原因,也存在一些有违"人民城市论"理念的问题。新时代"人民城市论",既对历史与现实中我国城市规划建设治理中的问题构成了批判,也为新时代新阶段我国城市规划建设治理的未来发展提供了理论指针。

党的十九大报告指出:"中国特色社会主义进入新时代,我国社会主要矛盾已经转化为人民日益增长的美好生活需要和不平衡不充分的发展之间的矛盾。"①这一论断同样适用于我国城市:新中国成立之后,经过几十年的建设和发展,我国城市的建筑规划与基础设施、经济发展与市民生活、社会秩序与文明规范等各方面都取得了巨大发展与进步,总体上完成了建设全面小康社会的任务。但是,与人民日益增长的美好生活需要相对照,仍然存在些许不充分不平衡的问题。从新时代"人民城市论"的角度看,城市发展与治理中的"不充分"主要表现为对人民的美好生活需求满足得不充分、对人民的主体性作用重视和发挥得不充分等;"不平衡"主要体现在对各主体、各要素、各价值在城市治理中的作用、对城市资源的利用、对城市公共服务的享用、在价值分配中的权重等重要方面配置得不公平不合理。我们大致可以将"不充分"问题理解为历时性纵向发展水平问题,而将"不平衡"问题理解为共时性横向分配正义问题。经过不断深化的思想政治教育,广大党员干部和人民群众对于中国化马克思主义的"人民观"已有共识;新中国成立后尤其是党的十八代以来,对于以人民美好生活作为衡量"善治"程度的标准,也已经取得共识。因此,在城市建设发展治理实践中,"不充分"问题的重点不在于是否要以"人民美好生活需要"作为奋斗目标和衡量标准,而在于"如何做""怎么办",也就是说"不充分"

---

① 习近平:《决胜全面建成小康社会 夺取新时代中国特色社会主义伟大胜利——在中国共产党第十九次全国代表大会上的报告》,人民出版社2017年版,第11页。

问题基本上属于工具理性层面的行动策略选择问题。当然,人们可能会对"什么才是美好生活?""美好生活的标准是什么?""在何时何地何事比较适合公民参与?"等具体性、操作性问题进行讨论、发生分歧,但不会质疑这个指针性的原则和目标。因此,从"人民城市论"的视角对城市治理的历史与现实进行的反思和批判,大部分属于合理性批判范畴,相当于罗萨所讲的"功能批判"。当然,如果人们缺乏目标性共识,就目标本身的正当性和合理性存在分歧和质疑,或者,我们对某一特定城市的规划建设发展的目标、方向、内容等进行批判,认为这些方面有违"人民城市"宗旨和原则、行动准则等规范,这其实涉及城市发展与治理的目的理性和道德伦理问题,这种讨论、批评应归入罗萨所谓的"规范批判"。

信道必简、衍化至繁。"人民城市"的实践发展是"人民城市论"在城市发展治理中的具体运用、拨乱反正、贯彻实施并不断演进的过程,同时也是城市建设发展治理实际相对于"人民城市论"规范的偏离、回归、深化的过程。"人民城市论"绝不能也不应该停留在"口头上、纸面上和墙面上",而应该用于指导、批判和矫正城市规划建设发展管理之实际。当城市的重要决策话语权被单一势力垄断时,当城市公共空间的公共性受到侵害时,当城市的公共设施被不当利用时,当城市基本公共服务的均等性受到损害时,当城市的重要秩序(如时间秩序、价值秩序、社会秩序等)被不当操控时,也就是城市"异化"之时,也就是城市的人民性受到侵害之时,也就是"人民城市论"发挥其批判作用之时。这方面的典型有城市房地产的异化、义务教育的异化、医疗服务的异化、"社区团购"的异化、分配体系的异化、居民小区的异化等。

从中华人民共和国成立到改革开放,我国城市土地实行行政分配与划拨制度,土地资源的使用处于"无偿、无期限、无流动使用的状态";经过近20年(1978—1998年)的改革,实现了土地的"有偿、有期限、有流动使用";城市住房也完成了"产权公有、实物分配、低租金使用"的福利住房向社会化、商品化、货币化、市场化住房供给度的制度、金融、供应商等方面的准备。1998年下半年起,随着全国范围的住房实物分配的停止、住房分配货币化的全面启动,以及城市土地出让由"协议出让为主"转向"招标、拍卖、挂牌公开出让",城市政府开启了以土地为核心资源的"经营城市"战略,社会资本开始大量涌入房地产业,银行信贷也给予"杠杆性"支撑,我国房地产出现了量价齐升、快速发展的态势,房地产业增加值GDP占比从1978年的2.2%发展到1997年的3.7%,由2006年的4.7%①到2021年上半年的7.5%②,已然成为名副其实的"国民经济支柱产业"。更令人瞠目结舌的,房地产税收在同期一些地方政府一般公共财政收入的占比在40%以上,甚至有的高达70%以上。③ 城市政府成了名副其实的"大地主"——唯愿土地不会成为一些城市发展的"资源诅咒"。④ 从某种意义上讲,城市房地产的兴盛,形成了政府、企业、市民三方共赢的局面;据报道,新中国成立70年来,我国城市建筑大大改观、人民居住条件明显改善,城镇人均住房建筑面积由1949年的8.3平方米提高到2018年的39平方米。⑤ 改善人民群众的居住条件、提高建筑质量等,是中央推动房地产商品化、市场化、货币化改革的"初心",是与"人民城市"精神一致的。但是,由于一些地方政府的自利性行为和资本的逐利,致使房地产价格和投资增长过快,不仅影响其他产业经济发展(十

---

① 董昕:《中国房地产业的发展历程与展望——兼论中国住房制度与土地制度的改革变迁》,《经济研究参考》2017年第52期,第56页。
② 《我国GDP中,房地产所占比重是多少呢?》(2021年8月18日),腾讯网,https://view.inews.qq.com/a/20210818A0CXLD00,最后浏览日期:2021年10月28日。
③ 谢逸枫:《上半年财报透露!房地产收入占全国地方财政超70%》(2020年7月21日),网易网,https://www.163.com/dy/article/FI29MEOT0526NBTT.html,最后浏览日期:2021年10月28日。
④ 华生:《城市化转型与土地陷阱》,东方出版社2013年版,第277—278页。
⑤ 《住建部:70年来城镇人均住房建筑面积由8.3平方米提高到39平方米》(2019年9月26日),乐居财经网,http://news.leju.com/2019-09-26/6582913931898305865.shtml?wt_source=newshp_zmt_01,最后浏览日期:2021年10月28日。

八大以前不少非房地产国企央企都斥资参与房地产），而且大大提升了城市居民的购房压力。一般认为，房价收入比（房屋总价格与居民家庭年收入之比）为3—6倍比较合理；然而，我国大中城市的这个比值没有低于10倍的，对于中低收入家庭而言，买一套房子往往需要2—3家人一辈子的积蓄。就政策而言，一些地方政府的房地产政策所策动的这种发展态势无疑是有悖于、更准确地说是反噬了房地产政策的"人民城市"初衷的；就住房而言，"蜗居"是个恰当的比喻——普通市民购买的住房好比蜗牛背上的壳，在享受它的好处的同时，也被束缚和压迫着。这不啻为住房的异化。具有反讽意味的是，导致这些后果的竟是一些地方政府、地产企业、居民家庭等多方"合作博弈"的结果。自2003年起，中央政府房地产政策的导向由刺激住房消费转向抑制房价增长过快和投资过热，先后出台了"国八条""国六条"等一系列调控举措，而房价却在调整中上升。其中缘由既复杂又简单：政府作为调控者陷入利益冲突与策略矛盾之中——在经济发展上严重依赖房地产，政策方向和态度不断受到经济时局的扰动，调控态度、立场和力度反复无常；更为深刻的原因或许是，对住房的资本化定位、对房地产业的国民经济支柱产业定位缺乏反思。直到2016年12月中央经济工作会议，我们才明确提出"房子是用来住的，不是用来炒的"的定位，既要抑制房地产泡沫，又要防止房价大起大落。"房住不炒"扣准了住房这一社会物品的目的和价值属性。依据迈克尔·沃尔泽（Michael Walzer）的多元主义分配正义观或曰复合平等理论，"所有分配公平与否是与利益攸关的物品的社会意义相关的"，且每一种社会物品都构成了一个相对独立的分配领域；对于不同领域的社会物品，应当依据已达成共识的社会意义，确定其在人们之间进行自主分配的方式。①

---

① ［美］迈克尔·沃尔泽：《正义诸领域：为多元主义与平等一辩》，褚松燕译，译林出版社2002年版，第9页。

简言之,我们应该根据物品的社会意义和目的属性,来决定其分配标准和机制。就房地产而言,其分配标准主要有三——居住需求("居者有其屋")、市场价格、简单平等,其分配主体主要有二——政府(建设和分配公房)和企业(房产开发商建设和出售商品房)。到底采取哪一种分配方式,一方面要看市场效率(资源配置的效率和资本利润率),另一方面还得看社会价值(物品的本真目的和社会价值的实现)。套用《本真性伦理》作者查尔斯·泰勒的一句话,可以这样说:像既有实践揭示的那样,住房可以用市场价格机制,也可以用居住需求来分配。"只有一种怀抱两者的观点才能给予我们未加歪曲的洞察力,去透视我们需要奋起应付其最伟大的挑战的时代。"[1]哈耶克在《自由宪章》中讨论"住房与城市规划"时说,"问题不在于人们是否应当赞成或反对城市规划,而是在于所用措施是应当用来补充和支持市场,还是排挤市场并以集中管理取代市场"[2]。类似地,我们可以说:结合国情实际,从"人民城市论"的角度看,问题不在于是否应当赞成或反对市场机制,而是在于市场机制是应当用来补充和支持住房的社会价值实现,还是排挤住房的社会价值并以资本游戏取代社会意义。只有当我们辩证统一地看待人民需求和资本运作之间关系,并坚守"房子是用来住的不是用来炒的"这一本真性定位,我们在处理两难时才能立场坚定、保持政策的连续性和一贯性,才能帮助地方政府、地产企业、普通民众走出困惑、克制投机冲动。

澄怀观道、正本清源,是"人民城市论"思考问题的重要方法。近年商界比较时兴的"第一性原理"说的也是这个道理。这一思路具有很强的目的论色彩。按照亚里士多德的泰洛斯(telos)理论,

---

[1] [加]查尔斯·泰勒:《本真性的伦理》,程炼译,上海三联书店2012年版,第145页。

[2] [英]弗雷德里希·奥古斯特·冯·哈耶克:《自由宪章》,杨玉生等译,中国社会科学出版社2012年版,第527页。

世上万事万物皆有其存在的本真性目的,譬如长笛的本真性目的是用来演奏音乐而不是其他什么,譬如城邦(城市)是为了全邦人"优良的生活"而不仅仅是为了生活(生存),①譬如"房子是用来住的,不是用来炒的"。当面临城市治理难题而不知所措时,应该回到事务本身,澄怀观道,追问事务的本真目的;如此,或能拨开迷雾找到澄明之路。当今许多事情,本可以办成为民便民利民的好事情;但之所以会"变味""走调""异化",就在于一些商人"财迷心窍"、满脑子都是资本逐利思想,一些党政干部"利令智昏"、脑子里只想着政绩工程。

"房住不炒"不仅体现了新时代"人民城市论"澄怀观道的思考方法,表达了新时代"人民城市论"的"城市让生活更美好"的目的论关切,而且蕴含了新时代"人民城市论"有关城市权利的思想。相较农村,城市生活有诸多好处和便利,但其成本也较高。"只有那些通过城市生活大大提高了生产率的人,才能获取超过这一生活方式所带来的附加开支的净好处。"②如果城市住房价格和租金过高的话,势必会冲击低收入群体的生存和生活,要么忍受困苦、顽强挣扎于其中,要么被迫离开、流向居住成本更低之处。按照资本市场逻辑,城市的这种"富留穷汰"很正常、无可厚非,纯属合理的"自然选择",但这显然不符合"人民城市论"的基本精神。

尽管新自由主义在中国绝非主流意识形态,但在一些城市的规划、更新和治理实践中也不乏"资本的表达"。除了上述房地产领域中资本的投机以外,在文化娱乐圈也出现了资本的"无序扩张"。文化、文艺原本是"思想文化和意识形态工作的重要阵地,是上层建筑的重要组成部分,是党的一项极端重要的工作"。然而,随着市场经济的发展,文化似乎成了纯粹的产业,成了资本逐利的

---

① [古希腊]亚里士多德:《政治学》,吴寿彭译,商务印书馆2009年版,第140页。
② [英]弗雷德里希·奥古斯特·冯·哈耶克:《自由宪章》,杨玉生等译,中国社会科学出版社2012年版,第516页。

空间;在资本逻辑的主导下,文化在一些地方和领域中呈现出过度商业化、资本化的倾向。平台资本、流量明星、"饭圈"文化在资本逐利逻辑的主导下形成了完整利益链;"这个利益链是为资本攫取超额利润服务的"。在这个利益链中,平台资本是"操盘者";流量明星成了资本的工具,被资本选中在前台表演,诱导粉丝消费;"饭圈"文化则是资本利用自己掌握的经济力量通过影响社会特别是操控青少年的消费习惯而创造出来的消费文化,塑造了畸形的消费形态。它既不符合社会主义核心价值观,也不符合中国优秀传统文化,更不利于青少年健康成长。其典型案例是"粉丝打榜投票倒奶事件":2021 年 5 月,在网络综艺节目《青春有你》第三季中,粉丝为帮助偶像,购买赞助商奶制品后,需扫描瓶盖内的二维码才能为偶像助力,于是直接倒掉奶制品便成了最"快捷"的处理方式。这一事件中,平台资本、有关商家和流量明显是获利者,而粉丝则成了资本的逐利工具。正如马克思在《资本论》中引用英国评论家托·约·邓宁格的话所说的:"一旦有适当的利润,资本就胆大起来。如果有 10% 的利润,它就保证到处被使用;有 20% 的利润,它就活跃起来;有 50% 的利润,它就铤而走险;为了 100% 的利润,它就敢践踏一切人间法律;有 300% 的利润,它就敢犯任何罪行,甚至冒绞首的危险。如果动乱和纷争能带来利润,它就会鼓励动乱和纷争。"①

除了文艺娱乐业以外,资本的逐利性和"无序扩张"还是"人民群众所深恶痛绝的平台垄断、教育课外培训负担过重等问题"②的根源。课外培训的市场化、产业化,致使城市基础教育走样、变形,

---

① 《马克思恩格斯文集》第 5 卷,人民出版社 2009 年版,第 871 页。
② 除非特别注明,否则本文对文化娱乐教育业资本乱象的批判所引文字都出自薛鹏:《斩断娱乐圈乱象背后的资本链条》(2021 年 8 月 31 日),中央纪委国家监委网站,https://www.ccdi.gov.cn/toutiao/202108/t20210831_249112.html,最后浏览日期:2021 年 9 月 5 日。

阻碍了教育行政部门倡导的素质教育战略、"减负"政策的贯彻落实,不仅严重影响了学生的身心健康,而且"异化"了教育的本质——出现了严重的"短视化、功利化问题",同时还加剧了基础教育发展的不平衡。因此,中国共产党中央全面深化改革委员会第十九次会议审议通过了《关于进一步减轻义务教育阶段学生作业负担和校外培训负担的意见》,其中重要的一项措施就是规范、整顿被资本逻辑主导了的课外教育培训产业。其实,我国医药、医疗行业中也存在值得警惕的"资本无序扩张"。正是在这样的背景下,反垄断、反不正当竞争、"让金融回归服务实体经济本源"等,成了当前我国国家层面的城市治理的重要议题。其目的就是要斩断城市乱象背后的资本链条,"促进各类资本规范健康发展",以确保城市的人民属性。

在资本全球化的当今,人民城市的建设与发展离不开资本的参与。这就要求我们充分运用中国特色社会主义制度优势和治理智慧,正确看待和处理"资本的两面性",既充分发挥资本在城市建设和发展中的积极作用,引导资本服务于人民城市建设,又依规依法为其划出严格界限,防止城市空间的资本化和"都市企业主义"。

[本文系 2017 年教育部重大项目"国家治理体系和治理能力现代化中的法治与德治研究"(项目编号:17JZD005,项目首席专家为复旦大学潘伟杰教授)的阶段性成果。]

人民城市的神圣性回归:基于"群众"概念的身份考察

姚尚建*

[内容摘要]　城市是神圣、安全和繁荣之所,在今天,世界范围的城市发展支持了城市的繁荣与安全,却质疑了神圣的规定性,即在宗教退潮之后,城市的神圣性何以体现?从中国近代历史上看,城市是工人运动的策源地,在新中国的建立过程中,经典理论赋予劳工阶级发动城市运动和从事城市管理的合法性,城市因此成为劳工阶级的城市。在"人民城市人民建"的过程中,劳工阶级逐渐被阐述为工人与群众,群众的身份逐渐模糊。改革开放以来,城市化的推进使更多劳动人口过上了城市生活,城市日益成为一个汇聚劳动、知识和社会各阶层的新空间。因此从阶级的城市到人民的城市,伴随着权利的发育与身份的转换。城市常住人口与城市居民的身份逐渐重叠,消弭了"群众"的模糊身份,从而使"群众"这一语词逐渐有了主体性特征。人民城市的再次提出,标志着"劳工神圣"到"人民万岁"的神圣性回归。

[关键词]　城市政治;人民城市;人民;劳工;群众

---

* 姚尚建,华东政法大学政治学与公共管理学院教授、博士研究生导师。

一、研究的缘起：城市神圣性的流失

无论是假设中的黑曜石城还是论证中的二里头文化遗址，都生动说明城市的出现是人类历史上的重大事件。城市一旦出现，迅速成为人类文明的核心部分，而城市兴衰更替，更促使人们反思，我们该拥有何种城市？我们又该如何建设城市？

乔尔·科特金（Joel Kotkin）认为，城市的兴衰取决于三种力量的作用，"三个关键因素决定了这些城市全面健康的发展，即地点的神圣，提供安全和规划的能力，商业的激励作用。在这些因素共同存在的地方，城市文化就兴盛；反之，在这些因素式微的地方，城市就会淡出，最后被历史所抛弃。"[①]这一判断从信仰、政权、商业等三个角度，既观照了城市的历史脉络，又尽量挖掘城市发展的内核及其基本动力。应该说，虽然这一把资本主义与城市联系起来的逻辑仍有存疑之处，[②]但是这一判断兼顾了东西方城市的宗教、政治、资本权力的消长，因此具有很强的阐释力。这一判断同时没有解答的问题是，在今天的世界，随着信仰的普遍式微，那些确保城市神性的部分流失之后，城市何以保持其独特的神圣性？

在数千年的城市发展史中，城市见证了民族国家的独立，见证了地理大发现和全球贸易体系的运转，也见证了人们建设更好城市的努力。其中，既包括中世纪以来基于权利崛起的城市复兴，也包括乔治-欧仁·奥斯曼（Georges-Eugène Haussmann）对巴黎的"创造性的破坏"。在建设理想城市方面，美国遭遇了罗伯特·欧

[①] [美]乔尔·科特金:《全球城市史》，王旭等译，社会科学文献出版社2014年版，第4—5页。

[②] [加]艾伦·米克辛斯·伍德:《资本主义的起源：学术史市域下的长篇综述》，夏璐译，中国人民大学出版社2016年版，第55—60页。

文(Robert Owen)新和谐城(New Harmony, Ind.)的失败,而约翰·斯蒂芬(John Stevens)发起的"工业区住宅协会"(Industrial Homes Associations)运动在奥内达和摩门教社区以外地区也纷纷败北。亨利·丘吉尔(Henry Churchill)分析了上述两个成功的社区案例后认为:"两个试验的成功之处就在于它们从一开始就清醒地认识到,居民之间的合作一定要建立在坚实的经济基础和相同的社会观念之上,居民绝不能是一些仅仅为了获得自己的土地而随意组合起来的群体。"①"工业区住宅协会"两个成功案例的价值还在于它提供了一种反思,即在宗教社区之外的社区,居民如何形成新的联合?

如果说奥斯曼的巴黎城建立了建筑与街道的整体性审美,为现代资本主义的发展奠定了良好的城市基础,那么欧文等人的城市试验关注了城市的居民,这一基于权利崛起的思维方式为城市发展中人的发现提供了前提。从这个意义上讲,欧文等人更接近城市政治的核心,城市实现了神圣的建筑群向社会权利共同体的转向,也为重建城市的神圣性提供了理论的切口。

二、作为阶级的劳工与群众:城市神圣性的重建

西方工业革命的成就逐步动摇了宗教的力量,资产阶级开始步入政治中心,人类历史上出现了资产阶级缔造的国家与城市。在无产阶级经典理论家看来,这种基于资本的国家与城市意味着新的阶级剥削,无产者只有推翻这样的国家制度与城市制度,并拥有自己的国家与城市,工人阶级才能得到彻底的解放,而一个由无

---

① [美]亨利·丘吉尔:《城市即人民》,吴家琦译,华中科技大学出版社2016年版,第52页。

产阶级控制的城市才是自由的城市,才是神圣的城市。

1. 工人革命与城市权力的运行

1871年3月19日,巴黎公社第二号公告敦促人民重新选举:"公民们!你们曾责成我们组织巴黎的防务,捍卫你们的权利。我们认为这一任务业已完成:凭借你们的英雄豪迈和沉着镇静,我们已把卖国政府赶走了。此刻,我们的代表证已告期满,特此奉还,因为我们无意于谋取刚被群众风暴推翻的那些人的位置。为此,请即准备公社选举,进行投票。看到你们得以建立一个真正的共和国,就是对我们梦寐以求的愿望给予了唯一可能的报赏。目前,我们谨以人民的名义,留守在市政厅。"①巴黎革命者重新把城市交还给人民,交还给经过民主选举后的巴黎公社。

"历史上还没有这种先例,一个临时政权如此迫不及待要把自己的委任交到普选产生的代表手中。"②虽然时间短暂,但是工人阶级通过革命重新赢得了城市,"1871年,工人阶级自从有自己的历史以来第一次在一个作为首都的大城市中掌握了政权"③。这一历史事实改变了城市的核心价值。如果说宗教信仰赋予城市的神圣性已经消退,那么在巴黎公社运动中,在无神论者这里,城市神圣性的来源已经发生了改变:巴黎公社运动说明城市的神圣性并不来自抽象的观念,而来自工人阶级基于社会革命和民主选举重新获得城市的这一过程,来自为捍卫巴黎公民权利而行使城市权力的过程。

2. 劳动神圣与中国劳工阶级的形成

鸦片战争把农业中国推向了全球体系,其后,随着近代中国工人阶级逐步登上历史舞台,中国也爆发了诸如罢工、游行示威等社会运动。如果说19世纪欧洲的社会运动中,工人阶级已经成为一

---

① 罗新璋编译:《巴黎公社公告集》,上海人民出版社1978年版,第4页。
② 同上书,第7页。
③ 《马克思恩格斯文集》第4卷,人民出版社2009年版,第314页。

支独立的政治力量,那么在东方,这一力量仍然非常弱小,甚至仅仅表现为一种时而浮现的"社会问题"即"劳工问题"。在中国早期的社会学看来,劳工问题已经构成理解晚清以来中国工业化与现代转型的枢纽,任何关于近代中国的经济、社会和政治变迁的讨论中,劳工问题都是无法回避的存在。① 中国"劳工问题"的产生与近代工业革命的传入有关,"中国劳工问题,乃指中国产业劳动者的问题。中国系产业落后的国家,照例不易发生劳工问题。故稽考中国旧时的典籍,找不出'劳工问题'这个名词。迨至最近数十年来,西洋的产业革命波及中国,使劳工运动,在中国的南北通商大埠次第发现。"② 从工业史和社会主义运动史的角度看,中国的劳工的崛起是世界性工人运动的组成部分,是西方国家的工业革命波及了工业化刚刚起步的近代中国的政治后果;西方工人运动的内容同步影响着中国的城市发展。

裴宜理(Elizabeth Perry)指出:"20世纪的中国政治领袖在描绘新社会蓝图时均予以工人阶级一种特别的地位。现代化几乎都是产业化的同义语,工人则被视为发展的代表。一个宣称代表进步力量的政党因而没有理由不需要全体工人阶级的支持……无论是国民党人还是共产党人,都积极采取措施,将这一不断增长的势力纳入议事日程。"③ 随着工业化的推进与革命思想的引入,劳工逐渐演化为中国的工人阶级,工人阶级的成长改变了城市的阶级性质,为无产者的城市革命提供了队伍。在这一基础上,蔡元培于1918年进而强调,所谓劳工,"不但是金工、木工等等,凡用自己的劳力作成有益他人的事业,不管他用的是体力、是脑力,都是劳工。所以农是种植的工,商是转运的工,学校职员、著述家、发

---

① 闻翔:《劳工神圣:中国早期社会学的视野》,商务印书馆2018年版,第2页。
② 何德明:《中国劳工问题》,商务印书馆1938年版,第1页。
③ [美]裴宜理:《上海罢工——中国工人政治研究》,刘平译,江苏人民出版社2001年版,第4—5页。

明家是教育的工,我们都是劳工。我们要自己认识劳工的价值。劳工神圣"①! 不难看出,蔡元培的呼吁起码从两个方面揭示了劳工的本质。首先,沿袭了亚当·斯密到马克思逐渐递进的逻辑,即"劳动是衡量一切商品交换价值的真实尺度"②,以及"只要承认某种产品的效用,劳动就是它的价值的源泉。劳动的尺度是时间,产品的相对价值由生产这种产品所需的劳动时间来确定"③。其次,劳工并不局限于工人阶级,包括农民、知识分子、职员等,都是依靠劳动创造价值,不管是城市还是农村,都属于广大劳动者,属于广大劳工。毛泽东在1921年进一步强调:"不劳动者不得食! 劳动者获得罢工权利! 劳工神圣! 各尽所能,各取所值! 全世界都是劳动者的!"④因此在劳工的背后,劳动构成劳工神圣的来源;而劳工从问题向阶级的转变,为城市的阶级性提供了前提。

3. 人民城市的依靠者:工人阶级与劳动群众表述的分离

1921年7月,《中国共产党第一个纲领》明确指出,中国共产党承认苏维埃制度,并"把工农劳动者和士兵组织起来"⑤。在人民解放战争后期,中国共产党开始接管城市,并在一些城市成立了民主政权,但是当中国共产党人重新进入城市后,他们很快发现,丰富的农村革命经验并不能照搬到城市治理中。1947年12月3日,石家庄市民主政府成立后,积极进行恢复救抚工作,并发出布告,号召全市市民动员起来,迅速建设人民城市石家庄。市政府布告称:(一)工人、贫民要起来保卫自己的工厂和公共建筑,组织纠察队维持治安。(二)农民们要起来实行耕者有其田。(三)工商

---

① 蔡元培:《劳工神圣说词》,载汪晖:《文化与政治的变奏:一战和中国的思想站》,上海人民出版社2014年版,第232页。
② [英]亚当·斯密:《国民财富的性质和原因的研究》(上卷),郭大力、王亚男译,商务印书馆1972年版,第26页。
③ 《马克思恩格斯全集》第4卷,人民出版社1958年版,第88页。
④ 中央文献研究室、中央档案馆:《建党以来重要文献选编》(第一册),中央文献出版社2011年版,第50页。
⑤ 同上书,第1页。

学各界迅速复工、复业、复学。① 1948年11月22日,河北省保定市解放。1949年1月6日晚,保定市政府召开市政府各局和直属单位全体干部学习大会,丁廷馨副市长指出,很多同志很不了解或不大了解学习的重要,不了解农村中老的一套经验不能完全用于城市,因此如果不去积极学习提高自己,就不能把建设新城市的工作做好,就不能创造管理城市的经验。② 这些都说明,中国共产党人面临前所未有的管理城市的挑战,克服这些挑战必须依靠城市工人和城市贫民恢复生产,而人民城市的官方表述明确了城市的阶级属性。

1949年3月,中共七届二中全会在河北省平山县西柏坡村召开,会议决定党的中心工作从农村转移到城市,并实行由城市领导乡村的工作方式。毛泽东在这次会议上强调:"我们必须全心全意地依靠工人阶级,团结其他劳动群众,争取知识分子,争取尽可能多的能够同我们合作的民族资产阶级分子及其代表人物站在我们方面,或者使他们保持中立,以便向帝国主义者、国民党、官僚资产阶级作坚决的斗争,一步一步地去战胜这些敌人。同时即开始着手我们的建设事业,一步一步地学会管理城市,恢复和发展城市中的生产事业。"③在这一重要讲话中,毛泽东对城市工作与农村工作进行了区分,对工人阶级与劳动群众进行了区分,即明确中国的城市建设与管理必须依靠工人、劳动群众、知识分子,即依靠广大劳工,工人阶级事实上成为新中国城市的领导者,其他劳动群众成为城市的管理者和生产者。

西柏坡会议确定的以城市为中心的工作方针,引领了一段时

---

① 《石庄市府号召居民协力重建人民城市》,《人民日报》,1947年12月5日。
② 《保定市政府及各局,树立正规学习制度,努力学习建设人民城市》,载中共保定市委党史办公室:《解放保定——纪念保定解放四十周年资料专辑》,河北人民出版社1988年版,第460页。
③ 《毛泽东选集》第四卷,人民出版社1991年版,第1427—1428页。

期各地的城市工作,城市领导阶级、城市精英、普通市民被初步区分。1949年6月8日,青岛市军管会召开座谈会,提出建设人民城市的三项任务:确立革命秩序,保障社会治安;做好接管工作;恢复发展生产安定民生。军管会主任向明指出,长期的建设任务,是依靠毛主席和共产党的领导,依靠全体工人、职员、工程师并团结广大的劳动群众和知识分子及私营商业者共同努力,才能使消费的青岛变成生产的青岛,使落后的农业国变成先进的独立自主的工业国家,这样人民才能免于贫困,工人阶级的生活才能彻底改善。① 在这一"建设人民城市"的讲话中,劳工阶级已经被具体表述为"工人、职员、工程师以及广大的劳动群众、知识分子及私营商业者"。这一中心-外围式的表述方式意味着,在青岛这座城市建设与管理上,工人、职员、工程师居于城市领导者的地位,而群众,是需要团结的对象。

三、城乡分割与"群众"的模糊身份

如果说城市解放需要从意识形态上明确工人阶级的政治边界,那么在进入大规模城市生产阶段,工人阶级与劳动群众的边界就逐渐模糊了。1949年后,中国工业化启动,并在积贫积弱的国家确定重工业优先的原则。这一原则汇聚了特定阶段的国家利益,此后,工人、工业、工厂、知识分子、群众等和城市开始紧密联系起来,城市生产者与农村生产者一道,逐步形成一个整体性的概念:人民群众。

1. 人民群众与城乡分割

1949年,全国城镇人口仅占全部人口的7.3%,到1978年,这

---

① 青岛市档案馆编:《青岛解放档案史料汇编》,中国档案出版社1998年版,第555页。

一比例不过为11.8%。① 但是长期的战乱使城乡经济凋敝，1949—1952年全国城镇待业人员年末人数分别达474.2万、437.6万、400.6万和376.6万，这些失业人员既包括工人，也包括店员、平民、学生、官吏、商人、知识分子，还包括进入城市谋生的乡村破产农民。② 1953年元旦，《人民日报》社论指出："工业化——这是我国人民百年来梦寐以求的理想，这是我国人民不再受帝国主义欺侮不再过穷困生活的基本保证，因此这是全国人民的最高利益。全国人民必须同心同德，为这个最高利益而积极奋斗。"③ 在社论中可以看出，工业化战略并非仅仅了为解决城市问题，而是要同步解决中国长期以来的贫困问题。对于生活在城市中的个体来说，工人及其他人员面临共同的贫困命运，摆脱这一现状，城市就需要发展工业，并以工业化驱动国家城乡、区域的经济发展。

1953年，国家制定第一个五年计划，对重大建设项目、生产力分布和国民经济比例关系等进行规划，城市则成为中国经济引擎。"一五"计划，拟扩(改)建与新建若干个重工业区，包括以钢铁和机器制造工业为中心的鞍山、武汉、包头三个区域，以石油化工、有色金属和机器制造工业为中心的兰州区域，以动力设备、重型机械制造工业为中心哈尔滨、沈阳、齐齐哈尔、西安区域，以化学工业为中心的吉林区域，以煤炭和采矿设备制造为中心的抚顺、大同区域，以机器制造工业为中心的洛阳、成都区域。④ 以城市为中心的大规模的工业扩张，既形成了产业区域均衡，又在全国各地动员了工人阶级。

---

① 陈甬军、陈爱民编著：《中国城市化：实证分析与对策研究》，厦门大学出版社2002年版，第108页。
② 周肖：《1949—1957年间农民进城问题的历史考察》，《江汉论坛》2016年第10期。
③ 《迎接一九五三年的伟大任务》，《人民日报》，1953年1月1日。
④ 洪向华、石建国："一五"计划：新中国工业化的奠基之作》，《北京日报》，2019年6月17日。

需要强调的是,由于中国工业化刚刚起步,以及重工业相较于轻工业吸纳工人的能力较弱,这些工业化战略客观上仅仅能满足城市工人的就业,因此除了东北地区外,其他地区大量的涌入城市的农民被劝返农村继续从事农业生产。1953年4月17日,政务院总理周恩来签署《关于劝止农民盲目流入城市的指示》,要求今后县、区、乡政府对于要求进城找工作的农民,除有工矿企业或建筑公司正式文件证明其为预约工或合同工者外,均不得开给介绍证件;对于现已进城的农民,应动员返乡。① 值得注意的是,这一文件中使用了"农民盲目入城"等表述,此后,农民进城从出口入口均被更加严格限制。1958年,《中华人民共和国户口登记条例》颁布,城乡二元体制形成。

2. 城市的优先发展与"群众"的从属性身份

关于群众的定义,经典理论家恩格斯在《普鲁士"危机"》中已经给出了答案:"资产阶级至多不过是一个没有英雄气概的阶级。在十七世纪的英国和十八世纪的法国,甚至资产阶级的最光辉灿烂的成就都不是它自己争得的,而是平民大众,即工人和农民为它争得的。"② 不难看出,在经典理论家那里,群众就是平民大众,就是工人和农民。在中国的实践中,依靠群众,发动群众同样是中国革命胜利的重要手段。1929年9月,周恩来起草《中共中央给红军第四军前委的指示信》,他在信中指出,"凡红军一切行动务要避免单纯的军事行动,要与群众斗争取得密切联系"③。这是党内文献中首次提及群众和"群众路线"。在今天的政策文本中,群众同样是一个经常被提及的概念;但是在当下的学术研究中,群众又是

---

① 周恩来:《中央人民政府政务院关于劝阻农民盲目流入城市的指示》,《劳动》1953年第4期。
② 《马克思恩格斯全集》第18卷,人民出版社1964年版,第325页。
③ 中共中央文献研究室中央档案馆编:《建党以来重要文献选编》(第六册),中央文献出版社2011年版,第523页。

一个不被充分解释的概念。在唐钧看来,群众可以分为民本观念、民众生活和民意等三种表述方式。① 这种认为群众本身无须解释的观点在国内学术界颇为普遍,而不被充分解释的"群众"渐渐模糊了身份。

在城市社会学家罗伯特·帕克(Robert Park)那里,城市是人类始终如一、按照自身意愿去改造其生活世界的尝试;同时,如果这个按照人的愿望改造而成的城市是人所创造的世界,那么这个城市也注定是人要生活的那个世界,于是城市居民有意无意地在城市建设中间接地改造了自己。② 中国共产党接管城市后,青岛等城市迅速由消费型城市转变为生产型城市,城市工人阶级及其他劳动者先后进入城市,他们在成为城市生产者的同时,也逐步完成自我改造。伴随着工厂的建立,工人新村在一些城市相继建成使用,工人开始拥有了城市居民的身份,并率先享有城市权利。需要说明的是,新中国早期接管城市时对于城市劳工的依靠,既是由国家性质决定的,也是城市管理经验不足形成的;在工业化起步阶段促使农民大量离开城市,为城市优先发展提供了前提,也客观上阻断了工农阶级的社会联系。劳工日益分散为城乡不同的群体:城市中的工人-群众、农村中的农民-群众。从字面上看,工人阶级领导城市、管理城市,模糊的"群众"概念逐步从劳工阶级中抽象出来,并具有语词的修饰性、从属性身份。

3. 城市中的"群众"与城市变迁

城市化是一个复杂的人口流动、制度变迁、产业调整过程,城市化也是一个社会结构重组的过程。在许多国家,城市化进程往往也是社会不稳定的过程。关于"城市化如何导致政治不稳定",

---

① 唐钧:《政府形象与民意思维——政府直面群众与群众博弈政府》,中国传媒大学出版社 2009 年版,第 1 页。
② 转引自[美]戴维·哈维:《叛逆的城市:从城市权利到城市革命》,叶齐茂、倪晓辉译,商务印书馆 2014 年版,第 3—4 页。

目前的研究主要有三种解释路径:城市偏向、城市主义以及政治排斥。① 有学者将这三种分析框架运用于中国的城市研究,具体而言,中国共产党取得革命胜利后,面对的是一个资源匮乏、人口增长的中国,而重工业对于人口就业的吸纳能力不足,迫使国家必须通过差异化的福利政策来实现工业跨越式发展,这种差异化的政策不能理解为对农民的放弃,正相反,农民依然是中国共产党执政的基础。

事实上,城市化并不仅仅受制于人们城市生活的意愿,也与特定的经济社会发展水平相关。1958—1960年,国家推进工业化高速发展,1960年的城市化率为19.70%,比1957年高出4.3个百分点,城市人口的增长超过了城市的容量和负荷力,大量农民进入城市也使农业生产也遭到破坏。1961年起,国家一方面动员一些人口离开城市,一方面撤销一些城市,城市数量一度从208个减缩为171个。② 因此,城乡分割、城市优先发展与改革开放后的东部地区优先发展的政策思路是一致的,即在资源有限的情况下,首先在部分地区形成发展优势,然后实现共同富裕。在这一过程中,在工业化不足的情况下,城市化无法实现多数"群众"身份的清晰化;换句话说,工业化和城市化的推进过程,才是"群众"这一身份明晰的基础。

四、"群众"身份的清晰化与人民城市的转向

1925年9月,上海亚东图书馆出版了张慰慈先生的《市政制

---

① 葛阳、谢岳:《城市化为何导致政治失序?——一个经验命题的文本分析与框架建构》,《天津社会科学》2017年第2期。
② 陈丰:《城市化进程中流动人口服务管理创新研究》,华东理工大学出版社2015年版,第37页。

度》,在这一中国城市政治的开创性著作中,张先生强调,"城市是一个人民众多的社会,占据一块确定的、房屋稠密的地方,并有一个有组织的政治机关"①。张慰慈先生有时候把城市人民与乡区人民类比,也就是说在他这里,人民部分解决了城市的民治属性,但是人民与居民、人口、群众仍然难以区分。其实早在《神圣家族》中,无产阶级经典理论家就对理性主义的精英化表达进行了批判:"他们宣布理性之上来同人民至上相对立,为的是排斥群众而单独实行统治。这是十分彻底的做法。"②正是这一批判使人民与群众成为一个阶级的集合,也为我国城市建设确定了基本原则。

1. 国家、城市的人民属性

1953年启动的"一五"计划,为国家的工业化奠定了基础;1953年同时是一个历史阶段的终止。1954年,全国人大开始运行,新中国第一部宪法颁布。而1949—1953年这一过渡时期,一些临时性的国家治理措施已经无法持续,《人民日报》对此做了说明:"全国绝大多数人民在经过了土地改革和其他社会改革以后,已经具备了实行选举自己的政府的条件。从现在起,就应当在人民群众中间进行最广泛的宣传,告诉人民认真地准备这次选举,以便把人民所真正满意和认为必要的人选举做代表和人民政府的委员,而不要让任何坏分子混入人民的政权机关。人民的民主权利的充分发挥,将更密切人民政府和人民群众之间的联系,将大大提高人民群众的革命积极性和劳动积极性,而这正是我国建设计划得以顺利实现的最重要条件之一。"③这一全国政协代行全国人大职权、以《共同纲领》代行部分宪法的历史时期的终止,标志着人民开始将国家权力掌握在自己手中。

宪法总纲部分明确规定,中华人民共和国是工人阶级领导的、

---

① 张慰慈:《市政制度》,北京出版社2019年版,第3页。
② 《马克思恩格斯文集》第1卷,人民出版社2009年版,第292页。
③ 《迎接一九五三年的伟大任务》,《人民日报》,1953年1月1日。

以工农联盟为基础的人民民主专政国家;中华人民共和国的一切权力属于人民。1950年11月21日,政务院颁布《城市郊区土地改革条例》,宣布城市郊区所有没收和征收得来的农业土地一律归国家所有,由市人民政府管理。1982年,第五届全国人大第五次会议修改了《中华人民共和国宪法》,修改后的《宪法》第10条宣布"城市土地属于国家所有",至此,全部城市土地才属于国家。① 城市因此成为国家的城市,成为人民的城市。

2. 城市"群众"的人民性凸显

共和国的人民性特征确定了国家城市的人民性。共和国的城市权力属于人民,这一法定特征赋予了城市居民乃至全国人民建设城市、治理城市的正当性。具体而言,人民城市包括了两个层次的含义:第一,人民国家的公民可以进入人民国家的城市工作与生活;第二,人民国家的城市有义务保障进入城市的居民的平等的公共权利与公共福利。然而这一平权进程并不顺利,1949—1978年,中国的城市化进程不断面临政治运动、国际局势与经济转型的挑战。在近30年的时间里,中国的政治权力对于城市化进程影响深刻,政治权力既伴随着一个个五年计划的推进,也贯穿着"上山下乡"、"三线"建设等逆城市化运动,国家城市化进程总体缓慢。

张慰慈先生指出:"中世纪民治主义的失败,有两种主要原因:第一,一部分市民把持了城市的权利,对于那般新移入的人民,不给予他们同等的经济机会,所以他们在政治上也不能有同等的权利;第二,有几种较为发达的工业渐渐得到社会上的特殊地位,所以有几种特殊阶级就变成政治上的领袖。"②1984年10月,国务院发布《关于农民进入集镇落户问题的通知》,规定农民可以自理口粮进集镇落户,并同集镇居民一样享有同等权利,履行同等义

---

① 胡文政:《地产供求与中国的经济发展》,陕西人民出版社1995年版,第132—133页。
② 张慰慈:《市政制度》,北京出版社2019年版,第84—85页。

务,自此,严格实行了 26 年的户籍制度开始松动。我国的城市化率继续提高,由 1985 年的 23.71% 提高到 1991 年的 26.94%,增加了 3.23 个百分点。① 城市化的闸门再次打开。2010 年《选举法》引入"城乡平权原则",即每一代表所代表的城乡人口数相同,中国城乡居民不再保持权利差距。2011 年,我国城市化率超过 50%,标志着中国进入城市国家时期。2013 年 11 月,《中共中央关于全面深化改革若干重大问题的决定》指出要"加快户籍制度改革,全面放开建制镇和小城市落户限制,有序放开中等城市落户限制,合理确定大城市落户条件,严格控制特大城市人口规模。稳步推进城镇基本公共服务常住人口全覆盖,把进城落户农民完全纳入城镇住房和社会保障体系,在农村参加的养老保险和医疗保险规范接入城镇社保体系"②。因此不难看出,与 20 世纪 50 年代末期的超速城市化不同,本轮城市化进程建立在中国工业体系初步完备的基础上;与 20 世纪 80 年代农民自带口粮进城相比,新一轮城市化几乎打开了中国所有城市的大门。

3. 面向人民的城市发展

在人类社会的总体变迁中,劳动创造价值日益成为普遍共识,一百年前的蔡元培的呼声,对于今天中国的城市化进程仍然具有启迪意义。囿于特定的历史条件与观念限制,中国的城市化进程一度建立在权利差异和城乡分割的制度规定之上,这一"剪刀差"式的规定确保了城市的快速发展,导致广大农村的相对被剥夺,也事实上锁定了城市与城市居民的权利关系。随着进一步城市化的条件成熟,除了少数特大城市外,各城市政府先后展开了人口竞争,这一竞争的后果就是城市公共服务从户籍人口转向了实有人

---

① 陈丰:《城市化进程中流动人口服务管理创新研究》,华东理工大学出版社 2015 年版,第 38 页。
② 《中共中央关于全面深化改革若干重大问题的决定》,《人民日报》,2013 年 11 月 16 日。

口,从而把城市交还给全国人民。

2015年12月20日至21日,中央城市工作会议在北京举行,会议指出,城市工作是一个系统工程。做好城市工作,要顺应城市工作新形势、改革发展新要求、人民群众新期待,坚持以人民为中心的发展思想,坚持人民城市为人民。这是我们做好城市工作的出发点和落脚点。① 这是中央在转型期间做出的重大决定,具有积极的政策导向性,如果说1949年前后的人民城市强调"人民城市人民建",那么这一决定更强调了"人民城市为人民"的基本原则,从而呼应了西柏坡会议的城市工作精神。2019年8月21日,习近平在兰州强调,城市是人民的,城市建设要坚持以人民为中心的发展理念,让群众过得更幸福。② 2019年11月2日,习近平在上海重申,人民城市人民建,人民城市为人民,在城市建设中,一定要贯彻以人民为中心的发展思想,合理安排生产、生活、生态空间,努力扩大公共空间,让老百姓有休闲、健身、娱乐的地方,让城市成为老百姓宜业宜居的乐园。③ 这一贯穿中国东西部两大城市的讲话,强调了城市的人民性,这些讲话也通过人民这一概念对"群众"和"老百姓"等概念的吸纳,使作为多数的"群众"实现了人民的身份转换,并以城市居民的新身份实现了对于城市的重新掌控。

五、结语

在《神圣家族》对于"人民至上"的论述近80年后,李大钊高度

---

① 《中央城市工作会议在北京举行》,《人民日报》,2015年12月23日。
② 《坚定信心 开拓创新 真抓实干 团结一心 开创富民兴陇新局面》,《人民日报》,2019年8月23日。
③ 《习近平:人民城市人民建,人民城市为人民》(2019年11月3日),人民网,http://cpc.people.com.cn/n1/2019/1103/c64094-31434692.html,最后浏览日期:2021年11月28日。

评价了马萨莱克(J. G. Mosaryk)对于平民主义(democracy)的理解,即平民主义的本意是"人民的统治",李大钊反对西方对于"人民"概念的暧昧、含混的使用,因为"他们正利用这种暧昧和含混,把半数的妇女排出人民以外,并把大多数的无产阶级的男子排出人民以外,而却僭用'人民'的名义以欺人。"①因此,从无产阶级经典理论家到中国共产党人,"人民"都不是一个抽象的集群,而是涉及权力、资格、权利的集合,这一逻辑的严密性对当下讨论人民城市理论的拓展有重要的指导意义。中国的城市化是中国经济社会发展的发动机,也是体现人民意志的过程。在1949年至今的中国城市发展中,城市、人民、群众虽然时而分离,但是总体上以"人民性"统领城市的发展逐渐成为共识。从"人民城市人民建"到"人民城市为人民",从城市建设的主体到城市发展的目标,中国的城市化进程实现了城乡之间、区域之间、工农之间的权利平等。这一平等的实现使模糊的"群众"逐渐拥有了城市居民的身份。因此"群众"这一概念清晰化的过程,呼应了近百年前"劳工万岁"呼吁中对于劳工无差别的规定性,呼应了巴黎公社以来人民城市的基本判断,即从劳动神圣、权利平等的价值内核出发,以人民性统合城市性,实现中国城市的神圣性回归。

[本文系国家社会科学基金项目"中国特色特大城市贫困治理研究"(项目编号:19BZZ085)的阶段性研究成果。]

---

① 中央文献研究室、中央档案馆:《建党以来重要文献选编》(第一册),中央文献出版社2011年版,第111—112页。

"网格"何以为民:人民城市建设中的网格化回应机制研究

王佃利[*] 孙 妍[**]

[内容摘要] 网格化管理是基层治理中的重要机制,是建设以人民为中心城市的重要手段。在基层治理体系中,管理、服务和资源三重困境制约着政府回应效能的进一步提升,致使政府难以有效回应多元化的社会诉求。人民城市建设过程中如何构建起以人民为中心的回应机制?网格化为解决这一问题提供了可行路径。本文沿着"回应结构—回应机制—回应资源"的分析框架,运用田野观察和深度访谈的研究方法,以济南市市中区的网格化治理为例,探究网格化运作背后所隐含的回应机理,发现:网格化在运作过程中通过对物理空间的细分为政府回应提供了载体,搭建起协同化的回应结构、精细化的回应机制和整合化的回应资源,表现出强覆盖、优能力和高韧性的人民先进性特征。未来网格化的完善应从回应理念、队伍稳定性和风险治理的常态化三方面展开,以实现网格回应效能的不断进阶。

[关键词] 人民城市;诉求回应;网格化;回应机制

---

[*] 王佃利,山东大学政治学与公共管理学院教授、博士生导师。
[**] 孙妍,山东大学政治学与公共管理学院硕士研究生。

一、研究的缘起

以人民为中心的治理思想是贯穿中国城市治理进程的重要指导理念和本质特征。2015年12月,中央城市工作会议提出:要顺应城市工作新形势、改革发展新要求、人民群众新期待,坚持以人民为中心的发展思想,坚持人民城市为人民。2019年11月,习近平总书记在上海考察时提出"人民城市人民建、人民城市为人民"重要论断,深刻回答了城市建设发展依靠谁、为了谁的根本问题以及建设什么样的城市、怎样建设城市的重大命题。随着经济社会的不断发展和社会异质性水平的不断提升,人民群众对美好生活的需要日益增长,表现出人民诉求的多样化与政府回应有限性之间的张力,制约着人民城市的转型发展。

在政府回应性的相关研究中,现有文献揭示出我国在向人民城市转型过程中,政府回应面临多重困惑。一是管理困惑。我国城市治理过程中行政主导的色彩浓厚,追逐政绩、谋求稳定等多重压力造就了城市治理过程中的管理逻辑压抑了以群众实际诉求为依归的生活逻辑,削弱了人民城市的价值关怀。① 二是服务困惑。任务驱动下的公共服务供给造成了居民需求与服务供给的不平衡不匹配,且仅靠单一的行政力量已无法应对多元化的社会诉求。三是资源困惑。治理资源纵向的悬浮化和横向的碎片化致使在城市治理中产生基层治理资源有没有、是什么以及如何将各类治理资源在行政层级间递送的迷思。从实践层面来审视当前我国的政府回应现状可以发现,为有效吸纳和回应公众诉求,地方政府通过

---

① 何雪松、侯秋宇:《人民城市的价值关怀与治理的限度》,《南京社会科学》2021年第1期。

网络问政、热线问政、服务下沉等方式为构建回应型政府展开了实践探索,①以期实现政府与社会的良性互动。但目前我国地方城市政府仍处于被动回应的阶段,具有政府回应过程动力不足的特征,②仅靠传统的回应模式难以处理多样化的群众诉求。对人民群众的诉求进行精准回应是贯彻以人民为中心治理思想的关键侧面,现实背景、学理研究和实践进展都要求在建设人民城市的过程中必须思考以下问题:人民城市建设过程中应依托怎样的回应路径来提升政府对民众需求的回应性?

网格化始于2004年北京东城区首创的万米单元网格化城市管理模式,经过十几年在全国范围内的推广扩散,网格化现已成为能够有效链接政府-社会与转变政府职能的中国特色社会治理手段。党的十八届三中全会提出,坚持源头治理、标本兼治、重在治本,以网格化管理、社会化服务为方向,健全基层综合服务管理平台,及时反映和协调人民群众各方面、各层次利益诉求。这意味着将网格化上升到政府回应重要工具的战略高度。从实践层面来说,网格化在中国推广过程中几经拓展,创新出了"网格化+路长制""网格化+街长制""网格化+小巷管家""网格化+大数据"等适应社会治理需要的特色模式,体现了以网格化为载体的社会治理精细化和服务精准化的发展态势。自网格化实践伊始,学界从不同的角度对其展开了深入研究,从政策的视角、治理的视角对网格化的运作逻辑、困境和成效等方面进行了探讨。但在诸多研究中,从政府回应的角度关注网格化的成果寥寥可数。因此,本文不禁产生如下思考:网格化作为当下基层治理的重要工具,如何回应和满足人民群众的利益诉求,弥合传统回应模式的不足之处,以及

---

① 近年来,多地政府推动回应型政府的建设,如北京市以"街道吹哨、部门报到"的街道管理体制创新,从而实现各职能部门联动回应基层治理需求。同时,以深圳、上海、浙江等为代表的热线问政、网络问政等居民诉求表达与政府回应机制在全国各地普遍建立起来。

② 李严昌:《政府回应过程研究》,中国社会科学出版社2018年版,第249页。

进而实现人民城市的转型发展?

二、已有解释与分析框架

(一) 政府回应研究现状

自新公共管理理论以来的诸多治理理论均从不同的角度内含政府回应的研究,提高政府的回应性、构建回应型政府是避免政府改革内卷化的破解之道。① 格罗弗·斯塔林(Grover Starling)将政府回应定位为公共管理部门的基本理念,是指政府对公众所提出的诉求进行接纳并积极做出反应的行为。② 何祖坤强调政府回应的过程性,将政府回应定义为"政府在公共管理事务中对公众需求和所提出的问题做出积极敏感的反应和回复的过程"③。立足于国内外关于政府回应的典型界定,现有的政府回应研究大致呈现以下三种研究路径。

1. 结构-过程视角下政府回应民需具体实现机制的研究

以政府和民众互动为显著特征的参与式治理能够提高公众对政府的问责行为和政府的响应能力,驱使政府更好地提供公共服务。④ 为此,相当一部分研究将政府回应置于政府-社会互动的框架之下,从治理主体的角度探讨政府回应的结构和过程。根据政府对民众诉求的重视和吸纳程度,政府回应分为被动回应和主动

---

① 卢坤建:《政府理论研究的一个走向:从政府回应到回应型政府》,《中国行政管理》2009年第9期。
② [美]格罗弗·斯塔林:《公共部门管理》,陈宪等译,上海译文出版社2003年版,第132页。
③ 何祖坤:《关注政府回应》,《中国行政管理》2000年第7期。
④ Johanna Speer, "Participatory Governance Reform: A Good Strategy for Increasing Government Responsiveness and Improving Public Services?", *World Development*, 2012, 40(12), pp.2379-2398.

回应两个不同的过程。① 在实践中,政府可以通过采取政策修订等行为来回应公众意见。② 政府的回应性建设需要通过各种机制才能运转起来,基于此,从狭义上可将学界对政府回应过程的研究视为对某一具体的政府回应载体的研究。其中,热线问政因其操作层面上的优越性,能够拓展政民互动的深度,现已在全国范围内成为政府回应市民诉求的基本方式。以行政服务中心建设推动的行政体制改革也被视为地方政府回应性建设的重要依托。③

2. 从回应情境的角度探讨特定情境下的政府回应

社会转型发展为政府回应性建设带来了契机与挑战,以信息技术发展为主要内容的外部环境变迁进一步赋能政府回应创新及其研究,因此部分学者转向对特定情境,尤其是风险情境下的政府回应研究。随着科技的不断发展,信息流通性的提高致使网络舆论成为危机情境的重要构成部分。一方面,信息技术的发展推动政府回应场域的扩展,政府以虚拟空间为载体成为回应民众诉求的重要场域。④ 另一方面,信息技术的发展为民众问责政府提供了多维渠道,行政问责和民众问责的合力驱动政府有效回应行为的运转。⑤ 为此,风险情境下政府回应的相关研究着重探讨了网络信息技术引发的风险及其回应行为,即政府对于网络舆情回应的功能价值、过程特征和策略选择。政府对网络舆情的回应策略对于安抚公众情绪、修复政府形象具有重要影响。⑥

---

① 李严昌:《政府回应过程研究》,中国社会科学出版社2018年版,第120—194页。
② Yoel Kornreich, "Authoritarian Responsiveness: Online Consultation with 'Issue Publics' in China", *Governance*, 2019,32(3), pp. 547 - 564.
③ 朱亚鹏、何莲:《如何提升政府回应性:地方行政改革的策略和逻辑——基于M市行政服务中心建设过程的历时分析》,《学术研究》2021年第2期。
④ 罗中枢、何蓉蓉:《网络空间中政府回应的多重逻辑探索——基于我国278个地级市政府门户网站的现象实验》,《学术研究》2020年第9期。
⑤ 李华胤:《使回应运转起来:线上互动中的多维问责与有效回应——以H村"互助问答"平台运作为分析对象》,《江苏社会科学》2021年第1期。
⑥ 唐雪梅、袁煜、朱利丽:《政务舆情回应策略对政府形象修复的影响——情绪认知视角的有调节中介模型》,《公共行政评论》2021年第1期。

受制于情境的特殊性,政府面向危机应对的回应逻辑与一般情境下的回应逻辑有所区别。郑石明等学者从时效性和有效性两个方面分析网络公共舆论与政府回应的互动逻辑,发现新型冠状病毒肺炎疫情(以下简称"新冠疫情")期间网络舆论与政府回应的互动过程区别于传统情境下的政府回应模式,由"民意先发,政府回应"的传统政府回应模式向"政府主导,政民高度互动"的"杜鹃-鸳鸯模式"转变。① 罗中枢和何蓉蓉对政府门户网站进行研究发现,网络空间中的政府回应遵循理性逻辑、价值逻辑和积习逻辑,②虽然该研究尚未发现情感逻辑对网络空间中政府回应的影响,但其研究已然超越了单纯从理性逻辑出发研究政府回应逻辑的传统思路。原光和曹现强对网络时代公众参与和政府回应之间的博弈关系进行研究,发现治理需求和治理能力间的失衡致使民众和政府围绕网络舆情展开"闹大"与"化小"的博弈,政府应对舆论压力所采取的策略性回应行为实质上是对官民合作逻辑的回归。③ 为实现对突发事件的有效回应,从情感管控的角度完善政府回应数量、回应内容和回应范围是反转和缓解公众情绪及化解舆情的重要手段。④ 从根本上来说,政府应采取主动回应的措施以避免被动回应群体事件的局限性。⑤

3. 组织行为视角下的政府回应行为研究

此视角下的研究认为仅仅探讨政府回应的模式和过程是不够

---

① 郑石明、兰雨潇、黎枫:《网络公共舆论与政府回应的互动逻辑——基于新冠肺炎疫情期间"领导留言板"的数据分析》,《公共管理学报》2021 第 2 期。

② 罗中枢、何蓉蓉:《网络空间中政府回应的多重逻辑探索——基于我国 278 个地级市政府门户网站的现场实验》,《学术研究》2020 年第 9 期。

③ 原光、曹现强:《"闹大"与"化小":政务网络舆情地方政府回应中的博弈逻辑》,《湖北社会科学》2021 年第 1 期。

④ 邓卫华、吕佩:《反转或缓解? 突发事件政府回应有效性研究——基于在线文本情感分析》,《中国行政管理》2021 年第 2 期。

⑤ 余茜:《政府回应性视域中环境群体性事件成因及对策》,《陕西行政学院学报》2013 年第 2 期。

的,还应将政府回应放在组织学的视角下探讨这一组织行为背后的动力机制和组织激励因素。其中,堵琴囡将政府治理能力视为解释政府回应策略选择的重要视角并以此对我国邻避运动中政府回应的动态过程进行分析,发现政府考核指标对于政府回应过程的重要影响作用。① 王晓梦等人的研究则同样肯定了以目标责任制为主体的组织激励手段对政府回应公众诉求发挥着关键的驱动作用。② 聚焦于政务热线这一具体回应机制,部分研究探讨了热线问政中政府回应的影响因素。赵金旭等人对热线问政影响政府回应的内在机理进行研究,发现市民诉求的类型、承办单位性质、区情等外部要素影响着热线问政过程中的政府回应性。③ 为改善传统热线管理的不足,学者提出对热线问政的政府回应模式进行重构,如徐凌在对传统政府热线管理的现状与不足进行透视分析的基础上,提出通过观念、部门协作、组织激励、服务方式、协商共治等六个维度的热线管理流程再造构建公众导向型政府回应模式的思路。④ 除此之外,随着信息技术的发展,对大众媒体的利用程度已日渐成为增强政府回应能力的重要变量。⑤

上述研究成果构成了多视角下的政府回应研究,据此可将政府回应过程总结为回应结构、回应载体、回应情境和回应机制四个要件,每一要件之下都展现出壮阔的研究图景。然而,通过对政府回应的相关研究进行梳理,可以发现学界关于政府回应的诸多研

---

① 堵琴囡:《邻避运动中我国地方政府回应过程研究——基于动机-能力解释框架》,《云南行政学院学报》2016年第3期。
② 王晓梦、刘志林、马璐瑶:《目标责任制能否提高政府回应性?——基于保障性住房政策的分析》,《公共行政评论》2020年第5期。
③ 赵金旭、王宁、孟天广:《链接市民与城市:超大城市治理中的热线问政与政府回应——基于北京市12345政务热线大数据分析》,《电子政务》2021年第2期。
④ 徐凌:《论热线管理中公众导向型政府回应模式的有效建构》,《中国行政管理》2020年第10期。
⑤ Timothy Besley and Robin Burgess, "Political Agency, Government Responsiveness and the Role of the Media", *European Economic Review*, 2001, 45 (4), pp. 629 – 640.

究存在以下几方面的不足。一是,缺少对政府回应实质过程的深度探究。二是,既有研究大多将政府回应过程视为政府对公民意见和诉求被动做出回馈的行为,需要意识到的是,政府回应不仅仅包括诉求的回应,同时也包括积极主动发现诉求的过程,理应是一个有机整体。而如何推动政府从被动回应向主动回应转型,这一研究议题尚未得到广泛探讨。三是,既有研究大多聚焦于以政务热线为载体的单一的政府回应过程,鲜有研究关注新的时代背景下不同政府回应机制之间的联动及由此引发的政府回应机制创新。

为此,为提升政府对民意诉求的回应性,势必需要扎根于本土特色的实践过程,探讨人民城市论调下政府回应民需的有效路径。其中,网格化治理是将科层化组织体系延伸到社会微观领域的载体,体现了精细化的社会治理特征。① 正如竺乾威指出的,网格化管理是对"无缝隙政府"的超越,打破了政府部门、层级、职能的边界,以公共需求为导向,且具有突出的供给效率和供给能力优势。② 然而,既有研究大多从精细化治理、风险规避③等角度对网格化治理进行研究,专门从政府回应的角度对网格化治理予以关注的研究相对较少,这与实践存在一定的脱节,也为本研究提供了研究方向。

(二) 公众导向型的回应模式:一个分析框架

"网格"最初被运用于互联网信息技术领域,作为实现信息孤岛间信息资源整合的重要工具,赋予网格化资源整合的功能。④

---

① 陈玉生:《细事细治——基层网格化中的科层化精细治理与社会修复》,《公共行政评论》2021年第1期。
② 竺乾威:《公共服务的流程再造:从"无缝隙政府"到"网格化管理"》,《公共行政评论》2012年第2期。
③ 王淼:《"大数据+网格化"模式中的公共数据治理问题研究——以突发公共卫生事件防控为视角》,《电子政务》2021年第1期。
④ 杨海涛:《城市社区网格化管理的研究与展望》,经济管理出版社2013年版,第18—19页。

随后,网格化被引入管理学领域,形成网格化管理的管理模式。网格化通过细分城市物理空间和再造基层治理单元的精细化设计,能够在网格内集成体制内外的各类资源和各种社会治理模式,因而成为各类基层治理方法在基层有效落地的"良田"。随着网格化在基层运用的不断深入,国家决策者将其看作一种能够及时反映和协调人民诉求和有效应对社会治理问题的政策工具,并逐渐上升到政策高度。党的十八届三中全会将网格化管理视为及时反映和协调人民群众各方面各层次利益诉求的基本方向,是创新社会治理体制的重大战略任务。① 网格化在公共服务供给侧与城市治理中的功效可见一斑。与此同时,网格化管理在实际应用过程中表现出了明显的扩散效应,各地政府纷纷将网格化管理运用到基层社会治理过程中,以此来提升政府对基层民情的了解程度,实质是用户通过网格提交需求,网格为其快速准确地提供服务,体现出网格响应需求的精准性特征。②

以网格化对政府内外部关系的重构为主线,可将学界对网格化的讨论分为两个维度。一是针对网格化管理重塑政府内部运行机制展开的讨论。网格化管理能够打通政府层级间、职能部门间的壁垒,促进政府内部协同提供公共服务的模式变革。网格化管理是国家治理重心下沉的有益实践,这不仅体现为国家权力依托网格管理的方式下沉到基层社会,③同时也体现为治理过程中必不可少的人力、财力、物力等具象资源在行政链条内同步下放。④

---

① 《中共中央关于全面深化改革若干重大问题的决定》(2013 年 11 月 15 日),中国政府网,http://www.gov.cn/jrzg/2013-11/15/content_2528179.htm,最后浏览日期:2021 年 12 月 8 日。
② 池忠仁、王浣尘、陈云:《上海城市网格化管理模式探讨》,《科技进步与对策》2008 年第 1 期。
③ 朱政:《国家权力视野下的乡村治理与基层法治——鄂西 L 县网格化管理创新调查》,《中国农业大学学报》(社会科学版)2015 年第 6 期。
④ 刘中起、郑晓茹、郑兴有、杨秀菊:《网格化协同治理:新常态下社会治理精细化的上海实践》,《上海行政学院学报》2017 年第 2 期。

二是对网格化管理模式重塑国家-社会关系的讨论。部分学者关注到网格化管理的负面性,刘安认为网格化管理具有浓烈的精细化管理特征,国家自上而下推动基层治理的社会管控色彩较浓厚,会产生抑制社会活力的非预期后果,致使国家和社会的关系失衡。① 但亦有学者意识到网格化管理在促进社会协同方面的积极作用,能够弥补仅靠单一政府力量难以满足多元化社会诉求的不足之处,将多元社会力量整合到网格化队伍中,构建多元协同的社会治理模式。这一模式在舟山的实践中被概括为"网格化管理,组团式服务",在社情民意调研和矛盾纠纷化解方面发挥着重要作用。②

综上,网格化管理在基层运作过程中,能够整合政府内部纵向层级和横向部门间的力量以及社会中的多元治理主体共同参与到基层治理过程中,进而集成政府和社会中的各类机制、资源和结构,为政府回应过程提供基础性要件。如前文所述,结构、机制、情境、载体是构成政府回应过程必不可少的要件,其中,结构是政府回应主体的构成及其互动过程,机制是政府回应主体所采取的一系列举措,情境是政府回应的背景和要求,载体是实现诉求从回应客体传递到回应主体的依托和工具。随着人民诉求规模的增长,充足的治理资源是保证回应机制运行必不可少的条件。网格化恰巧能够发挥集成回应结构、回应机制和回应资源的重要价值而成为人民城市情境下政府回应民需的载体和工具。基于此,本文围绕"回应结构—回应机制—回应资源"三个维度构建了网格回应机理的分析框架(如图1所示)。

---

① 刘安:《网格化社会管理及其非预期后果——以N市Q区为例》,《江苏社会科学》2014年第3期。
② 胡重明:《再组织化与中国社会管理创新——以浙江舟山"网格化管理、组团式服务"为例》,《公共管理学报》2013年第1期。

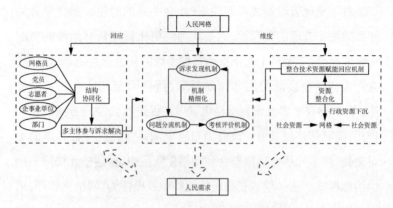

图1 网格化回应机理的分析框架

三、以网格化回应民需:济南市市中区的个案分析

本文以济南市市中区作为案例研究对象,拟从"回应结构—回应机制—回应资源"三个关键维度出发,剖析在人民城市建设背景下,网格化如何通过集成结构、机制和资源实现对人民诉求的回应,体现以人民为中心进行精准回应的网格化运作特征。

市中区是山东省济南市中心城区,总面积280平方公里,辖17个街道办事处,118个社区居委会。辖区内驻有中共山东省委等党政机关以及微软、思爱普等世界500强企业的区域总部,同时也是诸多高等院校所在地。市中区舜耕街道的舜华社区于2005年便展开网格化的探索实践,为市中区网格化的推进奠定了基础。2020年,新冠疫情凸显网格化在应对突发风险时的重要功能作用,为此,市中区迅速铺开网格化管理体系的建设工作。市中区委区政府在短时间之内高效地梳理了我国网格化建设的来龙去脉,规划了市中区网格化的发展意见,于2020年3月和5月依次出台《关于加强网格化建设推进基层治理的意见》《关于以高质量党建引领基层网格化治理的实施意见》等网格化建设相关文件,搭建了网格化治理的架构,招募了专职+兼职的网格员队伍。网格化治理体系建设进入规范化、制度化阶段。自此,以网格化推进基层治理现代化建设在全区形成燎原之势。目前市中区共划分1 021个网格,登记在册的专职网格员和兼职网格员共计1 451名,为保证每个城市社区能够配备一名专职网格员,网格现已成为区级最大的管理队伍。①

市中区网格化治理体系建设工作是在自身前期零星探索和疫情凸显网格化治理价值的背景下迅速展开的,与全省其他县区相比,其并未存在得天独厚的特殊条件。同时,在网格化建设之初,市中区存在城市管理类问题、规划建设类问题和社会保障问题等基层治理过程中普遍存在的顽疾。为此,本文认为对市中区网格化建设的案例研究具有一定的代表性。笔者于2021年3月对市中区网格化治理进行了实地调研,主要工作包括:一是对市中区网格化治理的重点部门(区委政法委、区委组织部、区民政局)和相关部门(区公安局、区应急管理局、区司法局、区行政审批局、区卫健局、区财政局)以及山东省委政法委、济南市委政法委进行深度访谈,对城区街道、城中村街道、农村社区进行抽样调研;二是走进社区对市中区的网格化建设情况进行实地观察,并对网格员和社区居民进行问卷调查。因此,本文的案例材料主要来源于深度访谈和田野观察。下文按本文的分析框架对案例展开讨论。

(一)结构维度下诉求回应的协同化

鉴于网格是承接政府行政权力下沉的基本治理单位,部分学者认为网格化具有浓厚的全方位管理特征,因此会挤压社区自治

---

① 资料来源:笔者2021年3月对市中区委政法委1号工作人员的访谈记录。

的空间,不利于社区自治功能的发挥。① 为此,市中区在网格中引入多元社会力量,构建多元协同的政府回应格局,以弥补仅靠单一行政力量无法实现有效回应的局限之处。

1. 配齐力量:社会参与充实网格

在市中区的网格化建设过程中,我们发现其针对网格员数量不足的现状,采取吸纳社会多元力量的举措,通过从社区党员、热心志愿者、物业管家等骨干力量中选聘群众服务专员,负责在终端联系服务群众工作。这种方式既能充实网格员队伍,为网格回应机制的构建提供力量保证,同时也能消除行政人员对网格实情了解程度不深的痼疾,促进基层群众和网格员工作之间的配合程度,构建起既相互配合又相互补充的网格员队伍。

2. 组织嵌入:单位联动服务网格

市中区以高质量党建引领的方式,将党的引领贯穿网格化建设的全过程,从而为吸纳多元主体参与网格化治理过程提供保证,具体措施如下。一是将党支部建在网格上,以网格党组织为单位开展组织工作的方式,引导党员积极参与网格日常事务,带头配合网格工作开展,从而发挥示范带动作用。二是以区域化党建为契机,通过建设"红色物业""红色楼宇""红色单位"和组织召开联席会议等方式,将辖区内的各个企、事业单位紧密围绕在党组织周围,通过持续深入开展文明城市创建、环境卫生提升、群众日常服务、关爱帮扶弱势群体等志愿服务,促进辖区内成员单位共建联动、有效参与网格化建设工作。三是通过建设红色物业和交叉任职的方式,将物业经理吸纳到网格队伍中,从而实现服务导向的物业管理,缓和物业和群众之间的矛盾。

3. "吹哨报到":部门协同回应诉求

在构建多元协同回应格局的过程中,除了需要实现社会力量

---

① 田毅鹏:《城市社会管理网格化模式的定位及其未来》,《学习与探索》2012年第2期。

对网格治理的参与,还需要打通部门之间的沟通壁垒,以部门之间的协同促进网格高效化的回应。市中区在实践过程中,将现下如火如荼展开的"街道吹哨、部门报到"的改革模式移植到网格化建设中,推出"网格吹哨、街镇报到"的治理模式。当网格内发现群众诉求后,如果仅靠社区和网格力量难以响应,就要启动"吹哨"机制,收到"哨声"的街镇科室及职能部门下沉到网格的工作人员要到场协同解决问题,能够较好解决传统诉求回应过程中的推诿扯皮现象。

总体来说,市中区通过整合各职能部门力量、面向社会招聘、向社会力量购买服务、组织党员志愿者等多种方式组建网格员队伍,以党建带群建的联动模式,构建起核心引领、多元共治的回应共同体,提高网格回应基层群众诉求的能力,形成了多元协同的回应格局。

(二) 机制维度下诉求回应的精细化

市中区以精细划分基层治理单元为载体,构建起了双线问题发现机制、问题解决分流机制、考核评价激励机制,以精细化、主动化、专业化和制度化的诉求回应形成网格回应机制的闭环,进而精准对接基层群众诉求,将不同复杂程度的问题化解在萌芽、解决在基层。

1. 精细化:细分物理空间与再造基层治理单元

随着城市化进程的不断加快,农业人口向城区转移成为常态,超大型社区的出现标志着社区规模膨胀成为未来基层治理的常态。网格化管理源于维持社会稳定这一社会发展的首要目的,通过对城市社区物理空间依据某一标准进行精细划分,实现对治理对象全面摸排,体现了"横向到边,纵向到底"的管理逻辑。网格的构建并非仅仅体现在对基层社会治理单元的重构,更重要的是其带来的精细化服务的连环效应。对城市社区空间的精细化设计是对群众诉求进行精准化回应的基础,也是实施网格化管理的重要原因。市中区以服务为导向划分网格的具体做法是:在纵向上,成立区网格化综合管理委员会、街道网格化运行指挥中心、村居网格工作站、基础网格、终端网格,构建起"四级网格、五级管理、分级运行"的基层治理网格化的有机整体;在横向上,市中区综合考虑地域面积、人口分布、发展布局、复杂程度等因素进行基础网格的划分,一个社区原则上划分5个左右网格,每500—600户设一个网格,对居民区以外的区域,按照单位和不同用地类型的性质和规模划分若干个专属网格,确保实现服务管理无缝隙全覆盖。这为网格员主动发现群众诉求和精准回应民需提供了载体。

2. 主动化:双线问题发现机制,推动回应模式转型

精准捕捉基层群众的诉求信息是回应民众需求的基础,现阶段政府对居民诉求的响应主要借助于政务热线等渠道实现各类诉求信息从基层群众传递到政府职能部门,说明我国当前尚且处于被动回应群众需求的阶段。在谈到传统的问题发现机制时,S镇网格员说:"之前群众遇到问题,拨打12345,然后由12345再转接到社区,最终还是要靠社区到场解决问题。"①

由此可见,这种传统的问题发现机制增加了诉求传递和解决的环节,无益于回应效能的提升。网格化作为精细化治理的代表性工具,通过将群众纳入更加细微的治理单元之中,能够压缩诉求在基层社会与政府之间的传递层级,赋予政府全面掌握基层社会诉求的可能性,从而推动政府从被动接收诉求向主动发现群众诉求转变。市中区充分发挥网格在精细化治理中的功能作用,以信息化技术为支撑,畅通群众诉求的反映渠道,并充分发挥网格员主动发现网格内民意诉求的能动性,打造网格化治理与12345政务热线双线联动的诉求发现机制,不断提升网格在主动发现群众诉

---

① 资料来源:2021年3月24日笔者在S街道对6号工作人员的访谈记录。

求信息过程中的地位,逐步推动政府被动回应民需向网格主动回应民需转变。当谈及网格如何发挥发现群众诉求的功能时,S社区居委会主任说:

> 网格员在这过程中起到一个监督作用,就是居民把问题反映给网格员,然后网格员在问题解决上直接对接……经过我们(在)一月份将网格精细化,我这里要求每一个12345的件都要见到来电人,我们不能光通过通话代替见面。我们让网格长和网格员到现场去见来电人进行解决,如果网格员解决不了,就让网格长去。我们就说不要打12345了,有事就找网格员。所以网格为解决12345的问题作出了贡献,之前我们每月大概是四五十件政务热线派单,到现在大约是十几件,二月份第一次在全区的政务热线排名达到第二名。①

由此可见,通过政务热线与网格治理双线联动的诉求发现机制能够转变政府被动接收群众诉求的局面,推动政府主动了解民意民需、预测民情民意,是回应性政府建设过程中的关键环节。

3. 专业化:问题解决分流机制,精准对接社会诉求

精细精准对接群众诉求的导向要求政府根据不同问题的复杂程度因情施策,也因此对政府回应诉求和解决问题的流程提出了更高水平的要求。基于此,市中区通过网格化治理体系再造诉求的解决机制,对一般问题和疑难问题采取不同的解决思路,构建起诉求处置的分流机制,具体采取了如下措施:市中区将群众诉求和基层问题分层分级处置办理,对于由终端网格巡查发现的问题,先由专职网格员进行前端处置,努力做到"小事不出网格,大事不出

---

① 资料来源:2021年3月24日笔者在S街道对4号工作人员的访谈记录。

辖区";对终端网格解决不了的问题,层层提交上一层级进行处置;对于跨部门、跨街道的难点问题,由区网格化运行指挥中心牵头组织联席会议,统筹研究解决网格化管理中的普遍性、复杂性问题;对于重大安全事故、群体性上访等突发性重大事件,视情及时启动突发情况应急响应,区网格化运行指挥中心统一指挥调配,应急处置队伍及各部门人员力量及时投入应急监管处置环节中。

4. 制度化:完善考核激励机制,强化网格回应动力

考核激励机制贯穿整个公共服务和城市治理过程,是驱动政府积极回应基层群众诉求、塑造回应主体回应行为的保障性工具。市中区将监督考核相关机制嵌入网格化治理体系中,将公众满意度作为衡量网格公共服务供给的关键性考核指标,通过评价、考核、奖惩的闭环推动网格体系内各回应主体的工作能力不断提高和回应效率的不断提升,从制度层面推动网格化回应民需的实现。一方面,市中区将回应客体的满意度和回应情况纳入考核体系中,考核网格员联系服务群众和企业的情况,并针对性地强化正向激励的措施——对于群众满意、社区评价较高的网格指导员,在干部提拔重用时优先考虑;对群众满意、年度考核优秀的网格服务专员,采用精神奖励和适当物质奖励并行的激励方式。另一方面,对于网格员常规性工作,如任务完成情况、日常巡查情况、工作配合情况等,由街道、社区进行考核评价,并设一定的优秀比例,以此保证网格员在基本公共服务供给方面的功能价值。这一套考核激励机制推动市中区网格化回应机制形成闭环运行流程。

(三)资源维度下诉求回应的整合化

1. 资源整合:"放""链"结合,资源配置集约化

社会治理重心下沉是社会治理现代化的趋势所在,充足的治理资源是实现精细化网格服务的前提条件。要将更多的管理、资源和服务下放到社区,为社区居民提供精准化、精细化服务。但在

现实实践中,区县、街镇政府在将行政事项进行层层下移时并未将治理资源同步下沉至基层,致使基层治理事务与资源的不匹配,成为制约政府回应效能提升的关键因素。在谈及基层处理群众诉求时,市中区委政法委工作人员谈道:"此前街社吹哨、部门报到。街社能够发现问题,但解决不了问题,缺乏解决问题的能力。"①

充足的治理资源是政府回应民需的基础。为破解基层回应民需过程中治理资源供需不匹配的难题,市中区以网格化为依托实现了行政资源和社会资源在网格内的重新整合和配置,具体做法如下。一是将行政体系内资源借助行政链条进行纵向下放,避免行政资源的悬浮化。在人力资源的下放方面,市中区将职能部门的行政人员下放到网格中,担任网格队伍的中坚力量,以此提高网格化治理和诉求回应的专业化水平。具体来说,市中区将带有党员身份的社区"两委"成员下沉到网格中担任网格长,街道下沉到网格中的专职工作人员担任专职网格员,网格指导员则由城管协管员和职能部门下沉工作人员担任,如此结构缩短了基层群众与政府工作人员之间的沟通距离,保证了民意诉求在网格内的精准高效回应,提高了网格化服务管理的专业化水平。二是激活并链接社会治理资源。行政资源的有限性决定了仅靠单一的行政资源下沉无法提供有效服务,为此,在网格化治理过程中必须通过激活社会治理资源的方式,将碎片化的社会资源整合到网格中。如上文所述,市中区在此过程中通过高质量的党建引领、单位联动、部门协同、社会参与等手段将多元化的社会力量吸纳到网格服务的过程中,为网格化治理提供了丰富的社会资本,降低了政府回应的成本,以此实现行政资源和各类社会资源的有机融合,构建集约化的资源配置机制。

---

① 资料来源:2021年3月22日笔者在市中区委政法委对1号工作人员的访谈记录。

2. 技术治理：数字赋能，回应方式智慧化

城市居民诉求的多样化为政府回应民需带来了巨大压力，如何缓解基层治理负担、提升回应效能成为当前基层治理过程中亟须解决的重要问题。大数据和电子信息技术的快速发展为解决这一问题提供了可行方案。借助大数据和电子信息技术提高社会治理的精细化程度和回应民需的精准化程度，既是回应效能提升的要求，也是网格化管理服务升级的方向。市中区的网格化治理广泛借用数据分析手段，具体体现为：一是在诉求的发现方面，通过搭建"随手拍"App等智慧平台，提高群众反映诉求的便捷性和网格员接收诉求及到场解决的时效性，实现技术手段赋能网格回应；二是在诉求的处理方面，在网格内的各类问题处结后，由区网格化运行指挥系统对数据进行关联、碰撞、分析、挖掘，判断诉求和问题产生的领域、原因，从而实现对问题的预测预防预警和萌芽前端处理，推动网格回应从"即诉即办"向"未诉先办"转型。

（四）网格回应机制的人民先进性特征

通过对市中区网格回应机制的剖析可以发现，网格回应机制正是对政府回应过程中所面临的管理困惑、资源困惑和服务困惑的良好解决路径。

1. 强覆盖：精准对接人民诉求

对辖区内物理空间按照一定的标准进行精细化划分、确保网格对人民的无缝隙覆盖是网格化设计和运作的首要环节，这为精细和精准化的服务供给提供了有效依托。具体来说，网格化通过重组基层管理空间，能够将人民全面覆盖在网格之中，在此过程中，充分发挥网格员队伍在甄别辨明、排查调解、分流上报等方面的能动性，将人民诉求传递到管理系统中，从而确保城市中的问题和诉求能够及时发现、高效回应，为偌大治理空间下实现以人民为中心的精细化治理提供可能。市中区便是以网格化重塑行政主体

的行动模式,实现行政工作人员从静态坐班式的工作模式向动态巡查式的工作模式转变。网格员在网格中巡逻排查、即时调解矛盾纠纷等行为能够实现动态的诉求收集和回应,逐步形成"事事有回应、时时有回应"的以人民诉求为先的回应模式,从而将无缝隙的管理逻辑转化为精细化的服务效能。

2. 优能力:高效承接治理资源

网格作为基层治理链条的末端环节,是社会治理重心向基层下沉的表现形式,为承接职能部门和街道社区下放的治理资源提供载体。网格回应机制的人民先进性突出表现在能够将纵向上承接的行政资源应用到发现诉求和回应诉求的过程中,集中体制内的专业力量将矛盾风险化解在网格内,从而将网格化的资源优势转化为治理效能。市中区在网格化治理过程中,通过理顺区级各个职能部门的职权边界以及基层街道与社区的权责清单和资源诉求清单,将治理资源针对性地下放网格,既提升了资源的利用率,又为提升网格回应性能提供了保障和支撑,化解了治理资源悬浮化和供需不匹配的矛盾。

3. 高韧性:网格服务主体的协同化

行政权力对基层自治空间的侵蚀被视为网格化管理引致的负面效应。在治理现代化的时代要求下,仅靠单一行政力量进行服务供给、排斥社会参与的治理模式是非韧性的,难以应对外界环境的挑战。为此,学界提出从网格化管理向网络化治理转型的观点,构建政府、市场和社会三方联动的协作格局是未来基层治理的前景。[①] 网格化回应机制具有很强的韧性空间,能够在很大程度上实现自上而下的管理与自下而上的参与在网格层面的互动。市中区在网格回应民需的过程中凭借"吹哨报到"机制打通了区级职能

[①] 王雪竹:《基层社会治理:从网格化管理到网络化治理》,《理论探索》2020年第2期。

部门、街社工作人员的协同壁垒,通过区域化党建、招募志愿者、购买服务等手段激活社会治理资源,将碎片化的市场和社会力量链接到网格化治理过程中,提高网格化应对社会问题和矛盾时的抗压能力和诉求回应能力,以多元协同的诉求回应机制提高网格应对风险的韧性,并逐步展现网格治理的规模效益和协同优势。

四、未来进阶:人民城市回应机制的可持续发展之路

(一)以科学化的考核评价体系强化以人民为中心的回应理念

网格化是政府行政力量向基层社会更深层次延伸的触角,且受目标责任制等考核激励方式的驱动,致使在网格回应民需过程中不可避免地呈现"向上负责"的烙印。以人民为中心的治理理念要求网格回应民需的过程中坚持问题制导,最大程度上弱化完成上级任务、获得激励的工作目标,强化提高人民群众的满意度和幸福感的工作理念。在市中区的调研过程中,笔者发现,虽然群众的满意度是网格考评的指标之一,但群众考评的指标占比相对较低。为此,在未来进路中,网格化势必要重塑传统的考核评价体系,将以人民为中心的论调深深烙于网格化运行的全过程,通过提高民众考核评价占整个考核体系的比重、扩展民众评价网格员工作质量的渠道等方法,构建更加科学化的考核评价体系,进而推动多方参与回应格局的形成,以制度化的方式逐步强化网格化治理过程中以人民为中心的回应理念。

(二)以稳定的网格员队伍保证回应的长效化

网格回应民需的有效运转在很大程度上得益于网格化管理过程中以网格员为触角进行诉求识别和解决的机制。在实地调研过

程中,网格员队伍的人员短缺与不稳定性成为网格化管理过程中无法回避的难题。

一是关于网格员队伍人员短缺的问题。在谈及网格员队伍的构成时,Q街道工作人员谈道:

> 我们这边4 867户只有6个工作人员加7个网格员,一个网格员分到500到600户,工作压力非常大。尤其在疫情期间,靠这么几个人送饭、买饭、清理垃圾,24小时连轴转,你们根本无法想象那段时间的人手压力。①

二是网格员队伍的不稳定。在谈及网格员队伍的稳定性时,这一问题也得到广泛反映。如市中区委政法委工作人员反映:

> 一个问题是,网格员到岗工作几天有了好的岗位就走了。我去调查过,有一大半都走了,然后从后面成绩好的候选者中递补,递补的也都走了,网格员队伍不稳定。②

在谈到网格员队伍不稳定的原因时,S街道工作人员对此进行了分析:

> 从我的角度来看,网格员是一个新兴工作,很多人不是很了解,以为就是在家门口走街串巷的工作。再一个,目前网格员工资待遇较低,和付出不成正比,所以有些人

---

① 资料来源:2021年3月25日笔者在Q街道对2号工作人员的访谈记录。
② 资料来源:2021年3月22日笔者在市中区委政法委对1号工作人员的访谈记录。

尤其是年轻人考进来时心里充满希望,但是来了以后会有一些现实心理落差。这是一个客观事实。还有,很多优秀毕业生在基层工作中不断学习,最后通过考试考走了很多。①

除薪资待遇和工作性质之外,在访谈过程中还发现网格员权力责任不明、地位尴尬也是导致网格员流动性大的重要原因。

三是,网格员的素质与网格治理需要的不匹配也是网格化推进过程中难以忽视的重要问题。在这一方面,G街道工作人员建议:

我们希望在招录专职网格员方面,街道能够有更多自主权。尽管统一招考招上来的专职网格员学历很高,但是学历高不一定在基层待得住。②

网格员现如今已成为发现民意诉求并对其进行处置的关键力量,直接关系到网格化管理在基层的实施成效。为保证网格回应机制的运行,在网格化管理过程中必须针对网格员建立起充实的保障机制,从制度层面明确网格员工作的权责清单和考核指标,从而对网格员的工作进行"硬约束"。同时,也要建立起激励机制,例如畅通网格员的晋升渠道,提高绩效工资,从"软约束"的角度提升网格员发现诉求和解决诉求的积极性,最终促进网格回应机制在基层的顺利运行。

(三)以网格回应机制助推风险治理的常态化

随着全球化发展态势的不断推进,人类社会的不确定性因素

---

① 资料来源:2021年3月24日笔者在S街道对4号工作人员的访谈记录。
② 资料来源:2021年3月24日笔者在G街道对2号工作人员的访谈记录。

增加,风险与发展长伴成为社会治理不可忽视的重要特征,对风险进行管控成为社会治理的常态。其中,将人民诉求化解在基层、避免上升成为社会矛盾是风险治理的重要方面。网格的构建使得国家和社会的接触点进一步下移,也为风险时代背景下基层政府有效甄别和精准回应人民诉求提供了更加便捷的通道。在谈及网格参与风险治理的话题时,市中区委政法委工作人员谈道:

> 现在所有的工作等出现问题再处理是一种被动的观点。要想把社会稳定的工作做好,主要抓源头,把90%精力放在防范上,10%的精力放在发生后的处置上。学习枫桥经验主要是矛盾不出基层,把群众的问题化解在基层……现在不仅要研究问题的处理,还要重视问题的防范。①

以网格为依托进行诉求回应是人民城市论调下的基层实践,"源头治理"是网格管理的重要初衷。在审视基层网格化实践的过程中可以发现,当前基层更多将诉求的发现和诉求的解决作为网格回应机制的主体,忽视了诉求信息本身所具有的数据价值及对基层社会治理带来的预警功能。基于此,想要实现风险的常态化治理,就必须在网格化管理过程中融入数据信息技术的使用,以技术手段为支撑对基层诉求信息进行研判,从中抽丝剥茧出基层群众的"急难愁盼"问题,以此为基础进行精准施策。为此,想要实现"小事不出网格,大事不出街镇"的回应成效,避免将各种小问题、小诉求累积成危机社会安全的社会矛盾冲突,就要构建起网格回应的长效机制,重视对每一次诉求回应的分析和总结,将"诉求的分析与民意的预测预警机制"融入网格回应机制的闭环流程中,实

---

① 资料来源:2021年3月22日笔者在市中区委政法委对2号工作人员的访谈记录。

现从网格解决问题向基层治理效能提升的进阶,并最终以网格回应机制实现风险治理的常态化。

五、结语

人民城市的时代背景和日益多元化的社会诉求为政府回应模式提出了更高水平的要求,但资源、管理和服务三重困惑制约着政府回应效能的提升,重塑对群众诉求的回应机制、提高诉求的回应效能是人民城市建设的关键环节。网格化治理为破解政府回应难题、提高政府回应性提供了思路。通过对既有文献的分析和总结,本文剥离出政府回应的基本要件——结构、机制、情境、载体。在现阶段政府回应性建设的过程中,人民城市是政府回应的情境,网格化是政府回应的载体。本文选取济南市市中区的网格化治理实践进行个案分析,基于治理资源在网格回应民需过程中的重要价值,构建起人民城市情境下的"结构-机制-资源"三个维度的分析框架,以此出发深挖网格化治理的实质过程及其背后隐含的回应机理。

研究发现,网格化治理过程中,通过对治理结构、治理机制和治理资源进行集成,构建起协同化的回应结构、精细化的回应机制和整合化的回应资源,从管理、服务和资源三方面体现了网格回应机制的人民先进性。除此之外,网格回应机制中的双线问题发现机制和考核评价激励机制都体现出政府主动进行诉求回应的特征,因此,本文认为网格化治理成为推动政府回应转型的重要工具。随着社会异质性程度的不断提升,政府回应的研究方兴未艾,如何以现有的治理模式推动政府回应效能的提升值得未来学界的广泛关注与探讨。

以人民为中心的治理：人民城市更新的逻辑与实践

容 志[*]　宋纪祥[**]

[内容摘要]　在"人民城市"经典论述的背景下探索中国人民城市更新的逻辑与实践有助于更加深刻地理解中国本土化治理情境下城市更新的实践机理。已有研究分别从科层治理、市场治理以及合作治理的视角对西方城市的更新实践进行了理论化阐释，但中国较为独特的治理场景使已有的城市更新治理形态很难对中国的城市更新实践做出合理的解释。本文通过对上海市乐山新村的实践考察发现：中国形成了"以人民为中心"的城市更新治理形态，这种城市更新治理形态与西方城市更新过程中所形成的治理形态在核心价值、治理结构、治理动力、治理机制以及治理方式等方面存在差异化。从本质上来说，"以人民为中心"的治理形态不仅是人民参与和动员的过程，实际上也是借此破除很多体制内外障碍，从而赢得各方支持的过程。

[关键词]　以人民为中心的治理；人民城市；城市更新

---

[*] 容志，武汉大学政治与公共管理学院教授、博士生导师。
[**] 宋纪祥，上海师范大学政治学理论专业硕士研究生。

一、问题的提出：治理驱动更新

二战以来，伴随着内城衰退、城市中心环境的恶化以及贫富差距等城市问题的出现，以英、美等为代表的西方国家开始了一场轰轰烈烈的城市更新改造运动。所谓城市更新，主要是指"用一种综合的、整体性的观念和行为来解决城市发展过程中各种各样的问题，继而实现其在经济、社会或者物质环境等方面的持续性改善和提高"①。在城市更新实践的驱动下，学界对城市更新的理论探讨也逐渐呈现出复杂化、多样性的特征。通过对已有文献的梳理可以发现，既有研究已从城市更新内涵②、城市更新演变脉络③、城市更新运动特点及意义④、城市更新趋势⑤、城市更新方法及策略⑥等角度对城市更新实践予以关注。

而仅从城市更新历史演变的角度来说，城市更新的治理方式已然发生了巨大改变，也即逐渐由以往的政府管理模式向政府治理模式转变。⑦ 从本质上来说，这种管理模式的变更并不单纯是词汇语义的改变，而是一种由管理理念转变引起的价值再生产和

---

① ［英］彼得·罗伯茨、［英］休·塞克斯主编：《城市更新手册》，叶齐茂等译，中国建筑工业出版社 2009 年版，第 16 页。
② 参见叶南客、李芸：《国际城市更新运动评述》，《世界经济与政治论坛》1999 年第 6 期。
③ 参见方可：《欧美城市更新的发展与演变》，《城市问题》1997 年第 5 期。
④ 参见李艳玲：《对美国城市更新运动的总体分析与评价》，《上海大学学报》（社会科学版）2001 年第 6 期。
⑤ 参见刘博敏：《论现代城市更新与其发展趋势》，《东南大学学报》1996 年第 6B 期。
⑥ 参见易晓峰：《从地产导向到文化导向——1980 年代以来的英国城市更新方法》，《城市规划》2009 年第 6 期；严若谷、周素红、闫小培：《城市更新之研究》，《地理科学进展》2011 年第 8 期。
⑦ ［英］安德鲁·塔隆：《英国城市更新》，杨帆译，同济大学出版社 2016 年版，第 185 页。

再分配过程,是一种治理形态的根本性转型。在这种治理形态下,城市更新就不再仅仅是城市规划领域所谈及的技术性问题或空间理论视角下资本驱动的结果,而是不同社会主体广泛参与、多元互动、共同协商的结果,是治理理念驱动的产物。①

近年来,伴随着城市化进程的加快,中国城市发展开始逐步由"增量扩张"向"存量优化"转变。在城市更新实践与治理理念的双重驱动下,不少学者对中国城市更新实践做了较为深刻的理论探讨。具体而言,大体上遵循以下研究思路。一是城市更新治理机制研究,主要针对城市更新实践中治理主体的利益协调问题进行深刻探讨。② 二是模式构建研究,旨在通过西方城市更新理论(如城市增长联盟、公私合作伙伴关系等)对中国城市更新实践进行理论化阐释。③ 三是强调比较分析方法,主要以比较的研究视角对中西方城市更新实践进行理论反思,试图探求城市更新实践中的问题与有效经验。④ 以上研究虽然为理解中国城市更新实践提供了理论指导,但是依旧存在以下问题:一是理论研究碎片化,缺乏从整体性、宏观性的视角对中国城市更新治理形态予以理论化探讨;二是多强调以西方理论来解释中国城市更新实践,而忽略了中国较为独特的治理情境。在此基础上,本文关注的问题是:在中国独特的治理场景下,支撑中国城市更新的治理形态是什么,它具有

---

① 参见张更立:《走向三方合作的伙伴关系:西方城市更新政策的演变及其对中国的启示》,《城市发展研究》2004年第4期。

② 参见张磊:《"新常态"下城市更新治理模式比较与转型路径》,《城市发展研究》2015年第12期;岳隽、陈小祥、刘挺:《城市更新中利益调控及其保障机制探析——以深圳市为例》,《现代城市研究》2016年第12期。

③ 参见严华鸣:《公私合作伙伴关系在我国城市更新领域的应用——基于上海新天地项目的分析》,《城市发展研究》2012年第8期;黄静、王诤诤:《上海市旧区改造的模式创新研究:来自美国城市更新三方合作伙伴关系的经验》,《城市发展研究》2015年第1期。

④ 参见唐婧娴:《城市更新治理模式政策利弊及原因分析——基于广州、深圳、佛山三地城市更新制度的比较》,《规划师》2016年第5期;吴冠岑、牛星、田伟利:《我国特大型城市的城市更新机制探讨:全球城市经验比较与借鉴》,《中国软科学》2016年第9期。

什么样的典型特征,以及中国城市更新治理形态的生成逻辑是什么?本文以上海市乐山新村的更新过程为分析对象,通过跟踪调查和深度访谈,深入剖析"以人民为中心的治理"的基本治理形态及其生成逻辑,试图回答这些问题。

二、文献分析与理论框架

城市更新是治理驱动的结果,因此城市更新实践背后其实反映的是治理形态的历时性变更。具体而言,主要包括科层治理、市场治理以及合作治理等三种治理形态。

(一)文献分析:西方城市更新的三种治理形态

1. 科层治理

科层治理最初缘起于马克斯·韦伯(Max Weber)在工业化时期对科层制(bureaucracy)的探索。在韦伯看来,科层制是工业化时期理性化运作的产物,这种分科设职、非人格化、制度化运作的组织形式是实现组织目标,提升组织运行效率的有力工具。①而科层治理是以科层体制的运作模式为依托实践国家对社会的管理。②也有研究将其理解为一种治理形态,并认为这是一种政府内部功能化、专业化的治理形态。③然而,无论是从治理方式的角度予以理解还是从治理形态的视角予以审视,科层治理形态无疑都是建立在政府权威的基础之上。也正是如此,这种治

---

① 参见[德]马克斯·韦伯:《支配社会学》,康乐等译,广西师范大学出版社2010年版。
② 陈家建:《督查机制:科层运动化的实践渠道》,《公共行政评论》2015年第2期。
③ 参见曾凡军:《西方政府治理模式的系谱与趋向诠析》,《学术论坛》2010年第8期;曾凡军、王宝成:《西方政府治理图式差异较析》,《湖北社会科学》2010年第10期。

理形态在权力运作、资源分配等方面都表现出一种自上而下的权力指向。①

作为工业化时期理性化运作的产物,这种自上而下的治理形态也映射到西方城市发展初期的城市更新过程之中,并使其成为西方城市更新的主要治理形态。其中,尤其以英、美为代表的西方城市更新改造过程表现得更为明显。20世纪初期,为了改善城市发展环境,以英、美为代表的西方国家开始积极探索城市更新之路。这一过程主要包括两个阶段。第一,清理贫民窟与大规模推倒重建阶段。在这一阶段,英国率先开展了大规模贫民窟清理行动,并于1930年以《格林伍德住宅法》(Green Wood Act)的形式确定下来。除此之外,美国为进一步改善住房环境,提升城市发展品质,也于1937年出台了《住宅法》(Housing Law)。② 第二,福利色彩导向的社区更新阶段。这一阶段由于受到凯恩斯主义思潮的强烈影响,尤其强调政府在城市更新过程中的重要作用,并希望通过政府援助、提高社会福利等形式来推动城市社区更新,进而提升社区环境,改善弱势群体生活质量。在这一时期,美国通过现代城市计划(Modern Cities Program)形成了一套综合方案来应对城市贫民窟问题,③而英国则推出了一系列以提高社会福利、推动物质环境更新为目标的城市更新政策。

纵观这两个历史阶段,虽然其他社会主体在不同程度上都参与了早期城市更新过程,但是旧城改造、推倒重建以及社区更新的大部分资金大多来源于政府部门,这在福利色彩导向的社区更新阶段体现得更为明显。与此同时,政府对城市更新区域、更新过程

---

① 周雪光:《权威体制与有效治理:当代中国国家治理的制度逻辑》,《开放时代》2011年第10期。

② John R. Short, *Housing in Britain: The Post-War Experience*, London: Methuen, 1982, pp.36-37.

③ 参见 S. Gregory Lipton, "Evidence of Central-City Revival—Science Direct", *Back to the City*, 1980, 3(1), pp.42-60。

也有很高的决定权。① 从城市更新过程来看,城市更新背后所隐藏的组织设置、资源分配其实是一种以政府为主导、自上而下的城市更新过程,这种城市更新在本质上具有很明显的科层导向色彩。而从城市更新效果来看,尽管科层导向的城市更新有效地实现了早期城市发展的形体主义更新,但是这种以科层为导向的城市更新治理形态忽略了城市居民的社会需求,从而引发了一系列社会矛盾。与此同时,由于城市更新的资金需求庞大,政府在城市更新过程中往往面临很大财政压力。

2. 市场治理

市场治理的理论渊源可以追溯到美国著名公共行政学家盖伊·彼得斯(B.Guy Peters)基于传统行政管理模式的批判而形成的四种有效的政府治理范式,也即市场式政府、参与式国家、弹性化政府、解制性政府。其中,市场式政府便构成了市场治理的理论来源。在彼得斯看来,市场式政府其实是市场理念、方法、结构在传统政府结构中的运用,也即通过市场化的治理工具来推动政府变革,进而破除传统行政管理模式的弊端,提升政府整体运行效率。② 有研究指出,市场治理的实质在于通过市场化的手段来解决"公地悲剧"问题。③ 从本质上来讲,市场治理是对市场式政府的发展,它旨在通过私有部门的引入或者公私合作的形式来共同推动政府变革,进而提升政府的运作效率。相比传统的科层导向的治理形态,这种治理形态超越了传统意义上的政府垄断和规则导向,更加强调公共部门与私有部门的共同合作或者市场化取向的价值理念。

---

① 董玛力、陈田、王丽艳:《西方城市更新发展历程和政策演变》,《人文地理》2009年第5期。

② 参见[美]B.盖伊·彼得斯:《政府未来的治理模式》(中文修订版),吴爱明、夏宏图译,中国人民大学出版社2013年版。

③ 鲍文涵、张明:《从市场治理到自主治理:公共资源治理理论研究回顾与展望》,《吉首大学学报》(社会科学版)2016年第6期。

作为理论演进的产物,市场治理的核心价值理念也反映在西方城市更新的治理实践当中,并形成了以市场为导向的城市更新治理形态,有学者将其称为"企业式更新"或者"企业家主义"(entrepreneurialism)。① 所谓企业式更新,主要指在城市更新过程中,通过授予私人部门支配地位或者释放市场力量,采用公私合作或者建立增长联盟(growth coalition)等手段来实现利润驱动下的城市更新。② 相比科层导向的城市更新,这种城市更新本质上是一种降低国家干预和增强市场驱动作用的更新形态,尤其强调公私合作、私有化、放松管制等市场化手段在城市更新过程中的运用。③ 从这一角度来说,其实市场治理导向的政府变革拓展了市场式政府的理论范围。

在这一市场导向的城市更新治理形态之下,通过引入私有部门进行市场化更新,在形成新的产业发展空间的同时,也带来了新的经济发展前景和就业机会。④ 与此同时,也有研究从空间理论的视角指出,这种以资本为导向的城市更新实际上也在不断扩展城市的发展空间。⑤ 从批判的视角来看,尽管市场治理取向的城市更新对城市发展注入了活力,改善了城市发展环境,但是这种城市更新是一种功利主义的更新治理形态,且容易受到经济发展环境的影响。⑥ 与此同时,这种城市更新治理形态还面临忽视社区

---

① [英]安德鲁·塔隆:《英国城市更新》,杨帆译,同济大学出版社2016年版,第61页。
② Ann Harding, "The Rise of Urban Growth Coalitions UK Style?", *Environment and Planning C: Government and Policy*, 1991, 9(3), pp.295-317.
③ [英]安德鲁·塔隆:《英国城市更新》,杨帆译,同济大学出版社2016年版,第61页。
④ 易晓峰:《从地产导向到文化导向——1980年代以来的英国城市更新方法》,《城市规划》2009年第6期。
⑤ 彭恺:《新马克思主义视角下我国治理型城市更新模式——空间利益主体角色及合作伙伴关系构建》,《规划师》2018年第6期。
⑥ 李和平、惠小明:《新马克思主义视角下英国城市更新历程及其启示——"走向包容性增长"》,《城市发展研究》2014年第5期。

大众的实际需求、忽略城市长期发展规划目标以及过度依赖房地产驱动等弊端,为城市的良性发展带来负面影响。①

3. 合作治理

合作治理(collaborative governance)是指,为了实现一个公共目的,使人们有建设性地参与跨不同公共部门,跨不同层级政府,跨公共、私人、公民团体的公共政策制定和管理的过程和结构。②相比科层治理、市场治理,这种治理形态更加强调治理主体的多元性、自主性、平等性以及决策过程的协商性。③ 就目前而言,虽然公共管理学界已然产生了多元化的治理模式,比如"协商治理""协作治理""协同治理"等,但是相比这些概念近乎趋同的治理模式,合作治理在内容上涵盖面更广、更全面,在外延上更加强调主体的平等性与自主性,在本质上它是对协商治理、协作治理与协同治理的扬弃,是一种超越"民主治理"的正日益成为主流的社会治理范式。④

在西方城市发展史上,合作治理导向的城市更新无疑是发展最晚却最受西方各个国家欢迎和效仿的治理形态。这种城市更新治理形态主要存在于 20 世纪 90 年代的西方国家,它主要是为了回应西方旧城改造过程中的市场失灵而产生的一种治理理念。⑤受到工业化、全球化思潮的影响,这一治理形态也逐渐扩展到中国的沿海发达地区。从基本内涵上来讲,以合作治理为导向的城市

---

① [英]安德鲁·塔隆:《英国城市更新》,杨帆译,同济大学出版社 2016 年版,第 86—87 页。
② Kirk Emerson, Tina Nabatchi, and Stephen Balogh, "An Integrative Framework for Collaborative Governance", *Journal of Public Administration Research and Theory*, 2012, 22(1), pp.1 – 29.
③ 周文:《资本、政府、冲突——城市发展批判分析范式的研究主题》,《中国人民大学学报》2017 年第 6 期。
④ 颜佳华:《协商治理、协作治理、协同治理与合作治理概念及其关系辨析》,《湘潭大学学报》(哲学社会科学版)2015 年第 2 期。
⑤ 张更立:《走向三方合作的伙伴关系:西方城市更新政策的演变及其对中国的启示》,《城市发展研究》2004 年第 4 期。

更新旨在强调公共部门、私有部门以及社区等多元主体的共同参与,相互合作。① 在价值理念上,这种城市更新治理形态不仅改变了以往科层治理形态下的政府垄断地位、市场治理形态下对社区居民需求的忽视,而且在更新过程中不断渗透着可持续发展的理念思维。② 也正是在这种城市更新理念的主导之下,一些城市的发展环境不仅得到有效改善,而且也优化了睦邻关系,并逐渐成为西方国家普遍认同的城市更新模式。③

然而,尽管这种城市更新治理形态满足了城市发展的空间正义,但是大多数研究发现,在过去大约 40 年的时间里,以合作形式出现的社区参与并没有实现。④ 与此同时,在合作治理框架下,如何合作,如何参与城市更新决策过程,如何化解城市更新过程中的矛盾与冲突,仍是现有研究亟待关注的重要问题。与西方其他国家的治理情境有所不同,中国治理情境下的合作与整合往往建立在中国共产党的领导之下,并将人民性作为合作治理的价值依归,而这种治理形态似乎对中国较为独特的治理情境有所忽略。

(二)理论框架:"以人民为中心的治理"的治理形态的提出

在西方城市更新路径的探索中,尽管科层治理、市场治理以及合作治理构成了西方城市更新的主要治理形态,但这种意义上的治理形态不仅本身的解释力存在问题,而且其在推广价值上也不具有普遍意义。其中的原因就在于治理形态形成往往要受到其本

---

① 黄静、王诤诤:《上海市旧区改造的模式创新研究:来自美国城市更新三方合作伙伴关系的经验》,《城市发展研究》2015 年第 1 期。
② 罗翔:《从城市更新到城市复兴:规划理念与国际经验》,《规划师》2013 年第 5 期。
③ 方可:《西方城市更新发展历程及其启示》,《城市规划汇刊》1998 年第 1 期。
④ Andreas Cebulla, Jim Berry, and Stanley McGreal, "Evaluation of Community Based Regeneration in Northern Ireland: Between Social and Economic Regeneration", *Town Planning Review*, 2000,71(2),pp.169 - 187.

土化治理情境的影响。① 作为发展中国家中最大的国家,中国具有较为独特的治理情境。具体而言,主要表现在以下几个方面。

首先,独特的党政结构使单一的"政府-市场"分析框架难以准确分析中国的具体问题。在中国独特的治理情境下,中国共产党的领导始终是理解中国国家治理体制机制的政治密码,其在中国治权构成和功能实现机制②层面所扮演的角色使西方社会建立起的"国家与社会""政府与市场"的理论框架很难对中国社会进行全面而有效的解释。

其次,城市高度密集的居住形态、"关联物权"意味着多元化主体、更复杂的利益结构。一方面,伴随着城市化进程的加快和城市住房体制改革的逐步推进,由城市住房"野蛮生长"所推动的居住空间的密集化与西方社会分散化、松散化的居住形态存在显著差别。另一方面,在中国独特的治理情境中,关联物权背后衍生出的制度逻辑和议题逻辑使中国城市主体的利益结构更为复杂。③

再次,演化中的自治形态和法治环境使单纯的市场购买(如业主委员会向物业公司购买服务)不仅不能解决社区公共问题,反而会引发一系列社会矛盾。与我国民主化、法治化进程相对应,社区治理所形成的自治精神虽然有助于推动居民自治,但是业主利益诉求的最大化往往也使社区治理经常陷入集体行动的困境,不仅难以对社区公共问题进行及时有效的回应,而且很容易激发社区物业同居民之间的内在矛盾,影响社区稳定。

最后,人民性始终是中国政府治国理政的基本遵循。2019

---

① 刘凤、傅利平、孙兆辉:《重心下移如何提升治理效能?——基于城市基层治理结构调适的多案例研究》,《公共管理学报》2019年第4期。

② 王浦劬、汤彬:《当代中国治理的党政结构与功能机制分析》,《中国社会科学》2019年第9期。

③ 刘建军、王维斌:《社区物权治理的政治逻辑》,《齐鲁学刊》2019年第4期。

年,习近平总书记在上海考察时强调,"人民城市人民建,人民城市为人民"①,这一有关"人民城市"的经典论述背后所蕴藏的"人民"治理观其实就蕴含着中国较为独特的治理情境。

受中国独特治理情境的影响,中国城市更新的治理形态既非西方国家话语中的科层治理、市场治理,也非如今备受推崇的合作治理,而是将人民价值理念渗透到城市更新治理全过程的"以人民为中心的治理"。具体而言,主要表现在价值、结构、动力、机制、方式五个方面(如图1所示)。

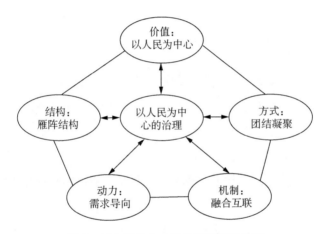

图1 以人民为中心的治理逻辑架构图

第一,在价值内核上,以人民为中心是城市更新的核心价值。2015年,习近平总书记在中央城市工作会议中明确指出,"做好城市工作,要顺应城市工作新形势、改革发展新要求、人民群众新期待,坚持以人民为中心的发展思想,坚持人民城市为人民"②。2019年8月,习近平总书记考察兰州时强调,"城市是人民的,城

---

① 《习近平:人民城市人民建,人民城市为人民》(2019年11月3日),新华网,http://www.xinhuanet.com/politics/leaders/2019-11/03/c_1125186430.htm,最后浏览日期:2021年11月25日。
② 《中央城市工作会议在北京举行》(2015年12月22日),新华网,http://www.xinhuanet.com/politics/2015-12/22/c_1117545528.htm,最后浏览日期:2021年11月25日。

市建设要坚持以人民为中心的发展理念"①。2019年11月,习近平总书记在上海考察时再次指出,"无论是城市规划还是城市建设,无论是新城区建设还是老城区改造,都要坚持以人民为中心,聚焦人民群众的需求"②。人民性始终是人民城市建设的根本内容与核心价值,这也是同西方人民话语的根本区别所在。相比西方国家对"人民"概念的理解,中国共产党对"人民"内涵的认识经历了"以人为本"向"以人民为中心"的价值转换,并不断将对"人民"的理解具体化。③ 这一理解在城市更新中的反映又包括如下三个方面。首先就是人民城市的更新要为了人民,要始终将百姓的需要和满意度作为衡量城市发展的重要标尺。其次就是人民城市的更新发展要依靠人民。④ 人民是历史的创造者,在城市更新过程中通过治理理念的创新,积极引导和依靠人民的力量来推动城市更新工作,使人民不仅是城市更新的旁观者,更是城市更新的参与者。最后就是人民城市的更新发展要为了人民,也即通过政府和人民的共同努力,使得城市更新的最终成果能够由人民共享。

第二,在治理结构上,雁阵结构⑤是城市更新的基本骨架。与

---

① 《习近平甘肃之行,三个重点贯穿其中》(2019年8月23日),"新华社新媒体"百家号,https://baijiahao.baidu.com/s?id=1642665230001090379&wfr=spider&for=pc,最后浏览日期:2021年11月25日。
② 《习近平:人民城市人民建,人民城市为人民》(2019年11月3日),新华网,http://www.xinhuanet.com/politics/leaders/2019-11/03/c_1125186430.htm,最后浏览日期:2021年11月25日。
③ 商红日:《找到人民的位置:中国共产党的话语和实践》,《中央社会主义学院学报》2021年第2期。
④ 康凌:《"人民城市人民建,人民城市为人民"重要理念的理论内涵和实践价值研究》(2020年12月20日),搜狐网,https://www.sohu.com/a/425941807_120144758,最后浏览日期:2021年8月25日。
⑤ "雁阵结构"最初源自经济学领域对东亚国家产业转移形态的理论描述,主要指20世纪80年代,亚洲形成了以日本为核心的雁阵模式,即通过日本先进工业结构的带动,东亚国家和地区通过产业的依次梯度转移实现了整个地区的经济腾飞。参见洪源远:《中国如何跳出贫困陷阱》,生活·读书·新知三联书店2018年版;张茉楠:《专家视角:"一带一路"将打破亚洲产业以日本为首的雁阵模式》(2015年5月13日),参考消息网,http://ihl.cankaoxiaoxi.com/2015/0513/778661.shtml,最后浏览日期:2021年8月25日。

日本在东亚国家产业转移结构中的作用相似,中国共产党较为独特的党政治理结构也如雁阵结构一般,使其在中国各项治理活动中发挥着"领头雁"的作用。在城市更新实践活动中,这种"领头雁"作用表现在如下三个方面。首先表现为组织领导作用。基层党组织在城市更新治理主体中的独特地位,使其在城市更新改造中始终发挥领导作用。其次表现为组织吸纳作用。与前者相衔接,基层党组织强有力的领导能够将一切可以利用的组织力量吸纳到城市更新的整个治理架构之中,进而提升城市更新治理实践的整体性力量。最后表现为资源整合作用。在城市更新治理实践中,基层党组织的"雁阵结构"并非简单地将各个治理主体纳入城市更新治理架构之中,更关键的在于通过基层党组织的领导来推动治理主体、治理资源的有效整合,继而形成城市更新的治理合力。

第三,在基本动力上,需求导向是城市更新的基本遵循。作为一种治理活动,需求导向始终是城市更新的基本动力。而在城市更新治理实践中,群众需求和管理需求则成为推动城市更新的两大基本动力。首先是群众需求。"以人民为中心"是城市更新的核心价值,"为了人民"则是城市更新的主要驱动力。因此,要推动城市更新满足人民的切实需求,就必须以人民的现实需求为基本遵循,将人民群众的需求作为城市更新的基本推动力和出发点。其次是管理需求。除了群众需求之外,在城市更新治理实践中,部门管理的碎片化、分散化往往也是阻碍城市更新的重要因素。因此在推动城市更新的过程中,在以群众需求为导向的同时,还要以管理需求为导向,以管理需求破除部门层级壁垒,助推更新实践。

第四,在互动机制上,融合互联机制是城市更新的重要保障。就目前而言,部门壁垒、信息壁垒以及层级壁垒始终是制约政府管理水平、阻碍政府管理能力有效提升的重要因素。而要打破这些由体制、机制运行固化而形成的工作壁垒,就需要解决两大问题:首先,"联"的问题,即如何将多元化的治理主体联系在一起;其次,"融"的问题,即仅仅联系在一起并不能高效地解决问题,关键还在于不同主体之间如何融合,在工作中如何密切合作,共同解决问题。为此,就需要充分重视基层党组织在城市更新治理实践中的融合互联作用,不仅要将各个治理主体纳入城市更新治理实践当中,更要推动各个治理主体之间的有效融合,进而形成城市更新的治理合力。

第五,在更新方式上,团结凝聚是城市更新的重要手段。"团结"一词最初源于法国社会学家埃米尔·涂尔干(Emile Durkheim)针对西欧社会急剧分化而提出的"社会团结"理论。在涂尔干看来,社会中存在两种社会团结的类型:一为机械团结,主要存在于不发达社会和古代社会;二为有机团结,是伴随社会分工出现的。① 团结凝聚则是建立在有机团结的基础之上,并对有机团结的内涵有所深化,旨在强调在社会分工不断加剧的时代背景下,不同治理主体之间通过相互交往、社会资本凝聚而形成的相互依赖、相互依存的社会关系网络。在城市更新实践中,就需要通过积极培育社会组织和开展自治活动,继而推动基层社会资本的形成,构建起完善的基层自治网络。

(三)中西方城市更新治理形态比较

通过对中西方城市更新治理形态的梳理(见表1),以"以人民为中心的治理"的构成要素为基准点,也即从价值、结构、动力、机制、方式五个维度对中西方城市更新治理形态进行差异化比较,可以发现如下差异。

---

① 参见[法]埃米尔·涂尔干:《社会分工论》,渠敬东译,生活·读书·新知三联书店2000年版。

表 1 世界城市更新治理形态比较

治理形态	价值	结构	动力	机制	方式
科层治理	以效率为中心	科层结构	效率导向	层级节制	行政命令
市场治理	以效益为中心	M型结构	资本驱动	自由竞争	分散权力
合作治理	以共识为中心	网状结构	合作取向	交换互惠	平等协商
以人民为中心的治理	以人民为中心	雁阵结构	需求导向	融合互联	团结凝聚

注:本表中的M型结构是指,20世纪90年代,为了解决政府组织部门规模庞大、服务成本过高以及组织效率低下等问题,在政府改革浪潮下而形成的一种组织结构形式。在政府变革过程中,改革旨在强调通过权力下放、分散角色,以及寻求公私合作等形式来解决政府垄断问题。

首先,在价值内核维度上,科层治理形态以效率为中心,旨在对20世纪中叶城市衰败、环境恶化进行积极回应;市场治理形态以效益为中心,在资本力量的驱动下推动城市更新,缓解了科层驱动下城市更新的财政压力;合作治理形态以共识为中心,多元治理主体在平等协商、主体自主的前提下开展城市更新运动,共同推进城市更新发展;以人民为中心的治理形态则强调将"以人民为中心"的发展理念渗透到城市更新发展的各个阶段,通过对人民群众需求的精准感知、识别来回应群众需求,积极推动人民群众广泛参与城市更新、共享城市更新成果,继而增强人民群众的幸福感、获得感和满意度。

其次,在治理结构维度上,科层治理形态主要以程序化、规范化的科层治理结构为依托来开展城市更新;市场治理形态采取M型的治理结构,通过政府与不同市场组织的共同合作来实现城市更新;合作治理形态运用网状结构将社会治理主体联结成城市更新网络,通过不同治理主体之间的相互联结、共同融合推动城市更新发展;以人民为中心的治理形态则以雁阵结构为依托,在基层党组织的领导之下构建起相互协作、共同融合的城市更新网络,进而提升城市更新的治理效益。

再次,在基本动力维度上,科层治理形态坚持效率导向,在行政效率的目标指引下推动城市的物质性更新;市场治理形态强调资本驱动,通过市场化的力量带动城市更新发展进程;合作治理形态主要追求城市更新过程中不同治理主体的合作取向,通过共识的达成来实现城市更新的帕累托最优;以人民为中心的治理形态始终坚持需求导向,将人民群众的现实需求作为城市更新的核心动力。

复次,在互动机制维度上,科层治理形态主要采取自上而下的层级节制,强调以"金字塔"式的权力体系来推动城市更新的范围和方式;市场治理形态将城市更新过程看作一个自由竞争的市场,通过不同治理主体之间的有效竞争来提升城市更新的质量和品质;合作治理形态建立在共识的基础上,因此在城市更新的过程中更加专注合作互惠,通过不同利益、观点的相互交换共同推动城市更新;以人民为中心的治理形态则强调融合互联机制在城市更新中的运用,在这一过程中,不仅能够将各个治理主体纳入基层党组织的统一领导之下,更能实现不同治理主体之间的有机融合。

最后,在方式更新维度上,科层治理形态主要采取自上而下的行政命令方式,因此在这一过程中更具有行政化色彩;市场治理形态由于以自由竞争的价值理念为先导和以 M 型结构为依托,因此在城市更新的过程中尤其强调分散权力、释放治理主体权力的方式来推动城市更新;合作治理形态始终将共识作为城市更新的动力,并将不同治理主体的意见纳入城市更新过程之中,由此强调平等协商在城市更新过程中的重要作用;以人民为中心的治理形态在坚持需求导向的前提之下也关注不同治理主体的广泛参与,融合互联,因此在城市更新过程中尤其强调通过团结凝聚的手段将分散化的治理主体凝聚成城市更新的治理合力。

三、"以人民为中心的治理":中国城市更新的"乐山样本"

(一)乐山新村的更新实践:案例呈现

乐山新村位于上海市徐家汇街道的西北角,是徐家汇街道最大的居民聚居区之一,由乐山二三村、四五村、六七村、八九村和虹二5个居委的8个老旧小区组成,总建筑面积29万平方米,共有6458户,约2万居民。自20世纪80年代形成以来,便很少进行更新改造活动。虽然经过近40年的发展,乐山新村的整体面貌并未发生大幅度的改变,社区房型设计老旧,楼内设施严重老化以及小区内部道路狭窄成为乐山地区的普遍现象,而自搭天井、大肆违建等活动的盛行更是加剧了乐山地区的衰败迹象。"脏乱差,老旧小"一度成为乐山地区的代名词。

2018年,徐汇区着手开展以片区一体化为主题的综合整治与片区改造活动。为进一步了解乐山发展情况,号准群众需求之脉,2019年,徐家汇街道组织了202名公务员、事业单位工作人员、社工以及居民区党员入户走访乐山,共收集在地居民提出的各类建议1670余条。针对乐山地区发展过程中利益诉求多元化、区域管理碎片化、区域矛盾复杂化等一系列问题,徐家汇街道党工委在街道层面专门成立了"乐山地区综合治理联合党支部",并安排街道处级领导担任联合党支部书记,在充分整合辖区各类治理力量、资源的基础上,积极推进乐山地区党建引领一体化、规划建设一体化、管理服务一体化以及自治共治一体化,真正实现了质的蜕变。正如在地居民所言,"以前脏乱差有名的,本来都朝外面走的,现在都想回来了"①。乐山新村的更新治理实践不仅推动了乐山新村

---

① 资料来源:2021年1月13日笔者对社区居民F的访谈记录。

整体面貌的焕然一新,更从总体上提升了在地居民的满意度和获得感。也正是如此,作为上海市城市更新发展的一个缩影,乐山新村较为成功的更新实践曾被《新闻联播》头条刊播,并在社会引发广泛影响。从这一角度来说,乐山新村的更新实践具有一定的代表性和典型性。

(二)"以人民为中心的治理":乐山新村更新的案例阐释

通过对乐山新村更新改造案例的梳理可以发现,乐山新村的更新改造活动既非西方城市更新过程中简单的政府主导,也非纯粹的市场参与、多元合作,而是基层党组织领导下的多元协商、共同治理,并将"以人民为中心"的价值理念渗透到城市更新的全过程,是一种区别于西方城市更新科层治理、市场治理以及合作治理的治理形态。具体而言,乐山新村更新的治理内涵主要包括以下几个方面。

第一,在价值内核上,以人民为中心是城市更新的核心价值。为进一步推动乐山新村的更新改造工作,整体改善乐山的生活环境,乐山地区将以人民为中心作为乐山整体改造工作的核心价值理念,完整回答了城市更新"为了谁、依靠谁以及成果由谁共享"的理论性问题。[1] 首先是"城市更新为了谁"的问题。乐山地区始终将"想为人民所想,盼为人民所盼"作为城市更新改造工作的价值前提和基础,通过"自上而下"和"自下而上"的需求挖掘渠道充分了解群众需求,将人民群众的需求作为城市更新改造工作的"风向标"。其次是"城市更新依靠谁"的问题。城市更新的一体化改造工作是一项系统化的工程,这就决定了乐山片区一体化综合整治与片区改造活动的开展需要乐山人民的广泛参与。在这一过程

---

[1] 宋道雷:《人民城市理念及其治理策略》,《南京社会科学》2021年第6期。

中,乐山地区通过搭建"物业沙龙""业委会沙龙"等平台,积极开展"乐活社区""瓶子菜园"等自治项目,充分调动居民参与乐山更新改造的积极性,使乐山居民不仅成为乐山更新改造的旁观者,更使其成为一体化改造工作的参与者。最后是"城市更新成果由谁共享"的问题。自 2018 年乐山地区推动片区一体化改造以来,先后推进小区生活垃圾库房升级改造、非机动车棚无人化管理改造等为民办实事项目,在推动乐山地区公共环境整体提升的同时,也切实提高了乐山地区居民的获得感、幸福感。

第二,在治理结构上,雁阵结构是城市更新的基本骨架。受中国独特的党政治理结构影响,乐山地区的片区一体化改造工作通过基层党组织的坚强领导在治理架构上表现出雁阵结构的特点。受这一结构影响,基层党组织在城市更新改造中发挥着"领头雁"的作用。首先是组织领导作用。在中国治理语境下,中国共产党始终在各项治理工作中发挥着领导作用,而在乐山城市更新实践中,基层党组织在城市更新治理架构中的渗透为乐山地区片区一体化工作的开展指明了方向。其次是组织吸纳作用。与组织领导相衔接,中国共产党强有力的领导力量能够将各个治理主体吸纳到城市更新治理实践当中。比如在乐山更新实践中,徐家汇街道党工委通过专门成立"乐山地区综合治理联合党支部",并安排街道处级领导担任联合党支部书记,不仅有效地吸纳了体制内的职能部门,更将社区居委、物业、业委会全部纳入乐山地区的更新改造活动。最后是资源整合作用。除了组织吸纳以外,基层党组织在乐山更新实践中也扮演着组织整合角色。比如徐家汇街道以基层党建为枢纽,通过整合辖区 27 家单位资源,开展微心愿认领活动,仅 2020 年就收到各类心愿 31 个。

第三,在基本动力上,需求导向是城市更新的基本遵循。需求导向是城市更新的起点,也是城市更新改造工作的重要指向。一旦忽略群众的实际需求,城市更新不仅难以满足人民群众对城市建设的切实需求,更会使城市更新改造工作陷入西方城市更新治理语境下政府主导的历史窠臼。因此,在乐山的更新改造工作中,徐家汇街道始终重视需求导向,并将群众需求和管理需求作为乐山新村更新改造工作的"牛鼻子",牵引乐山地区片区一体化改造工作有序进行。首先是以群众需求为导向。比如在乐山城市更新实践中,徐家汇街道先后组织了202名公务员、事业单位工作人员以及居民党员开展入户走访工作,共收到居民提出的各类需求建议1670余条,为下一步乐山更新改造工作的开展打下了扎实基础。其次是以管理需求为导向。管理需求在城市更新改造工作过程中也扮演着重要角色,比如针对乐山地区物理分隔现象,乐山通过开展一体化规划打破区域阻隔,构建起一体化的"大社区""大市场"。

第四,在互动机制上,融合互联机制是城市更新的重要保障。城市更新改造工作并非简单的技术规划问题,也非纯粹资本驱动的产物,而是不同治理主体互相协作、共同协商的结果。因此,在城市更新治理实践中,就不仅需要融合互联机制将各个治理主体统一纳入城市更新的治理框架之中,更需要推动各个治理主体之间的有效融合,避免部门管理碎片化、层级壁垒森严所形成的更新阻隔,继而构筑城市更新的治理合力。在乐山一体化改造实践中,徐家汇街道不仅强调基层党组织在乐山更新治理实践中的融合互联作用,而且重视区、街道助推乐山治理主体的重要力量。首先是基层党组织的融合互联作用。乐山地区尤其重视基层党组织在乐山一体化改造过程中的重要角色,通过基层联合党支部的建立,以基层党组织为纽带充分整合政府各个职能部门,不仅打破了以往部门分割、各自为政的层级壁垒,而且也增强了乐山的更新质量。其次是区、街道在城市更新实践中的助推功能。比如,在乐山一体化更新改造过程中,乐山地区分别以管理办、平安办、自治办、党建办等为牵头单位充分整合横向职能政府力量,为切实解决乐山更新过程中的治理顽疾发挥重要作用。

第五,在方式构造上,团结凝聚是城市更新的重要手段。城市更新改造活动是一项系统性工程,不仅需要政府职能部门的融合互联,还需要通过团结凝聚的方式将人民群众联系起来。既要强调硬性的治理手段推动城市更新治理实践,又不可忽视团结凝聚在城市更新治理实践中的重要作用。在乐山地区的城市更新实践中,徐家汇街道尤其重视团结凝聚在乐山一体化改造实践中的重要作用,通过社区社会资本的积极培育推动乐山城市更新自治网络的形成。比如,为了更好地服务乐山街坊,徐家汇街道积极推动组建"乐山志愿服务队",在推进便民服务工作开展的同时,也促进了基层自治网络的形成,增强了社会资本的培育。除此之外,乐山地区还在各小区成立"居民自治理事会",以自治推动基层治理,通过自治网络的形成加强各个治理主体的社会资本凝聚,进而保证乐山更新治理实践的有序开展。

四、结论与讨论

自20世纪中叶以来,伴随着工业化、城市化进程的加速推进,环境污染、交通拥堵、老旧城区破败已然成为西方各国城市发展面临的重要问题。为进一步缓解城市发展压力,改善城市发展环境,提升城市发展品质,在治理理念的驱动之下,西方主要形成了科层治理、市场治理以及合作治理的城市更新治理形态。虽然不同的城市更新治理形态在不同历史发展阶段表现出明显的历史局限性,但总的来说,依托不同历史情境衍生出的城市更新治理形态不但有效地改善了城市发展环境,而且也为西方各国城市的发展注入了活力。

本文通过对上海市乐山新村更新改造项目的实践考察发现,

相比西方城市更新实践中的三种治理形态,中国城市更新的逻辑具有一定的独特性:基于中国本土化的治理情境形成了"以人民为中心的治理"的治理形态,将"以人民为中心"的发展理念深深渗透到中国城市更新的整个发展过程之中。从具体内涵上来看,以人民为中心的治理形态主要表现为:在价值内核上,强调以人民为中心的价值理念;在治理结构上,形成雁阵结构的治理骨架;在基本动力上,将需求导向作为治理的基本遵循;在互动机制上,形成融合互联的治理保障;在方式构造上,强调团结凝聚是人民城市复兴的重要手段。

需要特别注意的是,以人民为中心的治理形态是依靠治理结构的创新来推动城市的更新与发展的,也即通过基层党组织的坚强领导和有效整合来实现城市的更新与发展的。然而,这一建立在独特政党治理结构上的治理形态并非简单的线性过程,城市更新治理成效的形成必然会对既有的城市更新实践起重要的助推作用,也即在城市更新治理实践中形成"手段-效果"之间的良性循环。以乐山新村拆违为例,人口的激增与住房资源紧张之间的矛盾使拆违成为乐山地区的一块"心病"。在这一背景下,乐山地区将以人民为中心作为城市更新的核心价值理念,通过深入调研、多次走访,为乐山人民解决人居矛盾的同时也赢得了乐山人民的大力支持,无形之中助推了拆违工作的顺利开展。所以,从这一角度来说,人民城市不仅体现出人民的参与和动员,实际上也是借此破除很多体制内外的障碍,从而赢得各方支持的过程。

人民城市论的整体性逻辑:基于浦东城市治理实践的理论思考

余敏江[*] 方熠威[**]

[内容摘要] 在绩效产出与社会稳定的总体均衡之间,中国的城市治理实践仍然面临空间异质性、界面治理碎片化等难题。作为一种新的城市治理范式,人民城市是"中国之治"在城市维度的表达,体现了经济属性与政治属性的有机统一,体现了生活逻辑与管理逻辑的有机统一,体现了有为政府与能动社会的有机统一。上海浦东新区将"家门口"服务体系和"四化"理念、"条块联动"和"三会"制度、社区治理达人和"智治通"有机结合起来,创造了彰显"人民城市论"整体性逻辑的示范样板。这一实践探索是对城市生命有机体的整体性、城市治理的整体性、城市文明发展的整体性的一种认识论、实践论的价值呈现。探究"人民城市论"的整体性逻辑,有助于系统性回应城市治理的基础性命题,破解城市治理改革的中层设计难题,优化城市治理的行动者网络结构。

[关键词] 人民城市;城市治理;整体性逻辑

---

[*] 余敏江,同济大学政治与国际关系学院教授、博士生导师。
[**] 方熠威,同济大学政治与国际关系学院博士研究生。

一、人民城市论的整体性特征

城市是国家治理的战略空间和要素,城市治理现代化是国家治理体系和治理能力现代化的重要组成部分。中国的城市治理实践基本做到了绩效产出与社会稳定的总体均衡。然而,城市贫困①、社会排斥②、土地资本化③、环境危机④等难题仍然不同程度地存在。为此,习近平总书记于2019年11月2日在上海杨浦滨江实地考察时提出"人民城市人民建,人民城市为人民"⑤的新发展理念。习近平关于人民城市的重要论述(以下简称"人民城市论")是解决空间异质性、界面治理碎片化等问题的良方,是以人民为中心的"中国之治"在城市维度的表达。"人民城市"和人民性的提出,使城市逐渐失去原先的中立立场,并具有了引导城市发展的正向功能,⑥弥合了城市与公共性之间的理论缝隙。市场的力量有意无意地解构了"国家→集体→个人"的价值链条,而人民城市论以"人民"取代"人",推动"以人为本"上升为"以人民为中心"的过程,实现了公共性的最大化,也逆向重构了国家、集体、个人三者关系。探索"人民城市论"的整体性逻辑,有助于精准把握其内

---

① 参见关信平:《当前我国城市贫困的新特点及社会救助改革的新方向》,《社会科学辑刊》2019年第4期。
② 参见陆铭:《空间的力量:地理、政治与城市发展》,格致出版社2017年版,第32页。
③ 周飞舟:《大兴土木:土地财政与地方政府行为》,《经济社会体制比较》2010年第3期。
④ 余敏江:《生态理性的生产与再生产:中国城市环境治理40年》,上海交通大学出版社2019年版,第3页。
⑤ 《习近平在上海考察时强调 深入学习贯彻党的十九届四中全会精神 提高社会主义现代化国际大都市治理能力和水平》,《人民日报》,2019年11月4日,第1版。
⑥ 姚尚建:《贫困与城市性的纠偏》,《学术月刊》2021年第5期。

在旨趣和精神实质,对于形成城市生命有机体共识,实现城市治理和城市文明发展的整体性进阶,具有重要的理论意义和实践意义。

"人民城市人民建"将人民置于城市治理这个特定的场景,依循政府-社会-人民的关系网络建设城市、发展城市。而"人民城市为人民"将人民作为城市的"始点"和"终点",终极目标是人民共享城市发展成果。"人民建"和"为人民"在以人民为中心的框架下实现了有机统一。人民城市论在继承了中国传统民本思想和马克思主义人本思想的基础上,形成了具有整体性特征的人民城市观。

(一)人民城市论的逻辑起点:经济属性与政治属性的有机统一

城市属性是城市生命有机体存在的基础,对城市属性的把握是所有城市理论的逻辑起点。作为一个由多重社会因素综合作用形成的产物,城市在多个维度彰显不同的属性。其中,最为重要的是其政治、经济属性,两者塑造了城市主体力量的结构。既有的城市治理理论与实践过多地强调了经济属性的意义。大多数学者认为,城市的本质是人口和经济在空间上的集聚,并依此发生规模效应。作为人类社会有意识的资源集聚产物,城市经济属性的凸显似乎是顺理成章的。中国的城市理论也多把城市视为人口的空间集聚进程,因而常使用"城镇化率"或"城市化水平"等指标。显然,这更多是对城市经济的关注,而缺少对政治权益、民生状况等方面的观照。城市发展的关键要素包括冲突的利益、相互竞争的发展计划、政策选择和独特的市场。在这一链条下,城市可能变成"增长机器",大量炮制出支持和推动增长的政策。这样一来,城市、区域不会为了迎合人们的需求而竞争,而只为了吸引资本而竞争,从而形成城市矛盾,导致不平等产生。① 空间、人、权利、权力与资本一直紧密联系在一起,而城市的特点又与资本存在天然的契合,表现在城市集聚本质带来资本规模增长,以及城市化进程为资本循环和积累提供时空体系支撑。长此以往,城市将成为维系资本积累剩余价值的工具,并导致异质化发展的反身性结果。由于这个原因,新城市社会学(New Urban Sociology)旗帜鲜明地提出城市研究的重点不是人口,而是资本主义的作用、国际经济秩序对城市建设的影响、财富的积累与权力的集中、社会阶级关系与国家管理职能等。② 这深刻触动到城市政治与经济的深层次关系,凸显了政治和意识形态对城市发展的根本性作用。

显然,如果过度重视城市发展"指标",则必然触发社会发展与政治秩序之间的矛盾,缺少对城市权利的观照。城市化速度越快、城市人口集中规模越大,带来政治不稳定的可能性就越高。③ 城市治理本身承担着多重任务,在转型国家更为明显,不仅来自经济增长层面的压力,还来自回应特定城市问题和市民需求的需要。④ 因此,城市权利应该是,也必然是一种能够充分涵盖所有人的集体权利,是人们都可以按自己的期望改变和改造城市的权利。⑤ 城市权利的"丢失"本质是对城市政治属性的忽略。人民城市论秉持"人民至上"的理念,这与国家治理所秉持的"以人民为中心"理念一脉相承:把人民作为人民城市建设的主体,把民心作为最大的政

---

① [美]约翰·R.洛根、[美]哈维·L.莫洛奇:《都市财富:空间的政治经济学》,陈那波等译,格致出版社2015年版,第12—40页。

② 参见[美]马克·戈特迪纳、[美]雷·哈奇森:《新城市社会学》,黄怡译,上海译文出版社2011年版。

③ Jeremy Wallace, "Cities, Redistribution, and Authoritarian Regime Survival", *The Journal of Politics*, 2013, 75(3).

④ 叶林、周寒:《超越增长逻辑:城市治理的多重情境与转向》,《华南师范大学学报》(社会科学版)2021年第3期。

⑤ [美]戴维·哈维:《叛逆的城市:从城市权利到城市革命》,叶齐茂、倪晓晖译,商务印书馆2014年版,第4页。

治,把人民的获得感、幸福感和满意度作为检验社会发展成果的重要标尺。在人民城市建设中,不仅要遵循经济社会发展的客观规律,还要发挥人民主体作用,保障人民在参与城市建设、城市管理、城市服务中的各项民主权利,更要保障人民共享改革发展的成果,充分激发人民在基层民主政治建设中的活力。只有在城市发展和国家发展的过程中,让人民有获得感和幸福感,才能避免资本及其对物的占有所导致的城市失序,才能助推国家治理在城市空间有序展开。从这个意义上讲,人民城市论是对资本主导的城市发展和国家治理的反正,是对一个时期以来过分强调城市经济属性、淡化城市政治属性的矫正和纠偏,符合城市科学的基本原理和"再政治化"的当代趋势。换言之,人民城市论的提出,将政治属性重新带进城市属性的谱系,推动其与原本存在罅隙的经济属性形成了有机统一。

(二)人民城市论的逻辑指向:生活逻辑与管理逻辑的有机统一

亚里士多德在其著作《政治学》中指出,人们进入城市是为了更好的生活。① 城市是人生存的场所,是"安居"的生活共同体、"乐业"的生计共同体、"活力"的生机共同体。② 基于此,"安居乐业、活力共生"应该是城市发展的重要价值取向。然而,在现实生活中,城市的生活逻辑并没有得到应有的彰显,管理逻辑支配下的事本主义行政仍是当前城市治理的"主旋律"。例如,在一些城市,产业边缘的流动摊贩、环境差且交通堵的大型批发市场,是与现代文明城市发展不相匹配的,因此属地政府在压力型体制和政策目

---

① [古希腊]亚里士多德:《政治学》,颜一、秦典华译,中国人民大学出版社2003年版,第90页。
② 何雪松、侯秋宇:《人民城市的价值关怀与治理的限度》,《南京社会科学》2021年第1期。

标层层分解之下,对流动摊贩等边缘经济进行集中整治。然而,治理流动摊贩的政策在 2020 年新型冠状病毒肺炎疫情(简称"新冠疫情")暴发后却发生了重大转折,"地摊经济"从过去被城管"赶着跑",到现在被各部门"催着上"。地方政府调整了政策导向,对流动商贩、占道经营等做出了宽松政策规定。显然,这是由管理逻辑而非生活逻辑主导推动的。

管理逻辑源自压力型体制。"上级政府为了完成某些重要任务,会将它们确定为'政治任务',要求下级政府以及职能部门全力完成,并相应给予政治上和经济上的激励和惩罚。"①完成任务逻辑就成为基层的"中心"。在多重任务的压力下,基层政府往往更加关注短期目标和快速应对,以此回应多重压力。在通常以"最大公约数"为追求目标的城市治理场域中,管理逻辑更容易实现单一的目标。简·雅各布斯(Jane Jacobs)认为,如果总是想要打造一个"像模像样"的城市或街区,那似乎是只按照严格的法则将它变成艺术品,那么最终它就既不是艺术也不是生活,而只是一种标本而已。② 也就是说,一旦以管理高效为目标,就有可能背离生活的要求。

管理逻辑必将衍生潜在的"过度治理"风险,具体表现是缺乏治理效度、情感温度和管理尺度。城市治理的内在要求是尊重个体利益、激发个体积极性,但必须以不危及共同利益、他人利益为前提。尤其是随着城市化和城市更新的推进,城市权力与利益结构也必然发生相应变化,这种变化必须赋予城市生活多元性和复杂性特征,更突出城市治理调适各城市主体之间利益、关系、秩序的重要性。基于此,人民城市论将城市的根本属性归结于人民性,视其为我国城市建设的起点,以及城市繁荣的价值旨归,③并且借

---

① 杨雪冬:《压力型体制:一个概念的简明史》,《社会科学》2012 年第 11 期。
② [加拿大]简·雅各布斯:《美国大城市的死与生》,金衡山译,译林出版社 2006 年版,第 417 页。
③ 董慧:《城市繁荣:基于人民性的思考》,《西南民族大学学报》(人文社会科学版) 2021 年第 4 期。

鉴城市民生主义的主要观念,强调利益共荣、城市共治、美好生活共享。

人民城市论指导下的城市治理实践将人民与实际生活联系在一起,高扬城市的生活逻辑,以回应人民的生活关切作为旨要。其具体表现为:(1) 将"美好生活"视作治理目标,在这一前提下重新厘清管理与生活的边界,重新探索自由与秩序的尺度;(2) 以靠民性(人民群众在人民城市建设中的实践者角色)、属民性(人民群众在人民城市建设中的创造者身份)和为民性(人民群众在人民城市建设中的享有者地位)的有机统一推动参与式治理实现;(3) 尊重城市发展与城市治理的"多样性"与"包容性",按照集约化发展、精细化治理理念建设生态之城,按照尊重人、服务人的标准建设人文之城,以开放性和包容性优势重塑城市生活共同体建设开放之城,最终在人民性的框架下实现有机统一。

人民城市论打破了以往认为城市的生活逻辑与管理逻辑之间不可耦合的观念,找准了人民性这一关键性的价值工具,从宏观"人口"管理到微观"人"的价值追求再上升到"人民"主体地位的实现。人民性的出场实质是一个对管理性与公共性整合、凝练、深化的过程,其重要意义在于降低了"身份排斥"和"资源藩篱"的消极影响,搭建起一个公众广泛参与的共享平台,从根本上实现了管理逻辑与生活逻辑的有机统一。

(三) 人民城市论的逻辑运演:有为政府与能动社会的有机统一

城市治理视角下的权力重新分配本质是消解体制统一与机制灵活之间的张力。[①] 这种消解的基本条件就是培育充满活力的、

---

① 叶林、周寒:《超越增长逻辑:城市治理的多重情境与转向》,《华南师范大学学报》(社会科学版)2021 年第 3 期。

人民广泛参与的社会因素及其治理机制,具备较强的能动性特点。在此基础上,城市治理改革的重心是如何促使城市公共政策议程及政策结果有效串联起政府与社会、利益相关者。因而,当代中国城市治理改革固然吁求社会全面参与治理并成为多元主体之一,但绝不意味着要去制造一个与政府分立、对峙的另一个或多个"中心",而是要基于整体性治理的基本理路去探究政府与社会的融合与协作之道。在制度规约性、政策承接性和密合性的城市治理体系中,社会究竟应该以何种方式进入政府治理体系之中? 即,在多元协同的城市治理体系的构建中,社会力量以何种形态呈现并演化,从而实现自上而下的制度性治理与社会基层生活状态的对接与融合? 这显然是当前城市治理治道变革并实现善治目标所要解决的核心问题。

依据制度变迁的渐进性逻辑:我国城市化以及城市治理过程一直以政府为主要推动力量,①权力结构的调整无法即时发生,而人口的流动又不断地拓展更多的社会自主空间,②因此,需要一个中间变量/工具来缓和理论上的对立冲突。"人民"作为一个特定的政治群体成了合适的答案:现代国家中的"人民",③既带有意识形态的特性,又与社会保持紧密联系,能够有效地规避权力结构调整所伴生的潜在风险。如前所述,人民城市论的基本思路是将人民置于城市治理这个特定的场景中,从"政府-人民-社会"的关系网络建设城市、发展城市,更重要的是在"人民建"的实践中拓展城市公共生活的能动性空间。它不同于西方国家沉溺于个人主义、自由主义和二元分立对峙的思维,其立论基础诉诸东方国家有着深厚底蕴的整体主义观、社会和谐观,以彰显社会发展正向价值的建构主义为

---

① 李强、陈宇琳、刘精明:《中国城镇化"推进模式"研究》,《中国社会科学》2012年第7期。
② 王春光:《中国城市化进程中的公民社会实践》,《浙江社会科学》2009年第1期。
③ 李瑞昌:《公共治理转型:整体主义复兴》,《江苏行政学院学报》2009年第4期。

根本原则,强调治理主体的多元兼容、治理形式的和谐共治、治理手段的民主协商和治理成果的社会共享。

人民城市论引领了城市结构的复合趋向。有为政府和能动社会在人民城市论的逻辑框架下统合,其间的整合机制是信息技术。以块数据、人工智能为代表的信息技术正在深刻地塑造组织的变迁过程,"基于复杂科学提出来的数据化整体思维"引致关于"人类社会结构、组织形态"等整体化的重构。① 而技术的赋权参与特性、联结整合功能亦切实赋予非政府力量平等自主的主体地位以及相应的治理权利、权限,倒推合作、信任、互动协调以及权责共享等机制的贯彻实施,②为有为政府与能动社会的有机统一提供了关键支持。

以上论述呈现出人民城市论内含的整体性逻辑体系(如图1所示)。其中,人民城市论引领城市属性的现代转向是该体系的逻辑起点,人民城市论引领城市功能的生活取向是该体系的逻辑指向,在两者之间,人民城市论引领城市结构的复合趋向是其中的逻辑机理。三者间的勾连与耦合最终夯实了人民在城市中的主体地位,将人民塑造为城市治理的价值尺度。

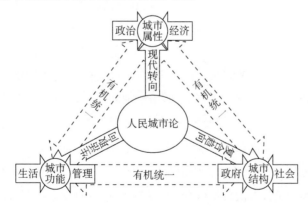

图1 人民城市论的整体性逻辑

---

① 余敏江:《整体智治:块数据驱动的新型社会治理模式》,《行政论坛》2020年第4期。
② 唐亚林、王小芳:《网络化治理范式建构论纲》,《行政论坛》2020年第3期。

二、彰显"人民城市论"整体性逻辑的具体实践

"人民城市论"正式提出的时间不长,但以人民为中心、践行人民主体性地位的城市治理实践案例在中国并不鲜见。其中,上海浦东在践行人民城市论的整体性逻辑方面颇具典型性和代表性。结合上文提出的分析框架,本文拟从三个维度呈现浦东城市治理的人民性及其整体性。本案例使用的资料主要来自:(1)上海市政府、浦东新区政府及其直属机关官方网站、微信公众号发布的官方信息和政策文本;(2)权威媒体的相关报道;(3)浦东新区地区工作委员会工作人员的半结构化访谈纪要;(4)代表性街道的实地走访记录。

(一)政治属性增益经济属性:"三会"制度协调"条块"联动

浦东是我国改革开放和市场化建设的标杆,贡献了蔚为可观的经济绩效。一般而言,当地区发展与城市化进程过多地强调经济及其相关指标的增长时,城市治理的过程维度则容易受到忽视。浦东则是另外一番景象。浦东通过在基层推广"三会"制度,并反向推动体制内的"条块"互动,城市治理的主要行动者广泛联系和高度合作,大大提高了城市公共性水平。

"三会"制度起源于黄浦区五里桥街道,指的是听证会、协调会、评议会。2006年,上海市民政局出台《居民听证会、协调会、评议会制度试行办法》;2014年,上海市委、市政府发布《关于进一步创新社会治理加强基层建设的意见》,要求"切实发挥听证会、协调会、评议会作用";2017年,新修改的《上海市居民委员会工作条例》正式收录"三会"制度。浦东新区落实"三会"制度主要通过加

强标准化统筹设计("三会"实训室和操作手册)、规范化硬件设施(空间要求、基础设施、教具开发)、精细化服务配套(污水纳管、停车位改建、加装电梯、文明养宠等议题清单)等举措,形成了具有浦东特色的城市治理行动方案。

人与人之间的交互或多或少都是凭借有意为之的利益、意图和策略来维系的,它们皆由权利关系生产出来。"三会"制度的推广推行着重强调居民的政治权利,鼓励居民参与到公共决策及其执行过程中,并以此"点亮"城市的政治属性。

> "三会"制度实际是民主协商的制度化。2020年以来,我们联合区委党校,探索"三会"规范化建设,通过打造"三会"实训室并常态化开展"三会"实训,引导干部群众用好"三会"制度,提升参与能力。目前,陆家嘴等十多个街镇"三会"实训室已经建好,接下来的目标是全区全面推进。①

在单位制退场和社区制尚未成熟的转型期,以"三会"制度为代表的基层民主新机制或许成为城市治理模式升级的重要引擎,亦是"人民城市"落地的具体形态,其关键之处就在于运用整体性思维破解治理分散化问题。

当前,居民参与城市治理的权利与义务得到了一定程度的法律保障,但实施效果不佳,主要原因在于缺少公民参与的通道和具体操作规范。这是因为,在一些地方,"在官僚制的等级结构中,无论怎样动员和接纳公众的参与,也不能够改变权力由少数人执掌和行使的现实,至多也只是赋予权力更加温和的面目和愿意妥协

---

① 资料来源:2021年6月2日笔者对浦东新区地区工作委员会工作人员Z的访谈记录。

的假象"①。中心-边缘结构的封闭性集权因无法从根本上授予每一个公众平等的城市治理话语权,致使普通公众在日常的城市参与治理中比较消极、被动和冷漠。有鉴于此,塔基斯·福托鲍洛斯(Takis Fotopooulos)指出,"要想培养出积极的公民意识,其基本前提就是公民本人应当控制政治过程(而不是由别人'代表')"②。

浦东践行"三会"制度的旨要就是明确将发端于人民的权力归结于人民,并交到人民手中。这有助于在城市场域内理顺公共权力关系以及公共利益关系,从而形成一种建立在规范化和常态化基础上的稳定的互动合作过程。而且,浦东实行的"三会"制度在城市治理的末梢环节倒逼"条块"之间互动,大大消解"条块分割"这一中国政府管理体制顽疾。按照浦东新区 2020 年出台的《关于居民区(村)听证会、协调会、评议会和群众事务代理制度的实施意见》,召开"三会"时,所在街道以及区级相关职能部门必须派代表出席,及时交流沟通,协助居民处理问题。对此,浦东新区民政局也在《2021 年浦东新区民政工作要点》中表示,以"三会一代理"制度为依托,"加强与市局、区相关责任单位的纵向沟通和横向联动,确保信息畅通,形成工作合力"③。以往被认为是治理真空以及治理矛盾尖锐的"老大难"问题在"三会"制度框架下得以解决。例如,浦兴路街道银桥居民区通过多元主体参与,共同推进了各项服务工作提质增能。"三会"制度在银桥的落实贯穿于重点实事项目(如智慧社区建设、美丽家园建设)的全过程,真正做到"赋权"居民。在小区的每一处改造、每一步变化中都可以看见群众积极参与,以此提高群众的认可度、满意度。银桥居民区党总支形成了需

---

① 张康之:《走向合作的社会》,中国人民大学出版社 2015 年版,第 250 页。
② [希]塔基斯·福托鲍洛斯:《当代多重危机与包容性民主》,李宏译,山东大学出版社 2008 年版,第 128 页。
③ 上海市浦东新区民政局:《2021 年浦东新区民政工作要点》(浦民〔2021〕27 号),2021 年 3 月 29 日。

求、资源、项目三张清单的定期更新制度,每季度召开评议会,组织居民代表对七大类服务项目、服务频次进行自下而上的评价评议,确保服务项目对路。银桥服务站可提供的服务内容达到286项,其中七大类服务共计272项、特色服务14项。陆家嘴街道市新小区是另一个创新"尊重群众意愿、可操作、规范化"的"三会"实践典型。在新冠疫情期间,小区就如何实施小区封闭管理措施等议题专门组织召开听证会,居民、居委、业委会、物业等参与其中、各抒己见,为落实防控措施打下坚实基础;为解决停车难这个问题,居民区召开了40多场听证会,最终把车位由79个增加至251个;为实施小区综合整新,召开"三会"80余场,邀请专家科学决策,转化了40多个项目打包落地,居民对各项服务的满意度均达到98%以上。通过"三会"情景实训,浦东为各居民区提供了结伴同行、互助学习的平台。从"咱也不知道,咱也不敢问"到平等、充分、有序对话,"三会"制度增强了居民自治能力,也大大推进了基层民主发展的进程。

(二)生活逻辑嵌入管理逻辑:"四化"理念引领"家门口"服务体系

城市政府是城市公共事务的管理者和责任方,必然面对治理资源有限性与治理任务复杂性这组基础性矛盾。这对矛盾的核心在于政府的偏好与城市居民的偏好往往难以精准对接。一是因为城市居民的个体偏好多样且复杂,而公共偏好又难以捕捉;二是因为地方政府本身有理性政治人和经济人特性,倾向于在能够展现治理能力与治理绩效的领域投入资源。浦东破解城市治理系列难题的关键是力推"四化"理念,贯彻实现"人民对美好生活的需求"这一旨求。

人民城市理念的治理要求是尊重个体利益、激发个体积极性、创造个体实现自我需求的途径和契机。浦东秉持这样的理念,将具体化的"四化"理念,即"办公空间趋零化、服务空间最大化、服务项目标准化、服务标识统一化"作为落实城市公共服务现代化的重要抓手,其实质在于从更高的政治维度出发,着力改变各级政府、村居干部意识观念和行动结构。在"四化"理念中,"办公空间趋零化、服务空间最大化"旨在通过空间重塑,推进去行政化、去机关化、去官僚化;"服务项目标准化、服务标识统一化"旨在通过流程再造,实现服务项目精准化、服务品质标准化。

浦东还积极推广"家门口"服务体系建设,力求与"四化"理念之间形成观念-行动上的两相呼应。2018年5月,《家门口服务规范》作为浦东新区首批区级标准正式发布,"家门口"服务项目也被评选为2017中国(上海)社会治理创新优秀案例。"家门口"服务体系包括街镇中心、村居服务中心(站)、村宅延伸服务点等各级服务站点,主要着力点在村居层面,但在总体上分类指导,明确居民区和村的不同模式,具体而言:一是村层面试点建设"家门口"服务中心;二是居民区层面完善体系建设。其主要目标是搭建资源整合、功能集成、机制有效、群众参与的平台,提供就近、便利、稳定可预期的七大类基本服务(党群服务、政务服务、生活服务、法律服务、健康服务、文化服务、社区管理服务)。

> 我们(浦东新区)从2017年5月开始,在不增加机构编制人员的基础上,根据办公趋零化、服务项目标准化等原则,在全区居村层面全面推进"家门口"服务体系建设,提供党群政务社会管理等七大类服务,形成了资源整合、群众参与的"家门口"服务体系以及"家门口"服务规范。"家门口"服务规范已上升为区级标准,并且这个规范会根据最新的实践得以修订和完善。①

---

① 资料来源:2021年6月2日笔者对浦东新区地区工作委员会工作人员Z的访谈记录。

浦东的"家门口"服务体系建设以居民为基础、以服务为基础、以生活需要为基础,其核心是以"老百姓"的美好生活需求为旨求,实现生活逻辑与管理逻辑的有机统一。在村居"家门口"服务中心(站),主要是做实"四站一室"(党建服务站、市民事项受理服务站、文化服务站、联勤联动站及卫生室),通过自上而下的方式,将资源、服务、管理力量下沉到村居"家门口",让居民群众有更多获得感、幸福感、安全感。截至2021年6月,全区已经实现214项个人服务办理不出村。东明路街道是浦东家门口服务体系建设的"网红"。作为浦东最年轻的街道之一,东明路街道一直以"人民街道""宜居东明,人民社区"作为治理理念与治理目标,曾荣获"全国最美志愿服务社区"。在贯彻落实浦东新区"家门口"服务体系实践中,东明街道的具体做法有:通过搭建集公益服务和便民生活服务为一体的服务平台,打造"家门口"的生活服务集市;开通社区服务热线,同步接入上海市社区服务热线"962200",整合社区服务资源,实现生活服务联动,让居民身边事在家门口解决;以"为民服务一片情"为主题,每个季度开展一次大型活动,创新菜单式服务形式,为居民群众提供就近、多元、便捷的生活服务等,盘活城市治理资源,并将其交还给人民。2020年,浦东在"家门口"服务中,通过"远程帮办"办理个人事项22.39万件,覆盖建成的1 343个居村联勤联动站,依托"联勤联动微平台"等数字平台协同处置问题1 095个。

(三) 能动社会耦合有为政府:社区资源供给数字治理平台建设

传统城市管理向现代城市治理的转型实质是由政府对城市公共事务权威性管理向政府发展与利益相关者之间的合作关系转变,最终实现更广泛意义上的城市善治。在转型过程中,城市治理实践主体面临更高的要求:政府需要"有所为有所不为",有意识地重新调整行为结构,高效盘活有限的注意力资源,将部分权力让渡给正在蓬勃发育的社会部门，与之对应的，城市社会也必须实现良好发育，现代城市公民逐渐成熟，体现公民责任的担当。

城市将为人民提供社会参与的渠道，具体表现为城市内新的社会空间的出现以及大量城市社会"自治"组织的发展和完善。而社会拥有更多可以利用的自由流动资源和自由活动空间后，也将发展出独立于国家的物质生产和交往形式，并最终反哺国家，形成一种具有整体特点的良性循环机制。对于开拓城市社会治理资源，浦东有一套成熟的经验体系，例如培养培育城市社区治理达人：

> 首先是培养骨干社工。我们利用每周四一小时的时间向全部社工开展培训，任何一个部门都可以借此机会满足对社工的常规培训需求。再就是培育金牌社工。我们每年从社工里挑选优秀社工进行重点培育，通过给予资源倾斜，打造一批金牌社工。第三是搭建临时工作室，汇集各领域专业人才建设临时工作室。第四是培育社区治理达人。去年推出了第一季五十名社区达人，我们选择有正能量、愿意服务奉献社区并且有影响带动作用的社区治理达人，为每一位社区治理达人拍摄一段短片。通过短视频多媒体平台，连续两个月每天播出。去年第一季推出之后效果不错，新媒体矩阵的点击量很高。①

社会领域的组织和个人成长于我国社会转型不断释放的空间之中，也面临内外部的合法性困境，建立与政府组织的互动关系成了"能动社会"的应有之义。在浦东的治理实践中，频繁常见的是职业水平高的社会工作者、社区治理达人以及中介性公益社会组

---

① 资料来源：2021年6月2日笔者对浦东新区地区工作委员会工作人员Z的访谈记录。

织,活跃在抗疫、社区服务、物业管家、公益慈善等方面,成为政府治理的重要帮手。他们有的是能够充分发挥自身专业知识和技能、积极参与社区治理、解决社区共性难题、调解社区矛盾的"老娘舅";有的是热心社区环境保护、垃圾分类、慈善救助、为老助残、关爱弱势群体等公益事业,积极参与和提供义务服务的"活雷锋";还有的是在文化、体育、艺术、生活等方面具有一技之长,并积极服务居民群众,组建和带领相关团队活跃在社区中的"热心人"。

数字技术引致的信息交换模式具有多维叠加效应,有助于串联起有为政府与能动社会。依托上海加快推进城市数字化转型的实践行动,浦东积极打造"智治通"等数字治理平台(框架),将信息技术与城市治理资源进行深度融合、精准耦合、广泛交互。"智治通"立足于上海"一网统管""一网通办"两张网,实现基础数据一次采集、委办数据一站共享、管理要素一屏统揽、数据系统一键联动、问题需求一体研判、事务处理一步到位、基础知识一端查阅。技术手段的参与实现了共性数据免重复填写,以数字减重的方式给基层减负。此外,浦东还开发出"社区云"应用场景,通过将人房数据整合在"社区云"平台,实现数据即时采集即时共享。2020年新冠疫情期间,各个居民区手绘的"房态图"已经实现了数字化,并呈现在平台上,每个居民区的四至范围、人口信息、房屋信息等数据直观明晰。通过平台联勤联动模块,对口小区的社区民警、城管队员、全科医生都能够一键联系。在这个基础上,相关城镇和委办部门开发出应用场景,引导居民通过"云"上的功能板块,进行线上社情民意表达和参与社区治理,实现居委与居民的零距离沟通交流,助力精准化服务、智能化治理。浦东深化区级"供需对接·一站式服务"平台,通过"三社联动"(社区、社会组织、社会工作),引入专业社会组织和方法,推动破解治理难题。社区治理达人和社会组织作为社会治理资源与政府治理资源一同被纳入"智治通"框架,重新定义了城市治理的结构,形成了一种深层资源叠放复合化、外部运行机制扁平化的联动式组织结构。

浦东城市治理实践践行人民主体地位的机制在于：从"以人民为中心"的人民性出发，通过推广践行"四化"理念在观念上引领"家门口"服务体系建设；通过"三会"制度形成城市居民广泛参与的政治生活样态，自下而上地推动政府内部的"条块"联动；通过孵化培育社区治理达人和公益性中介组织积极参与城市治理，获取社会资本支持，并引入"智治通""社区云"等新互联网信息技术平台整合政府治理和社会资本资源。三个条线以微观实践分别落实城市功能的生活取向、城市属性的现代转向以及城市结构的复合趋向，并在彼此之间形成勾连与耦合，最终以整体性逻辑和整体性思维践行"人民城市为人民"的宗旨，回归人民性（如图2所示）。

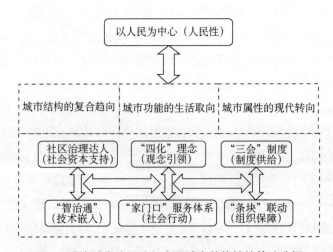

图2　浦东城市治理践行人民城市整体性的策略选择

三、结论与讨论

"人民城市论"的整体性逻辑不是强调城市多元属性的一面，

也不是将其相互割裂,而是对城市生命有机体的整体性、城市治理的整体性、城市文明发展的整体性的一种认识论、实践论的价值呈现。通过对浦东城市治理落实"四化"理念、建立"三会"制度、建设"家门口"服务体系、培育社区治理能人等具体实践的剖析,人民城市论的整体性逻辑有了经验层面的论证。由此更为清晰地表明,人民城市论的整体性逻辑有助于系统回应城市治理的基础性命题,破解城市治理改革的中层设计难题,优化城市治理的制度安排。

首先,人民城市论的整体性逻辑有助于厘清今后相当长一段时间城市发展的思路以及治理转型的进路。大体而言,城市治理研究有三个基础性命题:"城市权力的主体是谁","城市治理的性质如何",以及"市民和权力、治理之间呈现一种怎样的关系"。人民城市论完成了对这三个问题的系统性回答:城市为人民所有、城市为人民所共享、城市为人民所共治。人民城市论辩证地提出"人民性"理念,带回了政治属性,构建了一个更为完整的城市属性谱系。在更深层的意义上,人民城市论实则树立了一个内含政治、经济等多维向度的城市治理与发展目标。由人民性所引领的城市实践明确提出了中国城市治理的根本方向(保证人民主体地位、实现人民的价值尺度),这要求治理主体在思想观念和行动结构上重新调整,与国家治理逻辑(以人民为中心)进行深度耦合。

其次,人民城市论的整体性逻辑有助于破解城市治理改革的中层设计难题。城市治理的中层设计指的是对城市政治及公共事务治理结构的整体性安排及由其所衍生的运行机制。一般而言,中层设计存在两重理论困境:其一,政府偏好与居民偏好难以吻合;其二,城市公共事务治理的"集体行动困境"难以消除。人民城市论逻辑推演出的"有为政府+能动社会"治理结构,用"政府治理资源的存量调整""社会治理资源的增量培育""社会自身生长反哺"等多维聚力模式,实现了公共性与管理性的共同生产。对于集体行动的困境,人民城市论亦从权力归置角度予以消解。埃哈尔·费埃德伯格(Erhard Friedberg)曾指出:"集体行动的每一个结构,皆为权力的一种现象,皆为权力的一种效应,而且也是权力的一种事实。"① 人民性引领"有为政府+能动社会"的组织安排重置了城市权力的分布,并通过公民参与模式的调整以及体制内外的密切联动,形成一种城市利益相关者之间的持续互动机制。

最后,人民城市论的整体性逻辑有助于优化城市治理的行动者网络结构。城市是城市居民共同的家园,城市治理是城市居民的共有责任。因此,城市治理场域内多元主体的集体理性亟须被唤醒。这需要在打破中心-边缘、主体-客体等一切不平等观念的基础上,将城市的所有行动者纳入一个无等级、无中心、无边界的网络结构中。这种网络结构是建立在多元行动者地位平等、行动自主和互利共赢基础上的。开放、灵活的网络化结构能够促进多元治理主体间的联系、交流与互动,并营造履约守信与诚信友善的合作型信任氛围。对于这种网络结构,詹姆斯·科尔曼(James Coleman)曾经说过:"高密度网络意味着行动者个体的行为会受制于群体的某些限制,对于合作行为的实现有着重要的意义。在高密度网络中,行动者通过网络的相互联结而建立的信任是一种基于网络层次上的系统信任。在这种系统信任中,网络成员拥有一种稳定、互惠、长期的预期。他们的行为因此会受到整体网络的限制,网络具有监视和裁决机会主义行为的功能,因此有助于合作机制的维系。"② 埃里克-汉斯·克利金(Erik-Hans Klijn)将建立在信任和网络结构基础上的决策制定系统称为成熟的民主系统,并指出,"在这个成熟的民主系统中,行动主体可以在相对开放的决策

---

① [法]埃哈尔·费埃德伯格:《权力与规则:组织行动的动力》,张月等译,格致出版社2017年版,第203页。
② [美]詹姆斯·科尔曼:《社会理论的基础》,邓方译,社会科学文献出版社2008年版,第159页。

过程中表达他们的利益"①。人民城市论承接了以人民为中心的国家治理逻辑,打破了管理逻辑单一主导的制度模式,重新找回了生活逻辑,并与管理逻辑有机统一起来,有助于优化城市治理的行动者网络结构。

---

① [荷]Erik-Hans Klijn:《治理网络中的信任:寻找创新性解决方案和结果的条件》,载[英]斯蒂芬·奥斯本主编:《新公共治理?——公共治理理论和实践方面的新观点》,包国宪等译,科学出版社2016年版,第289页。

人民城市的生活政治学

魏程琳 *

[内容摘要] 人民城市发展理念将人民群众在城市发展、建设和成果共享中的主体地位凸显出来,一种与大众生活密切相关、政府职能调整逻辑一致的生活政治形态已然出现。然而,转型期城市治理面临社区社会资本稀薄,共治基础薄弱,市民热线、电视问政等平台过度行政化和行政表演化,共治并未随服务增加而增进等困境。在城市边缘区,多元主体的差异化诉求、公共服务供需错位等将加剧大城市治理的不稳定性。城市政府应以更大的政治包容性、从微观的居民生活利益和生活权利出发,构建国家与社会、制度与生活的有机关联、互动机制,推动人民城市理念的扎根、辐射与普照。

[关键词] 人民城市;生活政治;基础能力;美好生活;个体化社会

一、问题的提出

自 2019 年习近平总书记明确提出人民城市理念以来,以上海为代表的地方政府深入践行人民城市理念,提出建设"人人都有人生出彩机会的城市、人人都能有序参与治理的城市、人人都

---

* 魏程琳,同济大学政治与国际关系学院副教授、同济大学中国战略研究院研究员。

能享有品质生活的城市、人人都能切实感受温度的城市、人人都能拥有归属认同的城市"①。相关学科专家则从人民城市理念演变、空间资源分配、城市规划等视角论证人民城市建设的方向和可行路径。

在经典马克思主义理论发展中,列宁首次将人民与城市紧密联系起来,"城市是人民的经济、政治和精神生活的中心,是进步的主要动力"②。中国共产党自接收城市政权起就明确了城市的人民属性,毛泽东在《再克洛阳后给洛阳前线指挥部的电报》(1948年)一文中首次提出:"城市已经属于人民,一切应该以城市由人民自己负责管理的精神为出发点。"③从新中国成立至改革开放,政府采取单位制模式管控城市资源与空间分配,一度出现城市活力不足、发展动力匮乏的局面。改革开放之后,尤其是随着市场经济体制的确立和1998年住房体制改革,工商资本成为城市土地、资源和空间分配的主要力量,资本和市场在有效配置资源的同时也带来城市空间过度扩张、阶层空间和生活机遇分配不平等、社会交往阻隔和矛盾频发等问题,城市成为不平衡、不协调最严重的地方。人民城市的提出是对一个时期以来过分强调城市经济属性、淡化城市政治属性的矫正和纠偏,符合城市科学"再政治化"的当代趋势。④

空间正义理论揭示了城市发展中的不平等现象。爱德华·苏贾(Edward Soja)指出,空间生产和享用的权益单向度地朝资本强势者集聚,而空间生产义务及空间享用的负效应却多向度地朝全

---

① 《中共上海市委关于深入贯彻落实"人民城市人民建,人民城市为人民"重要理念 谱写新时代人民城市新篇章的意见》(沪委发〔2020〕18号)。
② 列宁:《关于德国各政党的最新材料》,《列宁全集》第23卷,人民出版社1990年版,第358页。
③ 《毛泽东选集》第四卷,人民出版社1991年版,第1324页。
④ 刘士林:《人民城市:理论渊源与当代发展》,《南京社会科学》2020年第8期。

社会扩散,形成空间权利与义务不对等的非正义事实。① 近 20 年来,一些城市的空间安排、利用与开发首先服务于资本增殖的需要,城市作为家园与社交媒介的意义被边缘化。② 中国一些大城市豪华住宅区对滨河、滨江地段的圈占带来交通拥挤、景观私有化的负效应,空间正义的修复和重塑成为新时期空间规划的目标,这要求政府和社会加强"时空修复"——依靠空间治理和塑造集体记忆来维护空间正义。③ 代表最广大人民根本利益的中国共产党,能够有效调适国家机器和政策方向,将中国特色社会主义政治因素体现在城市空间规划上,即坚持大众化、公正化和普惠化,将人民至上作为价值内核,使公共空间规划与人民生活和发展需求在价值和现实需求上统一起来。④

从空间的社会关系入手,关注空间行动主体和日常生活实践开启了空间正义研究的全新视界。⑤ 亨利·列斐伏尔(Henri Lefebvre)指出,任何一个社会,任何一种与之相关的生产方式,包括那些通常意义上被我们所理解的社会,都生产一种它自己的空间。⑥ 空间不再是作为容器的物理空间,而是承载社会关系、社会实践、个人和群体情感记忆的质感空间。阿里斯戴尔·罗杰斯(Alastair Rogers)明确主张,将空间的表征与空间中的生活经验列入空间实践的领域,在空间的社会生产题目下,物质的空间与城市规划人员、城市化决策专家和科学家所设想的空间有密

---

① [美]爱德华·苏贾:《寻求空间正义》,高春花、强乃社等译,社会科学文献出版社 2016 年版,第 42 页。
② 熊易寒:《社会资本友好型城市:"留白"与重构》,《人民论坛·学术前沿》2020年第 2 期。
③ 王平、刘勇:《城市空间的三重维度与修复路径》,《重庆社会科学》2016 年第 9 期。
④ 夏银平、刘伟:《从资本性到人民性:城市空间规划对公共卫生安全的正义重塑》,《中国地质大学学报》(社会科学版)2020 年第 3 期。
⑤ 王志刚:《空间正义:从宏观结构到日常生活——兼论社会主义空间正义的主体性建构》,《探索》2013 年第 5 期。
⑥ 转引自包亚明:《现代性空间的生产》,上海教育出版社 2003 年版,第 128 页。

切联系。① 尽管资本逻辑下的城市空间生产会消解人与自然的协调性,侵蚀社会平等性和城市空间多样性,产生空间正义难题,②但人们并非对于政治与资本的同质化规训无所反应,人民在日常生活中主动构建交流平台、社区景观、公共议题,彰显了人在空间生产中的能动性。

保障所有个人有接近空间和拥有多彩都市生活的权利,有赖于国家基础能力的建设水平。国家基础能力是指,国家对社会的渗透能力以及在社会中贯彻政策的能力,与强制、无须被治理者同意的专断权力相对应。③ 王绍光将国家基础能力进一步细分为强制、汲取、濡化、认证、规制、统领、再分配、吸纳与整合八项能力,他指出:前三项(强制、汲取、濡化)是近代国家(20 世纪 50 年代以前)的基本能力;中间四项(认证、规制、统领、再分配)是现代国家(20 世纪 50 年代以后)的基础能力;最后一项(吸纳与整合)能力是民主国家的基础。④ 塞缪尔·亨廷顿(Samuel Huntington)在《变革社会中的政治秩序》中指出国与国之间最重要的政治分野,不在于它们的政体形式,而在于政府的有效程度,即国家体制的适应性、有效性和稳定性以及国家创制并贯彻政策的能力。⑤ 中国共产党素来强调群众路线和政权的人民属性,服务型政府、人民城市、人民美好生活等新执政理念将国家政权合法性的增长植根于社会大众的认可与支持之中,推动国家权力有机嵌入民众微观生

---

① 阿里斯戴尔·罗杰斯:《多元文化主义与公民权利的空间》,载中国社会科学杂志社编:《社会转型:多文化多民族社会》,社会科学文献出版社 2000 年版,第 256 页。
② 陈建华:《中国城市空间生产与空间正义问题的资本逻辑》,《学术月刊》2018 年第 7 期。
③ Michael Mann, "The Autonomous Power of the State: Its Origins, Mechanisms and Results", *European Journal of Sociology*, 1984, 25(2), pp.185-213.
④ 王绍光:《国家治理与基础性国家能力》,《华中科技大学学报》(社会科学版) 2014 年第 3 期。
⑤ [美]塞缪尔·亨廷顿:《变化社会中的政治秩序》,王冠华等译,上海人民出版社 2008 年版,第 1 页。

活之中。以再分配、吸纳与整合为能力建设目标、以民生需求回应为实践场域的生活政治,为"国家-社会"关系研究提供了新视角。

建构人民城市的生活政治学分析框架是丰富中国特色社会主义城市思想、满足人民对美好生活向往的重要一步。本文试图从国家与社会关系的视角,从宏观的城市演化类型与微观的城市人民生活实践出发,展示人民城市的政治学意涵及建设重点。生活政治学关注微观具体的生活利益、生活感受和生活权利,着力建构国家与社会、制度与生活、集体与个体、结构与个人的有机分析机制,探究国家合法性生成、维续、强化的机制,民间社会发育、互动、参与的机制,以及两者间通过中间场域(具体的制度、代理人及治理事件)所呈现的多样化关系形态,为人民城市理念的扎根与普照提供建设思路。

二、发展转型:从资本城市到人民城市

从目标、过程、结果和主导力量看,人民城市是指发展目标为了人民、建设过程依靠人民、发展成果由人民共享、发展主导权由人民政府掌握的城市发展模式,与资本型城市、殖民型城市、自治型城市、管制型城市都有所不同(见表1)。

表1　人民城市与其他类型城市比较

比较维度	人民城市	资本型城市	殖民型城市	自治型城市	管制型城市
目标	为了人民	资本再生产	殖民秩序	社会	秩序
过程	依靠人民	资本、市场	宗主国、被殖民国、市场	社会组织和强者	政府、资本

(续表)

比较维度	人民城市	资本型城市	殖民型城市	自治型城市	管制型城市
结果	政府、市场与人民共享	资本与劳工不成比例分配	宗主国汲取资源,人民权利大为受限	社会组织和个人依实力不成比例分配	政府、资本、被管制者不成比例分配
主导力量	人民政府	资本及其代言者政府	宗主国及被殖民地政府	社会精英力量	强政府
案例	当代中国发达城市	英美国家城市	1947年之前的印度新德里等	晚清时期的武汉、成都等	强调政府单向度管制的城市

在意识形态领域,与社会主义人民城市相对应的概念是资本主义资本城市。大卫·哈维(David Harvey)采用资本积累和阶级斗争的分析框架,对资本型城市做了细致研究,他指出城市的生产、发展主要由资本投资推动,城市化进程意味着为实现生产、流通、交换和消费的物质基础设施而进行的创造,这种人造环境作为复合型资源系统实现价值和剩余价值的生产。① 大卫·哈维认为,阶级斗争在资本主义的自我改变中被逐渐"替代",例如资本在人力资本(教育)、合作(工人阶级的住房所有权)、整合(工业民主)、说服(意识形态灌输)或在镇压中的长期投资,产生了较好的结果,资本甚至将动员"社区精神"作为应对阶级意识和革命暴力威胁的解药。这表明资本伸出手来统治生活过程、控制劳动力的再生产。改革开放以来,中国对国内外工商资本的利用显著地推动了城市建设和经济发展,同时也造成一些地方政府在服务资本和服务人民群众上的不均衡现象,导致一些城市土地过度开发,城

---

① [英]大卫·哈维:《资本的城市化:资本主义城市化的历史与理论研究》,董慧译,苏州大学出版社2017年版,第13、15、25页。

市建设和更新异化为权力资本联合推动空间价值再造、集中和剥夺空间剩余价值的工具。①

作为资本主义发展历史中的特殊形态,殖民城市的政治、经济、文化和空间规划深受宗主国的影响。为确立和稳固殖民统治,英国及其殖民地政府大力开展殖民地市镇的建设,间接地推动了当地的城市化进程,然而这一过程充满了暴力掠夺和不平等,有的城市家园被摧毁重建,如墨西哥城。② 二战后,作为主权控制型的殖民型城市逐渐消失,但被殖民的经历深深地影响着城市发展进程,这突出体现在以资本和权力为中心的城市空间规划与建设上。

自19世纪全球范围的民族国家和现代政权建立以来,国家成为城市治理、建设和发展的主导者,然而,在国家现代政权建立以前或现代政府权能软弱的背景下,社会力量将成为城市治理的主导者。罗威廉(William Rowe)、王笛所描述的晚清帝制时期武汉、成都的治理情形,都呈现出一幅自主或不自主的地方自治型城市形态。③ 地方自治型城市通常是由商业精英、社会精英与弱政府力量协商共治的形态,商业精英实际上发挥了主导力量,弥补政府在规划、建设、管理和服务领域的缺位。然而,在更微观层面发挥管理功能的是地方势力,帮会、混混、强人、邻里等成为市民日常生活与公共空间资源分配中的主要角色。罗威廉认为商业行会以其旧日的胎体孕育着有生气的现代资本主义萌芽,以同业为纽带并行发展的行会成为化解商业、社会冲突的重要机构。④ 与芝加哥

---

① 邓智团:《空间正义、社区赋权与城市更新范式的社会形塑》,《城市发展研究》2015年第8期。
② 潘兴明:《英国殖民城市模式考察》,《世界历史》2009年第1期。
③ [美]罗威廉:《汉口:一个中国城市的商业与社会》,江溶、鲁西奇译,中国人民大学出版社2005年版;王笛:《街头文化:成都公共空间、下层民众与地方政治(1870—1930)》,商务印书馆2013年版。
④ [美]罗威廉:《汉口:一个中国城市的商业与社会》,江溶、鲁西奇译,中国人民大学出版社2005年版,第297—309、101页。

学派一致,罗威廉倾向将邻里组织看作联系紧密的社会,认为其中蕴含着丰富的组织资源。① 王笛指出,像偏远乡村一样,作为省城的成都实际上是一个高度自治的社会,市民在由地方精英引导的、非官方组织的社会中生活,街头文化不仅为民众自我认同提供了营养,而且也是抵制精英文化入侵,适应新的社会、经济和政治体制的一种武器。② 20世纪初,在成都警察局建立前,成都市民享有较高的自治权,他们根据需要在某种程度上可以自由地使用城市公共空间。

现代城市的规划、发展、建设与治理,离不开现代政府的领导和支持,即使是奉行市场自由主义的欧美国家,也特别强调政府在土地规划、建设等方面的管控权力。1949年新中国成立后,社会主义城市政权体系得以迅速建立,基于全国产业发展战略布局,中央政府在1949—1978年重点发展工业和工业化城市,并基于国内外环境,发展东北、内陆城市,不主张城市大规模扩张。随着市场经济体制的确立及国企改革、住房改革,我国城市经济社会发展逐渐摆脱全能主义模式。但在城市规划、建设和社会治理上,强政府管控模式依然延续至21世纪初。2003年,孙志刚事件诱发《收容遣送条例》被废除,标志着传统城市管控模式的松动,东部发达城市率先从管控型政府向服务型政府转变,既往强调自上而下的社会管理模式转变为强调多元主体参与的社会治理模式。笔者2015年进入城市政府调研,发现城市管理的理念、方式、方法都经历着剧烈变化。以备受争议的城管部门为例,直到2010年前后,绝大多数城市的城管部门都扮演两重角色:城市公共空间的管理者和经营者。管理者提供秩序,经营者汲取资源,城管部门基于管理权的汲取行为诱发了部门的形象危机。曾经在某个时期,一些

---

① [美]罗威廉:《汉口:一个中国城市的商业与社会》,江溶、鲁西奇译,中国人民大学出版社2005年版,第101页。

② 王笛:《街头文化:成都公共空间、下层民众与地方政治(1870—1930)》,商务印书馆2013年版,第87、360页。

区级政府的财政收入需要靠城管部门街头管理费来填充,当行政执法变为汲取社会剩余的工具,城市政府便偏离了为社会服务的宗旨。

如今服务型政府理念已深入人心和"官"心,尽管各地服务水平、服务能力和服务意识有差异,但"服务人民群众"的方向已然明了,建设"人民城市"的思想和行政基础已然具备。十九届四中全会提出"建设人人有责、人人尽责、人人享有的社会治理共同体",为人民城市治理指明方向。人民城市理念强调城市建设人民参与、发展成果人民共享。这就要求城市政府以更大的政治包容性,将栖居于城市空间之内的多元人群包含在人民概念之中,在决策中加强民主参与,在公共投入上强化服务导向,在空间资源分配上更加注重公平。

三、个体社会:转型期人民城市的社会基础

"共建共治共享"是"人民城市人民建、人民城市为人民"的基本内涵和实现机制。转型时期,中国城市社会的性质更加复杂,它既非传统意义上的熟人社会、单位制社会,也非和西方相似的个体化的自由社会,而是一个有着熟人关系底色的陌生人社会。

传统中国城市受农业文明支配,居民、商户、店铺关系相对稳定,里弄、胡同的熟人社会单元较为完整,加之传统的商业行会、地方老乡帮派等正式、非正式组织,将流动入城市的人口编制在一个组织之中,展现出传统城市社会的相对稳定性。长期以来,城市社区被学界和政府视为类似于农村一样的治理单元和社会基础。费孝通指出,社区的含义中一个重要的部分就是"共同的""一起的""共享的",就是一群人有共同的感受,有共同的关心的事情,也

常常有共同的命运。① 罗伯特·帕克(Robert Park)等城市学派从生态学视角将社区视为一个微型的生态有机系统。② 社区居民关联度越高,社区社会资本越高,社区治理越有效。然而,我们今天所面对的城市社会,是一个市场经济高度发达、人口高速流动、人际关系松散的个体化社会。

一定程度上,个体化的中国现代城市社会起源于20世纪80年代,随着市场经济体制的深入发展和现代市场主体、社会主体的成长,一个相对于国家的抽象模糊的社会逐渐出现,这突出表现在居民以单元房的形式被机械地拼接在一起,尽管有业主自治委员会,居民之间并无相应的交往和利益关联,社区公共事务经常陷入困境。田毅鹏和吕方指出,社会原子化不是指一般性的社会关系疏离,而是指由于人类社会最重要的社会联结机制——中间组织的解体或缺失而产生的个体孤独、无序互动状态和道德解组、人际疏离、社会失范的社会总体性危机。③ 有学者指出,"一段时间以来,我们更多地强调社区的地域、组织因素,而忽略了共同体的因素。对于其中的社会性涵意往往忽视了。实际上,最难实现的便是如何将社区的共同体特质激发出来"④。20余年来,社区共同体建设依然停留在理论探讨和政策倡导层面,城市社区社会发展的个体化趋势并未减弱,反而随着商品房社区的增多、居住的阶层区隔化而加深、普遍。结社较为普遍的美国也面临社区社会资本衰退的危机,罗伯特·帕特南(Robert Putnam)指出,美国社区单薄、肤浅、浅尝辄止的交流方式逐渐取代了深厚、凝重、行使良好的社

---

① 费孝通:《居民自治:中国城市社区建设的新目标》,《江海学刊》2002年第3期。
② [美]R.E.帕克、[美]E.N.伯吉斯、[美]R.D.麦肯齐:《城市社会学——芝加哥学派城市研究》,宋俊岭、郑也夫译,商务印书馆2012年版。
③ 田毅鹏、吕方:《社会原子化:理论谱系及其问题表达》,《天津社会科学》2010年第5期。
④ 转引自田毅鹏:《转型期中国城市社会管理之痛——以社会原子化为分析视角》,《探索与争鸣》2021年第12期,第68页。

会联系。①

具体的政府与抽象的社会一定程度上阻碍了人民城市"共建共治"的实现。政府可以为每个公民提供针对性的服务,但却很难有效动员社会个体参与社会治理。在新型冠状病毒肺炎疫情期间,绝大多数城市社区遭遇的"干部干,群众看""干部忙得一团麻,群众吐槽服务不到位"等现象凸显了这一治理困境。社区居民对公共事务冷漠以及对公共服务的"挑剔",究其根源,与社区居委会日常不注意维护群众基础有关。社区治理的"三驾马车"——忙于执行上级任务、填报表格信息的居委会,市场化运作的物业公司,维权导向的业委会各奔一方。居民之间的陌生化、小区公共事务运作的行政化和市场化,展现了中国城市社会治理的薄弱基础。

与西方社会相比,中国城市居民多数脱胎于传统的地缘、血缘性团体,面对熟人时奉行"自己人逻辑",强调规则信用机制、建构互惠关系机制,而面对陌生人时采取"功利主义逻辑",强调即时利益、建构工具性关系,这一差序格局的社会结构便是今日城市社会的底色。亨廷顿指出,如果社会和经济变革破坏或摧毁了人们结社的传统基础,获得高水平的政治发展便依赖于人们形成新的结社的能力,随着忠诚范围的扩大,人们愈加依靠普遍性的而非个别性的信任、价值观。② 当先天性社会组织远离新市民时,其社会交往行为倾向于个体主义特征和利益导向,以个体和个体行为取向为基础的社区,很难自然孕育出公共精神。社会诉求的表达、社会群体的抗议及个体极端行为因无组织、无规则而展现出不可预期性,增加了城市治理的难度。

人民城市以包容性、惠民性和共享性来吸纳整合不同群体,为

---

① [美]罗伯特·D.帕特南:《独自打保龄:美国社区的衰落与复兴》,刘波等译,中国政法大学出版社2018年版,第187页。
② [美]塞缪尔·亨廷顿:《变化社会中的政治秩序》,王冠华等译,上海人民出版社2008年版,第25页。

个体参与社会治理、分享发展红利、获取公共服务、表达异样声音提供了制度空间。然而,社区公共性的建构和生成却有赖于社会内在网络结构信任的形成和延续,熟人化是高质量社区治理的关键环节。① 在规划学家雅各布斯看来,街道设置的社交属性、公共安全属性会与人口密度相互强化并形成良性循环。② 人人向往具备可信承诺、公共精神的家园而非物理集聚的社区,然而,快速集聚的城市居民还未形成自组织的惯习,在有组织的行政力量、市场力量面前显得弱小、刚断、乖戾和不稳定。城市基层政权组织应当通过发现中坚居民③、激励社区精英、推动共治景观④等方式提供更多人格化交往的机会和平台,构建具象的城市家园,为人民城市善治筑牢社会基础。

四、美好生活:人民城市建设的生活政治学走向

2012年11月15日,习近平同中外记者见面时指出:"人民对美好生活的向往,就是我们的奋斗目标。"⑤让生活更美好的人民城市,建设是否成功,最终取决于人民群众是否满意。这凸显出人民城市建设的生活政治学走向。

有序的都市生活政治来自政府、市场和市民三者的共同努力。

---

① 帅满:《从人际信任到网络结构信任:社区公共性的生产过程研究——以水源社区为例》,《社会学评论》2019年第4期。
② [加拿大]简·雅各布斯:《美国大城市的死与生》,金衡山译,译林出版社2006年版。
③ 史明萍、魏程琳:《"中坚居民":城市社区治理的中坚力量及其制度化》,《城市问题》2019年第12期。
④ 刘悦来、尹科娈等:《高密度城市社区花园实施机制探索——以上海创智农园为例》,《上海城市规划》2017年第2期。
⑤ 《习近平:人民对美好生活的向往就是我们的奋斗目标》(2012年11月15日),人民网,http://cpc.people.cn/18/n/2012/1115/c350821-19590488.html,最后浏览日期:2021年12月10日。

个体化公民对公共事务的关注日益缩减到私人生活领域,生活权利维护和生活品质改善成为其参与公共政治的主要动力。同时,地方政府从管理型、汲取型政府向服务型政府转变,并将民生政治视为合法性的重要来源和维持发展稳定的重要手段。市场力量在社会自我服务能力消退、政府服务外包的双重运动中成功介入城市居民生活的方方面面,网购和快递服务业的发展进一步增强了市场服务的渗透性和覆盖率。在服务大众生活中,政府、市场和市民形成两两相关的密切关系,政府不但是市民服务的直接供给者,也是市场与市民之间的利益协调者,甚至是公共服务的购买者,成为人民城市治理的主导力量。近年来,各地政府深化职能改革、树立服务意识、提升服务能力,通过机构下沉、职能延伸和政绩评价等方式精细化解民众生活难题,切实提升群众在城市的幸福感和满意度。

常见于西方都市的大规模的阶级抗争、维权运动、街头政治对立等现象极少出现在中国都市,这一方面得益于中国强大的社会稳控体系,另一方面得益于政府通过治理和服务吸纳不同群体的多元生活诉求。作为现代化最主要表现形式的城市化,往往伴随着空间再分配、利益调整、人口流动及失序骚乱。中国城市经过20余年的发展,基本完成了物理空间的城市化阶段,其中也伴随着不同程度的个体抗争和群体抗争行为,但无论个体还是集体抗争行为,其诉求通常是比较具体的,而非抽象的权利和政治诉求。中国同一时期的城市抗争,如出租车司机为抵制网约车而进行的"罢工"、棚户区改造中的不合作者、街头摊贩治理中的"钉子户"、农民工讨薪行动等基本展现为维护或增加利益的具体诉求。个体或群体的零星抗议,其目标不是对政权的质疑否定,而是对具体的政府管制行为和服务方式的不满,其目标局限于个体利益诉求的满足,相较抗争政治①,我们更愿将之称为生活政治,即诉求集中

---

① 关于抗争政治的论述,参见[美]麦克亚当·道格、[美]西德尼·塔罗、[美]查尔斯·蒂利:《斗争的动力》,李义中、屈平译,译林出版社 2006 年版,第 5 页。

在生活领域、诉求目标的具体化和非政治化、诉求行动的个体化和小规模化,以及冲突的零星化和克制。从生活政治的视角我们更易理解当前常见的业主维权、城管执法及棚户区改造中的多元主体博弈等现象。

以现代技术为媒介的市民(长)热线、电视问政和网络问政等公共服务平台,展现了城市政府直面大众生活问题、为人民服务的执政理念。市民热线作为日常化政社互动渠道,及时快捷地反映了民众生活中的各类诉求,训练了政府职能部门迅速响应社会需求的能力;电视问政或网络问政则采取运动式治理模式,以出其不意的问题呈现方式触及政府长期忽略或力有不逮之处,如环境污染、大型工程建设扰民等问题。日常化的投诉机制大大提升了市民公共服务的可及性;运动式治理方式既缓解了长期的社会积怨,又缓解了部门或地方政府行政资源不足的难题。在公众监督、领导承诺压力下,市级政府通过整合超常规力量及时消除积弊。然而,市长热线、电视问政等为人民服务的治理机制,也可能会演变为形象工程,破坏基层治理机制,造成政社关系失衡,诱发群众生活政治失序。例如,有的城市过度强调投诉处理满意度,村/居工作人员或部门工作人员于是自编自导投诉案件;再比如,原本是居民家门口的一些微小事,通过市长热线层层传达到社区,反而加重了治理成本,疏远了干群关系。关键的问题是,通过市长热线派单给社区干部或部门工作者,一线行政人员提供的服务成为市长热线自上而下提供的产品,受益方居民并未与社区干部建立社会性关联(熟识关系),居民成为公共产品的购买方和评价方,基层政府合法性、一线干部权威并未因此生成,基层公共服务逐渐去政治化。

人民城市理念既是宏大的政治关怀和行政标准,也是细致入微的公共服务和公共性建设活动,这要求研究视角转向更微观、具体的生活领域,对治理过程的复杂性、动态性、矛盾性做好充分预估,通过有序的生活政治建构,营造有人情味的公共空间和社区公共精神。

五、中心边缘:人民城市的治理空间形态与重难点

全球生产体系深深地镶嵌在中心与边缘的地理版图之上,资本主义生产技术的改进和现代交通技术的发展,尽管压缩了时间和空间差异,但却将不均衡的生产、分配关系转移到发展中国家。作为最大的发展中国家,中国各地市近20余年经历了深刻的城市化、工业化阶段,经济发展与社会治理的不平衡不充分在中西部区域和大城市中心边缘区域同时存在。从地理空间的横剖面看,核心城市区、副中心区和城郊区因治理资源密度、政府治理能力、空间城市化程度的不同而展现出不同的治理类型。复杂的治理空间形态是人民城市建设的重难点,这在城郊过渡性地带尤为明显。

随着城市建设向外拓展和内部更新双向运动,大城市的中心区域日渐被工商业资本和高收入群体占有,优质的公共服务资源(教育、医疗、公园)、便捷舒适的生活圈和工作机遇也向中心城区集聚,城郊区域成为外来人口、新中产阶层、城市低收入群体(旧城改造移民)的聚集区。城郊地区复杂的治理业态为外来人口提供了务工和低成本生活的可能,一个为了服务低收入群体的中低端消费市场随之产生,然而,其中的无证摊贩、黑网吧、黑车、黑诊所以及马路市场成为影响市容和城市经济秩序的"顽症",是城管、交警、工商和食药监等部门执法的重要对象和区域。以外来技术人才为代表的新城市中产阶层对城郊住宅区的相对低房价和高品质环境青睐有加,于是出现一个个中产阶层小区与农民还建房小区交错、间杂农民工居住的违建棚屋的建筑景观,这一马

赛克式的阶层空间分布展现了互不相容的多元利益诉求和基层治理困境。①

笔者在上海浦东新区、奉贤区城乡接合部调研发现,工业、加工业、仓储运输业等服务于城市的多种业态集聚此地,外来农民工聚居于周边村庄。从空间形态上看,工厂、村庄、民房交相混杂的区域颇不规则,而村民为获取更多租金违建的木板房,重新启用的危旧房,以及因基础设施落后而出现的生活环境恶化,呈现出一幅"贫民区"样态。"高流动、低认同"的社会属性造成城乡接合部社区社会衰退。浦东新区 J 镇 25.9 万人中有 14.8 万外来人口,聚居该镇 H 村的外来人口就有 9 000 人。在奉贤区 X 村,户籍人口有 4 083 人,实际在村居住人口不足 900 人,在本村居住的外来务工人口有 8 000 人,该村最大问题是公共厕所严重不足,公共卫生难以保障。城郊农村的精英家庭、青壮年劳动力因工作、买房和子女上学住进主城区后,农村外来人口带来的多元生活习惯碰撞,阶层居住隔离与底层居住压缩加剧了成员间的提防意识,社区社会资本日益离散,居民生活环境、社会治理能力呈螺旋下降趋势。

长期以来,一些城市政府采取功能上离不开,但在规模上对外来人口进行严格控制的政策。北京、上海、广州等大城市就开展过控制人口规模的行动,包括整治城内一些地区的不良居住环境等。但事实上,外来人口并未因一些城市对规模的控制而离开,不过是从中心城区向城郊地区转移,他们通勤距离的延长带来服务费用的上涨,无形中增加了居民的生活成本。人口迁移是一种市场行为,外来人口以非公共部门就业为主,以获取更多收入和发展机会而非优质公共服务为目标,因而出现"市场鼓励人口流动,公共服

---

① 熊易寒:《空间再分配:城乡接合部治理的政治学意义》,《广西师范大学学报》(哲学社会科学版)2021 年第 1 期。

务却在惩罚人口流动"的悖论现象。① 外来人口与城市发展紧密联系在一起,但为了控制人口规模、降低公共开支的福利排斥模式,客观上造成社会不平等和不稳定,加剧了大城市的治理风险。② 显然,将外来人口排斥在治理和服务体系之外不符合人民城市的理念。人民城市中的人民是一个包容性的政治概念,应包括为城市发展建设作出贡献的外来务工人口。在教育、医疗、社会保障等逐步向符合条件的外来人口开放的同时,政府应在外来人口聚集的城郊地区,提供最基础的公共服务,提升流动人口的组织程度,构建党建引领、社会参与的公共治理机制,营造安全、稳定、实惠的城郊生活工作环境。

从中心-边缘的空间视角看,城市政府的服务和工作重心主要集中在城市核心区和副中心地区,如果说城郊区域人口的生活政治是获得基本的生活条件保障的话,那么主城区的生活政治则是提升生活品质的问题。两者在问题表现形式和化解方案上都有所不同,前者主要涉及加大公共品供给投入和加强外来人口服务,后者涉及多元利益协调和服务质量提升,例如老旧小区设施更新、加装电梯、城市公园、广场及社区公共空间优化治理等。

中国城市发展理念已经从管制城市、经营城市转变为服务城市居民的新阶段。但我国城市仍主要面临内部发展不均衡、不充分的问题,城市不同治理环境的社会问题仍然集聚在群众生活领域。这要求我们以更包容、更开放、更多元的视角为生活在城市和城郊的人们提供基础的、优质的公共服务,切实做到发展成果由人民共享。

---

① 熊易寒:《城市规模的政治学:为什么特大城市的外来人口控制政策难以奏效》,《华中师范大学学报》(人文社会科学版)2017年第6期。
② 同上。

六、结语

　　城市作为人口集聚地,往往也是社会问题、社会矛盾的集聚地。而我国城市化与后城市化发展期叠加,社会诉求更加多元,社会冲突本应更加剧烈,然而,城市总体上保持秩序稳定和有序发展。[①]人民城市作为一个整合性概念,既是我国社会主义政治话语的延续,也为城市治理和公共服务提供了新思路。在城市社区和社会共同体有效建立之前,城市政府的重要任务是快捷回应民众日常生活需求,通过诉求回应机制巧妙地吸纳消解社会怨气、抗议。本文将政府、市场和市民共同推动的以居住、消费、出行等日常生活利益为中心的政治博弈形态称为生活政治。生活政治学为当前城市政权建设和社会治理研究提供了新的分析框架,更加关注个体的生活经验和生活需求,更加关注政府治理的微观机制,也更加关注当前城市政权建设的社会基础以及转型期城市社会共同体的建设。居民微观的生活利益、生活空间和生活规划需求,如果被政府长期忽视,很可能会引起政治性运动并激活之前被治理和服务吸纳的政治抗争。我们期待美好城市生活,期待更少的社会冲突与抗争、更多的社会合作与服务。然而,这不但取决于社会合作、市场供给,也取决于政府对不同类型市民的包容程度和对民众福祉的关心投入程度。

　　[本文系国家社科基金重点项目"协商民主的体系化及其程序机制研究"(项目编号:20AZD023)、教育部哲学社会科学研究重大课题攻关项目"人民政协与国家治理体系研究"(项目编号:19JZD026)和上海市哲学社会科学规划课题"习近平总书记关于提升上海城市精细化管理水平重要论述与上海贯彻实践研究"(项目编号:2020ZXA002)的阶段性成果。]

---

① 谢岳、葛阳:《城市化、基础权力与政治稳定》,《政治学研究》2017年第3期。

智慧城市为人民：科技赋能公民权益保护问题研究

唐丽萍*　姜　云**

[内容摘要]　近年来，"智慧城市"逐渐成为学界的研究热点和城市发展转型的方向。坚持发展为民，遵循"人民城市论"的内在要求，智慧城市建设实现了一系列智能化创新：政务服务一网通办、"云端"助力保障民生福祉、基础设施升级迭代、"双线"联动推动共建善治。但科技赋能也带来了新问题，例如，陷入唯智能论的误区，将科技赋能等同于"科技万能"，公民个人信息权受到不同程度侵害，以及老人群体利益保障个性化不足。对此，智慧城市建设和治理可以从三大方面进行路径优化，以更好地保护公民权益，力争建成真正的智慧人民城市：一是构筑有情怀的顶层设计；二是搭建有边界的技术平台；三是打造有温度的智慧城市。

[关键词]　智慧城市；人民城市论；科技赋能；公民权益

一、问题提出

近年来，诸如"智慧社区""智慧养老""智慧政府"等冠以"智

---

* 唐丽萍，东华大学人文学院公共管理系副教授、硕士生导师。
** 姜云，东华大学人文学院公共管理专业硕士研究生。

慧"二字的热词越来越多,这些皆为智慧城市发展的产物。智慧城市内涵丰富、多元、兼具层次,成为学界的研究热点。大数据时代,智慧城市也成为各地政府的新型城市发展定位。2021年1月,上海市委、市政府公布《关于全面推进上海城市数字化转型的意见》,武汉、深圳、广元、江门等地近来也相继出台智慧城市建设的政策文本。更有学者指出,"智慧城市"逐步成为世界各国破解城市治理难题的"救命稻草"。① 这充分证明智慧城市的发展引人注目,智慧城市的研究意义非凡。在国家层面,"十四五"规划明确提出要加快数字化发展,加强数字社会、数字政府建设,提升公共服务、社会治理等数字化、智能化水平。② 智慧城市不仅关注城市建设,更重视公民权益,细究智慧城市的实质,其背后体现的是惠民、便民、"以人民为中心"的思想,这与习近平总书记提出的"人民城市人民建、人民城市为人民"的"人民城市论"理念高度契合。

然而,就在智慧城市成为交口称赞的热议焦点时,新的社会矛盾和难题逐渐暴露。例如,当人们感叹于新型冠状病毒肺炎疫情(以下简称"新冠疫情")确诊病例信息发布及时、精准,给人们带来前所未有的安全感和便捷性时,由数据发布引发的个人信息泄露、人肉搜索、盗用朋友圈、网络暴力等一系列负面问题也随之而来。诸如此类问题给人们敲响了警钟:在科技赋能智慧城市治理中科技误用、滥用引发的矛盾和问题与智慧城市的本质理念——更便捷地优化服务、更高效地保护公民权益背道而驰。因此,只有处理好科技赋能过程中公民权益的保障问题,才能够推进

---

① 李晴、刘海军:《智慧城市与城市治理现代化:从冲突到赋能》,《行政管理改革》2020年第4期。
② 《中共中央关于制定国民经济和社会发展第十四个五年规划和二〇三五年远景目标的建议》(2020年11月3日),中国政府网,http://www.gov.cn/zhengce/2020-11/03/content_5556991.htm,最后浏览日期:2021年11月23日。

智慧城市治理的可持续发展,才能更好地贯彻落实"人民城市人民建、人民城市为人民"理念,使智慧城市能够成为激发人民活力、推动人民参与、成果惠及人民的人民城市。

二、文献综述

(一)"智慧城市"的理解维度

"智慧城市"的概念源自"智慧地球"的概念,最早由美国 IBM 公司在 2010 年提出,发展至今,国内外学者对智慧城市的内涵各持己见,根据相关文献记录,智慧城市有三种较为典型的理解维度:以智能技术为主导的智慧城市、以智慧人才为主导的智慧城市、以智能协作为主导的智慧城市。[①] 这三个维度为我们提供了理解智慧城市的不同视窗,学界对这三种理解维度的研究程度略有不同。智慧城市发展伊始,有关技术等硬件设施的研究成为重头戏;随后,人们认识到智慧人才对于应用高新技术的重要性,人才一度成为研究热点;而随着时代不断发展,越来越多的学者采取将技术和人才混合研究的维度,并将其作用于城市治理,逐渐形成以智能协作为主导的智慧城市研究视角。尽管各个维度的研究历史和研究内容不同,但每一维度均为我们认识、理解、建设和治理智慧城市提供借鉴。

第一,以智能技术为主导的智慧城市。李德仁认为,智慧城市是数字城市与物联网、云计算相结合的产物,包含智慧传感网、智慧控制网和智慧安全网。[②] 以 IBM 公司、中国联通为代表的城市

[①] [荷]阿尔伯特·梅耶尔、[西]曼努埃尔·佩德罗:《治理智慧城市:智慧城市治理的文献回顾》,谢嘉婷译,翁士洪译校,《治理研究》2020 年第 2 期。

[②] 李德仁:《数字城市 + 物联网 + 云计算 = 智慧城市》,《中国新通信》2011 年第 20 期。

运行模式强调信息技术支撑、核心系统内的数据和信息、智慧化手段。① 于文轩和许成委认为,智慧城市体现了强大的技术优势,城市能够通过各种传感器、仪表、摄像头、私人设备获取环境的即时数据,进行复杂的分析、模拟、优化以及可视化操作。② 经梳理可知,以智能技术为主导的智慧城市主要强调互联网、高新技术和硬件设施对智慧城市的核心作用,重点关注科技赋能的效果以及技术使用不当带来的问题。

第二,以智慧人才为主导的智慧城市。李春佳认为,人才是智慧城市的核心推动力量,智慧城市的建设首先需要有"智慧大脑",知识和知识资本的广泛应用是智慧城市的最基本特征。③ 金忠明和肖鑫认为,智慧城市的建设和发展以智慧人才为载体,尤其需要能够进行顶端设计的精英人才、善于发现的管理人才以及具有核心竞争力的高新技术人才。④ 陈永进等认为,智慧城市需要深入分析人才所处行业、个人素质以及个人发展等,打造智慧人才队伍,方能推动智慧城市发展。⑤ 经梳理可知,以智慧人才为主导的智慧城市强调人才是智慧城市发展的核心力量,他们具有使用技术治理城市的能力,是智慧城市建设和运行的首要条件。

第三,以智能协作为主导的智慧城市。董宏伟和寇永霞在分析大量国外文献的基础上认为,智慧城市包含智慧技术、智慧设施、智慧人民、智慧制度、智慧经济、智慧环境六个核心方面,此六

---

① 尹丽英、张超:《中国智慧城市理论研究综述与实践进展》,《电子政务》2019年第1期。
② 于文轩、许成委:《中国智慧城市建设的技术理性与政治理性——基于147个城市的实证分析》,《公共管理学报》2016年第4期。
③ 李春佳:《智慧城市内涵、特征与发展途径研究——以北京智慧城市建设为例》,《现代城市研究》2015年第5期。
④ 金忠明、肖鑫:《智慧城市建设视野下的智慧人才培养》,《教育发展研究》2013年第23期。
⑤ 陈永进、李茂、张晓娟:《基于大数据支持下的智慧城市建设及其危机处理——以重庆市为例》,《成都行政学院学报》2019年第3期。

方面紧密联系、相互协作,作用于城市管治全过程。① 国家信息中心信息化和产业发展部研究项目认为新型智慧城市是指"以提升人民群众的幸福感和满意度为核心,为提升城市发展方式的智慧化而开展的改革创新系统工程",具有中国化、融合化、协同化、创新化四大特征。② 马双回顾了智慧城市研究领域的学术论文、报告及政策文件,整理得出结论:智慧城市不再局限于信息和通信技术的传播,而是着眼于人和社区的需求,提升人民生活质量。③ 经梳理得知,以智能协作为主导的智慧城市融合了科技和人才两项因素,对标城市建设和发展需求,社会各部门、各要素协同运作,推动智慧治理,满足人民诉求。

综上,这三种类型的智慧城市侧重点各不相同,但就实际情况而言,它们存在内部相关性,彼此并非完全孤立,在实践运行中,往往呈现出一种混合模式。就本文而言,由于文中重点研究科技运用对城市治理的影响,涉及要素主要为科技本身和城市治理主体,故文中提及的"智慧城市"一词,是如下两个维度含义融合的产物。一是"以智能技术为指导的智慧城市",即通过运用信息技术、通信技术等高新技术推动城市数字化转型,使城市运行更高效、更便捷,提高治理效能。二是"以智能协作为主导的智慧城市",即人与技术高频互动,多元主体共同参与城市治理过程。而"以智慧人才为主导的智慧城市"这一维度并不作为重点研究对象。

大数据时代,数据处理和分析融入城市治理的各个环节,这一切都离不开科技的运用,科技几乎赋能智慧城市的每个领域,甚至成为一种必经环节。比如:在政务服务过程中,政府通过收集公民

---

① 董宏伟、寇永霞:《智慧城市的批判与实践——国外文献综述》,《城市规划》2014年第11期。
② 参见唐斯斯、张延强、单志广、王威、张雅琪:《我国新型智慧城市发展现状、形势与政策建议》,《电子政务》2020年第4期。
③ 马双:《智慧城市:内涵、维度、评价与实践》,《国外社会科学前沿》2020年第11期。

的个人信息提供精准服务,实现精细化治理;在日常生活中,人们的衣食住行已然离不开科学技术的运用。科技的使用赋予了城市治理便捷高效的能力,便是科技赋能城市治理的体现,但在收集公民信息时,如何利用技术优势同时保护好民众的个人信息和隐私,值得深思。

(二)"人民城市论"的内涵演化

从中国古代的"民唯邦本,本固邦宁""民为贵,社稷次之,君为轻"到近代孙中山先生呼吁"三民主义"中提到的民权思想,再到近年来习近平总书记提出"人民城市人民建,人民城市为人民"的"人民城市论",水能载舟,亦能覆舟,民本思想薪火相传,人民已然成为国家和城市的中心。这一论断既代表人民是参与城市建设和治理的主体,更强调保障人民权益理应成为城市建设、治理与发展的出发点和落脚点。

2015年,中央城市工作会议指出,做好城市工作,要顺应人民群众新期待,坚持以人民为中心的发展思想,坚持人民城市为人民。① "以人民为中心"的理念逐渐走进人们的视野中,其改变了既往惯用的"以人为本"的表述方式,将"以人为本"中的"人"进一步精确为"人民",并明确了人民的"中心"地位,自此,人民城市理论开始进入研究起步阶段。② 2019年11月,习近平总书记在考察上海时指出,"城市是人民的城市,人民城市为人民"③,人民城市论有了更丰富的内涵,城市治理要从保障人民群众利益出发,使人

---

① 《中央城市工作会议在北京举行》(2015年12月22日),中国政府网,http://www.gov.cn/guowuyuan/2015-12/22/content_5026592.htm,最后浏览日期:2021年7月23日。
② 刘士林:《人民城市:理论渊源和当代发展》,《南京社会科学》2020年第8期。
③ 《习近平:人民城市人民建,人民城市为人民》(2019年11月3日),新华网,http://www.xinhuanet.com/politics/leaders/2019-11/03/c_1125186430.htm,最后浏览日期:2021年11月25日。

人都能感受城市的温度、人人都能享受城市发展的红利,人民在城市中拥有归属感和认同感,才能乐于、忠于为城市建设奉献力量。

在智慧城市建设过程中,高科技手段的应用除了带来便捷、高效的优势,也造成城市治理"只求速度,忽略温度""只顾政绩效果,不顾人民感受"等负面现象,这些问题亟待处理和解决,唯有此,"人民城市论"理念方能不折不扣地得以落实。

(三)"公民权益保护"的呈现逻辑

本文选用"公民权益"而非"公民权利"一词展开叙述主要是考虑到公民权益和公民权利的区别性。公民权利是一个法学术语,通常指作为一个国家的公民所享有的公民资格和与公民资格相关的一系列政治、经济和文化权利,《中华人民共和国宪法》和《中华人民共和国民法典》都有相关规定。格雷厄姆·默多克(Graham Murdock)教授将公民权益定义为"完全地参与进社会生活并有助形成其未来形式的权利",人们拥有使用足够资源的权利,这些资源必须保证人们能够完全参与社会生活。[①] 权益一词更加强调公民与社会的关系,与智慧城市建设和治理的过程更为紧密。权益属于法定权利的内容,但又未上升到抽象的法律高度,因此更加具体,用"公民权益"而非"公民权利"一词作为研究智慧城市和"人民城市论"关系的纽带更具普适性、更通俗易懂。

在智慧城市建设和治理的过程中,公民权益是否得到保护、"以人民为中心"的理念是否得到落实主要体现在两个层面:一是在共性层面,人民是否感受到智慧城市的治理成果,享受到智慧城市建设带来的便利,自身权益较过往能否得到更多满足与更便捷、更高效的保障;二是在个性层面,如果智慧城市建设和治理对部分

---

① 曾军、庞璃:《竞争时代的文化-经济——默多克教授访谈录》,《西北师大学报》(社会科学版)2007年第5期。

公民权益造成无意中伤,比如公民隐私权受侵害、老人群体利益保障不足等,相关治理主体能否及时止损,政府能否高端架构、精准出击、破解难题,弥补公民的受损权益,防止此类情况新增。

三、智慧城市建设中科技赋能惠民的实践创新

近年来,全国各地相继出台关于智慧城市建设的政策文本。上海市以政务服务"一网通办"、城市运行"一网统管"、全面赋能数字经济为三大建设重点,推进城市数字化转型;深圳市聚焦"优政、兴业、惠民",打造数字政府、数字经济和数字市民三位一体的数字深圳;武汉市以政府管理、惠民服务、城市治理、产业创新、生态宜居为五大重点应用领域推进智慧城市建设;广元市提出加快信息基础设施建设、健全智慧医疗服务体系、推进智慧社区基层治理等16项重点任务;江门市推动构建"一网感知、一网统管、一网通办、一网惠民、一网融合"的智慧城市体系。

经梳理可知,各城市重点建设任务聚焦于政务服务、城市治理、兴业惠民、基础设施建设等,侧面体现了智慧城市建设中科技赋能惠民的主要领域。同时,结合人民城市论"惠民"和"共建"两个主要方面,本文选定政务服务领域、民生保障领域、基建更新领域、共建善治领域展开分析,探究在智慧城市治理过程中,科技赋能如何保护公民权益,以及有了怎样的"智能化突破"。上述四个领域各有侧重,但并非彼此孤立,而是相互交融,共同构成智慧城市这一有机生命体。

(一)"互联网+"政务服务,"一网通办"减负增效

智慧政府建设是各地打造智慧城市过程中关注的重要领域。上海市在《关于全面推进上海城市数字化转型的意见》中强调要完

善"一网通办"总门户功能,扩大移动端"随申办"受惠面,健全政务应用集群,全力打响"一网通办"政务服务品牌。① 武汉市在《武汉市加快推进新型智慧城市建设实施方案》中提出"建设数字政府协同办公平台及全市统一的国产化电子公文集约化系统,打造'一机观全城'的数据座舱,实现对内办公一套系统、一个平台,对外服务一个网站、一个 App"②。深圳市在《深圳市人民政府关于加快智慧城市和数字政府建设的若干意见》中指出,要提升"i 深圳"系列服务品牌,推进"12345"热线平台智能化,加强政府门户网站和政务新媒体建设。③ 无论哪个城市,在推进智慧城市建设过程中都重点强调政务服务网上办理,实现"一网通办",电脑端门户网站与手机端 App 同步提供服务。民众办事模式实现了从"跑腿办"到"指尖办"的转变:在办事过程中,人们省时省力;在办事前,人们还可以查询信息,明确规定和要求;在办事后,人们可以通过政务网站了解事件处理进度,也拥有了线下办理难以实现的投诉与反馈渠道。

科技赋能智慧政府建设同样惠及了政府部门的公务人员,"最多跑一次"改革凭借"让公众少跑腿、在一个窗口就能办成事"的优势好评如潮,但在运行之初,任务量成倍数增长,工作人员负担加重,工作效率较以往甚至出现下降的情况。当科技赋能优化政务服务平台时,"协同政务"应运而生,在现代科学技术的支撑下,"一网通办"与"一网协作"相互配合,各项政务工作得以深度整合,各

---

① 上海市委、市政府:《关于全面推进上海城市数字化转型的意见》(2021 年 1 月 5 日),上海市人民政府网,http://www.shanghai.gov.cn/nw15343/20210108/c5ee6069f29a 4a089f709708441bad31.html,最后浏览日期:2021 年 11 月 23 日。
② 武汉市人民政府办公厅:《武汉市加快推进新型智慧城市建设实施方案》(2020年 12 月 31 日),武汉市人民政府网,http://www.wuhan.gov.cn/zwgk/xxgk/zfwj/bgtwj/202012/t20201231_1586796.shtml,最后浏览日期:2021 年 11 月 23 日。
③ 深圳市人民政府办公厅:《深圳市人民政府关于加快智慧城市和数字政府建设的若干意见》(2021 年 1 月 5 日),深圳市人民政府网,http://www.sz.gov.cn/gkmlpt/content/8/8394/post_8394420.html#20044,最后浏览日期:2021 年 11 月 23 日。

部门联动联合,政府后台衔接紧密、运转高效,前台工作人员负担切实减少,行政效率显著提升。

(二) 科技助推向善,"云端"保障民生福祉

智慧城市得到科技赋能后,与人民日常生活紧密相关的衣食住行、文体教育、健康医疗、居家养老均得以实现智慧化升级,人民生活得到了全方位智能保障。在衣食住行方面,智慧购物、自助点餐、自助买单被人们广泛使用,激发了新的经济活力;个人出行信息同步大数据行程卡,智慧出行助力新冠疫情防控工作。在文体教育方面,"在线教育"使疫情期间"停课不停学"成为可能,人们足不出户就可以享受国内外优质课程资源;传统图书馆更新换代,智慧图书馆建设卓有成效,智能机器人服务、图书资源云端共享使图书馆建设更具人性化,"数字记忆"项目为保存与分享社会知识资源、凝聚与传承城市文化提供了崭新载体。① 在智慧医疗领域,线上预约减少了人们就诊时现场排队的时间,健康管家 App、问诊 App 还可以全程跟踪个人身体状况,各大医院支持在线查结果、取报告,推动个人在不同医院的就诊信息互联共通,贴心保护人民群众生命健康权。在居家养老方面,高龄独居老人安全也得到特殊保护,一键呼叫、紧急医疗、一站式健康服务已然成为保护老人生命健康的重要砝码。例如,上海市普陀区真北三小区高龄独居老人安装"智慧六件套",包括红外、水表检测、电流检测、烟感、门禁和紧急按钮,如果设备监测到 12 小时用水不足 0.01 立方米,48 小时没有进出大门记录,相对应装置就会立刻发出预警并反馈给后台,相关负责人会迅速联系社工进行查看。这一人性化举措对高龄独居老人而言,无疑是受惠于科技发展和智慧城市建设成果的

---

① 杨新涯、罗丽、杨斌、张友明:《论"新基建"赋予图书馆的新机遇》,《图书馆论坛》2020 年第 12 期。

最好证明,也充分证明了"人民城市为人民"的理念落到实处。

(三)基建升级迭代,多功能集成释放新潜力

基础设施建设是城市治理的重要环节,与人民群众的日常生活息息相关,有了高科技助力,智慧城市基础设施旧貌换新颜,传统的"老基建"进行数字转型、智能更新,正在向"新基建"转变,同时也催生出社区"微基建"。新基建以技术创新为驱动,以5G、物联网、卫星互联网等通信基础设施以及人工智能、云计算等新技术基础设施为基本载体,为城市发展提供了新平台和新终端。[1] 以智慧灯杆为例,智慧灯杆对传统的道路灯杆进行智能升级,除了满足照明的功能属性外,还在灯杆本体上集成5G基站、视频采集设备、环境监测设备、信息发布屏、无线接入点(AP)、新能源汽车充电桩、道路指示牌等,[2]实现了智能集成、一杆多用。智慧灯杆是顺应时代发展变化的产物,满足了人民群众的新需求,也改善了既往多杆林立的情况,使得城市道路规划更为规整。此外,其汇集的实时监控与精准定位功能也为城市精细化治理带来了新的可能性,提高了城市治理效能。新基建是智慧城市建设的重要成就,科技赋能惠民的成果由此可见一斑。

微基建同样是科技赋能惠及人民的重大成果,其致力于打通社区治理的"最后一公里",打造能够有效满足社区居民日常需求的基础设施服务体系,比如老旧车棚改造、安置智能快递柜、智慧门禁系统等,居民就近即可享受基础设施,社区应对风险的能力也得以显著提升,增强了社区韧性。同时,微基建也使得"15分钟生活圈"成为可能,人民生活更加便捷、舒适,生活品质同步得以提升。这充分体现了人民城市论的本质理念,反映了智慧城市惠民

---

[1] 高宏存、纪芬叶:《区域突围、集群聚合与制度创新——"十四五"时期文化产业高质量发展的大视野》,《行政管理改革》2021年第2期。

[2] 中国照明电器协会:《多功能路灯技术规范》(T/CALI0802.1—2019),第1页。

成果是贴近群众生活、符合人民需求的。

(四) 双线联动共建,打造"数治"新范式

人民城市论不仅强调"人民城市为人民"的惠民要求,也提倡"人民城市人民建"的共建举措,智慧城市的建设和发展为人民参与"共建"提供了新渠道,也推动城市"善治"良性运转。

共建是指人民参与智慧城市建设的方式,善治是智慧城市治理的目标导向,双线联动主要指"线下"与"线上"两种路径的联动与结合。科技赋能智慧城市建设与治理,智慧城市继而给予人民参与共建、行使权利、保障权益、共享成果更多的可能性。在共建方面,人民拥有更多线上参与治理的途径,如通过政务服务平台在线提建议,社区也可以方便地就某事进行线上投票,省时省力的同时,还为民众提供了更多自由发声、行使权利的渠道,切实尊重公民的政治权利和自由。在善治领域,以上海市智慧城市建设为例,在打造"数治"新范式方面,上海市聚焦公共安全、应急管理、市场监管、生态环境等十几个领域,实现态势全面感知、风险监测预警、趋势智能研判、资源统筹调度、行动人机协同,[1]从事前、事中、事后全过程为人民权益保驾护航,将无人机、高清探头等高科技与城市精细化治理相结合,加强风险管理与特殊场所安全管理,做好日常预警工作,在保障公民日常安全的同时,也减少政府治理成本,提高治理效能。

智慧城市建设离不开高科技的运用,科技赋能的目的即更好地推动城市建设,而城市建设和发展的落脚点不外乎让人民拥有更美好的生活,权益得到更好的保障。进一步讲,惠民的过程本身就是公民权益得到保障的体现。因此,上述论及的科技赋能惠民

---

[1] 上海市委、市政府:《关于全面推进上海城市数字化转型的意见》(2021年1月5日),上海市人民政府网,http://www.shanghai.gov.cn/nw15343/20210108/c5ee6069f29a4a089f709708441bad31.html,最后浏览日期:2021年11月23日。

的实践创新成果亦是科技赋能智慧城市,以保护公民权益的现实写照。

四、科技赋能公民权益保护的内在张力及负外部效应

"科技赋能"虽然主要指科技为智慧城市建设和治理提供了更多可能性,赋予了更多能力,但这并不意味着科技是万能的,相反,科技赋能智慧城市建设的内在张力是十分明显的。首先,就技术自身而言,新型技术的规范度和成熟度仍有较大提升空间。智慧城市遵循"透彻感知、互联互通和深入智能化"的建设路径,①这离不开强大的核心技术支持,但目前我国应用于智慧城市建设的科技仍有较大优化空间,在此条件下过度依赖技术实非智举。其次,就技术应用过程而言,科技应用不当引发的信息安全问题引人深思。信息的存储方式、载体形式、权属及信息主体操作失误、安全意识不足等均使得智慧城市信息安全问题更具整体性、系统性和复杂性,②其带来极为严重的后果之一即公民个人信息权受侵害。最后,随着智慧城市建设过程不断推进,科技的获得性差异逐渐显露。在公民内部,这种由信息资源和信息技术可得性差异而造成的"数字鸿沟"导致的典型问题即老人群体利益保障个性化不足。③

如上所述,科技赋能过程显现出了明显的内在张力,继而产生了负外部效应,如果这种负外部性得不到重视,其产生的效应会在

---

① 胡丽、陈友福:《智慧城市建设不同阶段风险表现及防范对策》,《中国人口·资源与环境》2013年第11期。
② 毛子骏、黄膺旭、徐晓林:《信息生态视角下智慧城市信息安全风险分析及应对策略研究》,《中国行政管理》2019年第9期。
③ 张蔚文、金晗、冷嘉欣:《智慧城市建设如何助力社会治理现代化?——新冠疫情考验下的杭州"城市大脑"》,《浙江大学学报》(人文社会科学版)2020年第4期。

无形中进一步发酵,而智慧城市建设的每一环节又与人民群众的生活息息相关,公民个人权益也会因此受到不同程度的损害。基于此,深入分析当前科技赋能智慧城市建设过程中的主要问题及其影响十分必要,这也是探究如何减少科技赋能的"无意中伤"、更有效地发挥科技赋能作用、保护公民权益的前提。

(一)唯智能论的误区:科技赋能等同于"科技万能"

目前,科技赋能智慧城市建设的突出问题是过度推崇"唯技术论""唯智能论",这种现象实则是陷入了"被技术化"的框架中,是人们被科技束缚的表现,也是未能理性对待当前技术发展水平的结果。

1. 技术规范度、成熟度有待提升

尽管大数据、云计算等各类技术已经深度融入人们生活,但不能忽视的是,其发展程度并未达到完全成熟的地步,人们目前能接触到的科技产物并非都是安全、可信的。据媒体报道,一款名为"健康码演示"的手机软件,能够模拟各地区的健康码、复工码和通行码的不同风格,展示红码、绿码等不同状态,甚至可以自定义地区和姓名,根据用户的需求改变健康码状态。这是利用科技犯罪,是置人民群众生命安全于不顾、严重扰乱社会秩序的体现。社会中还有许多诸如此类技术运用不规范的情况,但并非所有人都有足够的鉴别力辨别真伪,要减少此类情况的出现,就要努力提高技术本身的安全性和正规度。

科技覆盖面之广超乎人们想象,但在具体领域的应用是有待深化提升的。比如,各地都有推出健康码应用,但是各地情况并不一致:山东省将国家政务服务平台、通信大数据行程卡和山东省公共管理机构的数据进行汇总,在健康通行码显示页面同步设置核酸检测信息查询与近14天行程查询链接,实现"一码多用";但有些省市并不支持在线查询核酸检测结果,或者线上结果更新并不及时,甚至个别省市出现系统崩溃的情况,例如,2021年2月,天津市健康码就出现过无法显示的情况。由此观之,科技在应用于城市治理的过程中,自身成熟度还有很大提升空间。

2. 技术依赖过犹不及

技术发展的结果应该是给予公民个体更多选择的自由,而非"被技术化",即束缚在技术设置的框架和方式中。技术工具的使命是为人服务,必须坚持以人民为中心,人们做出改变的原因,应是运用技术工具让自己的生活更加便利,并非为了迎合技术发展而使用。比如,现代科技软件研发推荐架构对人们的需求偏好进行计算,进行个性化推送,看似是智能过滤,实则限制了人们观看其他内容的自由。又如,前文提及的"政务服务一网通办",在线办事的优势显而易见,但我们也应该具有底线思维和忧患意识:在线上政务发展高歌猛进时,是否为线下政务办理留出了一条渠道,一旦技术出现问题,线上不能办,线下是否可以"照样办"?另外,在通过大数据收集信息、制定政策时,过分依赖数据、崇拜数据,忽略数据本身的真实性和准确性的情况时时出现,[①]人们陷入数据漩涡而不自知,对此技术热我们也应该进行冷思考:"数据迷信"并不会直接带来"政策自信",在大多数情况下,这种只依赖数据平台计算得出的政策一旦被盲目施行,对智慧城市建设带来的损失是不可估量的。

(二) 公民个人信息权受侵害

智慧城市建设和治理离不开高科技信息集成平台、处理平台和发布平台,平台搭建以海量数据作为支撑,这些数据包含公民、政府、社会组织等众多主体信息资源,甚至包括机密信息,个人信

---

① 陈万球、石惠絮:《大数据时代城市治理:数据异化与数据治理》,《湖南师范大学社会科学学报》2015年第5期。

息能否受到保护引人深思。就我国智慧城市建设的现状而言,个人信息权包括的信息自决权、要求保密权、知情权、信息删除权和索赔权在现实生活中并未得到有效保障。①

其一,智慧城市建设需要收集大量个人信息作为数据分析的原始资料,部分信息是公民主动配合、自愿提交的,但还有一部分涉及个人私密的信息,民众有时持排斥态度,迫于办事需要也只得勉强提交。其二,人们在政务办理过程中需要提交公民身份号码、出生日期等重要个人信息,这些信息面临泄露、另作他用的风险,事务处理完毕后,个人信息无法得到及时清除,给予不法之徒可乘之机。其三,城市天眼系统等数字基础设施在助力精准监控的同时,也使公民个体行踪和隐私暴露无遗,很大一部分市民并不知晓自身每时每刻都处于高清摄像头的监控下。震惊之余,我们又要认识到这正是科技赋能的结果、智慧城市治理的常态,天眼系统的本意是加强事前监测预警,协助城市精准化治理,但在实际运行过程中,维护安全和尊重个人隐私权并未达到理想的平衡状态。其四,信息公开度和公民隐私保护之间的界线并不明晰,互联网时代为信息搜集拓展了多元渠道,人们不费吹灰之力就可以在短时间内将个人信息查彻清楚,但这个过程会对公民隐私权带来无意中伤。比如,在新冠疫情初期,各省市通报确诊病例情况时,涉及的个人信息十分细致,广大网友根据这些信息可以迅速精确定位到个人,未经当事人允许、不顾当事人感受,自行将病例的个人信息在网上公开,甚至出现人身侮辱和攻击等极端情况,严重损害公民的人身与人格权。更有甚者,借助 AI 高科技换脸技术非法牟利,2020 年,江西六旬大妈痴迷短视频平台,"假靳东"事件沸沸扬扬。央视新闻曾报道,在某些网络交易平台上,只花几元钱就可以买到

---

① 张琴:《智慧城市治理中个人信息的权益解析和权利保护》,《南京社会科学》2020 年第 11 期。

上千张人脸照片，违法分子将这些照片通过相关软件进行"换脸"，在短视频平台冒名直播、谋骗钱财，这是典型的高科技犯罪行为。其中，公民个人信息保护不足为其提供了可乘之机。其五，尽管隐私泄露给人们带来了不同程度、不同方面的损失，但是很少有人尝试追偿，因为人们并不了解有何种渠道进行追偿，对索赔的成功率也没有把握。

（三）老人群体利益保障个性化不足

互联网的发展速度与日俱增，人们的日常生活逐渐离不开网络，但是老人群体在其中的体验感并不好，数字化鸿沟愈加明显，老人群体与新时代网民使用网络资源参与公共生活的差距越来越大。当前，智慧城市运用大量科技手段推动各个领域实现智能化，但是对于老人群体而言，他们已经习惯了过去坚持了几十年的生活方式，智能化改变并未使他们的生活更加方便，反而带来了新的麻烦。尤其是在疫情防控期间，这种不便更加明显，健康码成为日常出行的通行证，但因为没有通行码而被拒绝乘坐公交的情况屡屡出现，更有甚者，用一张纸质版健康码代替手机端实时变化的健康码。这从根本上暴露出老人群体对新兴科技产物的使用目的和作用方式不甚了解。又如，微信支付、支付宝支付等移动支付方式成为当前支付方式的主流，有的商家为了自身便利，开始拒绝收纸币，使智能支付方式成为一种强制，对于不具备智能支付能力的老幼群体而言，无疑成了一种障碍。除了不会使用，还有一部分老人不愿意使用智能支付方式，他们认为电子支付方式并不安全，尤其是支付设置需要实名认证更加剧了他们的担忧。这些不足不仅给老人群体的日常生活带来了不便，更让他们产生一种无力感，认为自己无法融入当下的互联网时代。

五、智慧城市建设中保护公民权益的优化路径

在目前智慧城市建设过程中,科技惠民成果显著,公民权益得到更智能、有效、全面的保护;但科技赋能智慧城市建设的过程存在内在张力,负外部效应也十分明显,在不同程度上损害了公民个人的权益。解决科技赋能智慧城市建设中带来的负面问题需要在特殊性问题中提取出普遍性特征,以战略性眼光和前瞻性视角未雨绸缪、防患未然,从源头控制,尽最大可能减少问题发生的可能性,为公民权益保驾护航。

智慧城市建设可以分为规划设计阶段、开发建设阶段以及运营维护阶段,[1]各阶段均存在有损公民权益的潜在威胁,但每阶段的风险因素是不同的,故公民权益保护的优化路径也因阶段而异。在规划设计阶段,各城市制定发展战略,明确指导思想、主要目标、重点任务和建设特色等,顶层设计作为推进智慧城市建设、增进人民福祉的战略遵循,理应具有大格局、大情怀。在开发建设阶段,技术、资金、政策、建设主体等要素"攻城略地",新问题纷至沓来,可探索以技术问题为出发点,研究如何为技术赋能的过程立规矩、定边界,以保障公民权益。在运营维护阶段,诸要素与城市发展密切融合,对经济、政治、文化、社会、生态文明全领域提出了新挑战,直接影响城市发展成果惠及人民的方式和程度,面对新形势下人们日趋强烈的参与意识和日益多元的愿望诉求,智慧城市更应善感知、提温度。综上,本文基于智慧城市建设的三个阶段,从构筑有情怀的顶层设计、搭建有边界的技术平台、打造有温度的智慧城

---

[1] 胡丽、陈友福:《智慧城市建设不同阶段风险表现及防范对策》,《中国人口·资源与环境》2013年第11期。

市三个方面深入探究在科技赋能智慧城市建设过程中保护公民权益的优化路径。

(一) 构筑有情怀的顶层设计

1. 以"人民城市论"的基本理念为指导

"人民城市论"是建设智慧城市的根本遵循，各个城市在构筑顶层设计的过程中要明标定向，坚持"人民城市为人民"的基本理念，遵循"人民城市人民建"的基本方法。一方面，要始终以人民群众的需求为出发点。智慧城市的出发点是让人民群众生活更加便利、舒适、美好，政府要坚守"为人民服务"的初心，在治理过程中不能让"政绩导向"超越"人民导向"，政策制定不能只顾"政治流"而不顾"问题流"，政绩压力过大会使智慧城市治理效果适得其反，相关部门要处理好"问责"和"容错"的关系。另一方面，"人民城市人民建"要求多元主体共同参与城市建设，因而在构筑顶层设计的过程中，除了咨询专家学者，提高政策专业性，还要广开言路，主动听取普通群众的意见和建议。比如通过线下线上相结合的方式，线上可以通过短信发送问卷链接，征求智慧城市建设的建议，在回收问卷进行结果统计的过程中，不仅能够听到民众的心声，还能够了解普通群众对于智慧城市建设的认知程度，以此有针对性地加大政策宣传力度，营造共建共治的良好社会氛围，民众也会在参与过程中提高自身的成就感。

2. 尊重各城市特色，杜绝千城一面

智慧城市是 21 世纪的新兴产物，各国智慧城市建设的道路不尽相同，建设经验也千差万别，一味照搬国外方案并非明智之举。我国立足国情，在 2014 年出台了《关于促进智慧城市健康发展的指导意见》，各个城市对标要求，相继开展智慧城市建设试点。近年来，部分城市也出台了相关政策，推动城市数字化转型，但政策空洞化、千篇一律化的情况仍然突出，部分城市置自身实际情况于不顾,盲目推动城市转型,劳民伤财,效果不佳。构筑有情怀的顶层设计,就要立足城市基础和优势,从社会综合实力和城市人文传统的根本出发,①尊重城市发展规律,抓住城市主要矛盾,循序渐进,突出城市特点,彰显城市底蕴,以"千城千面"展现出每个城市的特有风貌。

3. 坚持可持续发展擘画未来

从政策需求视角出发,智慧城市是一项问题导向的政策方案,其备受推崇正是由于它在解决城市发展问题上被寄予厚望,主要目的之一是解决城市病和促进城市的可持续性发展。② 城市处于永久性动态发展的状态,智慧城市并非某种静态模式,而是一个不断推进的动态建设过程,因此,相关政策方案不仅要解决现阶段城市建设与发展呈现出的问题,更要具有前瞻性和预见性,考虑到当下的举措对城市未来发展的影响,尤其是对于生活在此城市中的公民权益产生的长久影响。一份有情怀的顶层设计方案应该能够擘画未来的公民愿景,而非仅局限于当下的政策盆景。大力推动构建能够实现可持续发展的战略规划,既要追求城市的发展成果,也要注重城市的建设品质,努力实现智慧城市良性运转,将"战略愿景"落地,为公民权益提供长久保障,让人民能够感受到智慧城市带来的安全感。

(二) 搭建有边界的技术平台

1. 以数据安全为底线,加强技术平台建设

智慧城市在建设和治理过程中出现信息泄露问题,公民个人的信息权甚至是名誉权、生命健康权受到侵犯,政府公信力受到损

---

① 陈德权、王欢、温祖卿:《我国智慧城市建设中的顶层设计问题研究》,《电子政务》2017 年第 10 期。

② 于文轩、许成委:《中国智慧城市建设的技术理性与政治理性——基于 147 个城市的实证分析》,《公共管理学报》2016 年第 4 期。

害。导致问题的原因是科技运用不当,解决问题也要从科技入手。建设智慧城市必然要以高科技为技术支撑,拒绝技术是不现实的,解决之道在于:一要坚持"安全是发展的前提",引导全社会形成共识,以"数据安全"为不可触碰的红线和底线;二要建立健全我国智慧城市核心技术的标准体系,以标准作为参考,夯实基础,加强技术平台建设,筑牢"数字化底座",尤其是要重点保护和完善网络核心技术,提高平台稳定性和安全性,减少人们对于智能软件安全性的担忧,更重要的是,以此进一步减少科技运用过程中的漏洞,进而减少数据泄露、盗用行为,在更大程度上保护公民权益。

2. 加强制度与法治保障

保证数据安全、维护个人信息权益,除了要在思想上高度重视,坚守数据安全底线,还离不开完善的制度和法治作为保障。目前,我国有关信息网络安全的立法有《网络安全法》《计算机信息系统安全保护条例》等,但较少结合智慧城市背景进行规定。在完善智慧城市制度与法治保障过程中,各地可考虑及时汇总、分析国内外智慧城市建设的相关政策,分析其内在逻辑,总结有益经验,在国内现有的制度基础上,针对智慧城市背景下产生的信息安全问题,推进专门的法律法规建设;亦可探索人工智能立法,多方面提高立法质量,对技术运用和管理的各个过程进行规范;增强法律的回应力度,对盗取个人信息进行违法犯罪的行为要做出明确的惩戒规定,为利益受损的群众提供索赔的渠道和机会。

3. 明确主体责任,加大监管力度

保证技术安全不仅要加强技术平台建设,更要注意从多元主体与技术的互动关系中把关,明确主体责任,加大监管力度。由于在智慧城市建设过程中参与主体众多,政府、企业、社会组织以及公民个人等各个主体运用技术的目标不同、方式不同,在各方的复杂互动关系中很容易加剧信息安全问题。社会赋予每个人使用技术的权利,每一位技术使用者也应该承担起相应的责任,遵守法律规定,加强自律,不逾矩、不越界。同时,政府相应机构也需要对数据中心、信息传播网络、运行平台等进行严格的监控和监管,对于发现的问题要及时上报进行处理。① 但仅靠政府单一力量进行监管难以达到理想状态,社会组织和个人也应主动参与,从不同视角和不同领域对技术使用安全进行监督,形成合力,守住科技扩张的边界,保护自身权益不受侵犯。

(三)打造有温度的智慧城市

1. 提供有质感的公共服务

智慧城市改变了公共服务供给模式,构建了以需求感知为导向、以主动供给响应为创新起点的公共服务供给框架,② 有质感的公共服务成为智慧城市建设和发展的新要求,主要表现在两个方面。一是政务服务的质量有保证,即政府提供优质的公共产品和服务,使人民能够感受到智慧城市建设的成果,让民众有获得感。当前,民众对于技术的速度和质量要求越来越高,因此政府不仅要做到提供基本服务,更要不断升级自己提供的服务,满足公众不断变化的新的需求。二是公共部门要善感知,即具有感知力,在出台某项政策前,能够尊重民意,事先征求群众意见,了解群众的真正诉求,急民之所急,想民之所想,而非政绩为先,大搞形象工程。

2. 为弱势群体"开小灶"

有学者认为人民城市建设要遵循最大限度原则——关注最大比例群体诉求、资源投放到能够覆盖最广范围的领域、以最大公约数寻求政策着力点、推行最可行措施。③ 诚然,集中最多资源解决

---

① 曹树金、王志红、古婷骅:《智慧城市环境下个人信息安全保护问题分析及立法建议》,《图书情报知识》2015年第3期。
② 刘淑妍、李斯睿:《智慧城市治理:重塑政府公共服务供给模式》,《社会科学》2019年第1期。
③ 彭勃:《人民城市建设要把握住三个"最"》,《国家治理》2020年第34期。

最突出问题是建设智慧城市的路径之一,但"人民城市论"中的"人民"绝非仅仅代表绝大多数人,政府要有为弱势群体托底的觉悟,在实现最大多数人利益的同时,更要照顾到容易被普通人忽视的少部分群体。对于老人群体不仅要给福利,还应"开小灶",精心打造"适老化"的产品。在疫情期间,"健康码"成为人们的出行证,但对于老人群体而言,却成了"拦路虎",各地及时应对这一问题,推出诸多暖心举措,比如,北京市推出健康码代查服务,并对个人信息设置脱敏显示,公民个人隐私由此得到保护,泄露风险也大大减少。至今,各地不断尝试、探索,将健康码和个人身份证、公交卡进行绑定,最大程度便利老幼群体出行,如此一来,老人得以从"技术之笼"跳脱出来,日常生活不因"一码"受阻。

但技术升级、推出"适老化"产品只治标不治本,要从根本上跨越数字鸿沟,就要找准问题根源,对症下药。很多老人不擅长使用智能设备,很大一部分原因在于缺少合适的教导者。一方面,老人获取数字便利最好的渠道就是家庭及来自子女的帮助,引导子代群体数字反哺行为,塑造全社会尊老、教老的数字反哺氛围尤为重要。① 另一方面,也可以借助社区社会组织或者志愿者团队的力量协助解决,由他们对老人们进行技术指导,让老人群体也拥有"技术自由"。

3. 平衡工具理性与价值理性的关系

工具理性和价值理性的概念肇始于德国社会学家马克斯·韦伯(Max Weber)在《经济与社会》中的论述。马克斯·韦伯认为社会行动有四个方面的取向,分别是工具理性的、价值理性的、情绪的、传统的。② 工具理性的行动者关注工具的可行性和实操性,追

---

① 李彪:《数字反哺与群体压力:老年群体微信朋友圈使用行为影响因素研究》,《国际新闻界》2020年第3期。
② 参见[德]马克斯·韦伯:《经济与社会(第一卷)》,阎克文译,上海人民出版社2019年版。

求最高效率,实现自身理性追求和特定目标;价值理性的行动者强调道德关怀,关注过程中参与者的主观体验和感受。① 智慧城市建设和治理尽管高度强调科技应用与赋能,但技术终究只是工具和手段,并非目的,城市建设归根结底还是一项属于人、为了人的活动,事关人们的价值取向,就要妥善处理好工具理性和价值理性的关系,不能为了最快地实现政策目标,盲目选择"一刀切"的管理手段,置人民群众呼声于不顾,要遵循价值理性,时刻坚持以人民为中心,关注民众感受,努力让智慧城市的温度成为最接近人体的温度。

六、总结与展望

当前,智慧城市建设如火如荼,各领域创新成果异彩纷呈,本文以公民权益保护为切入点,结合生活中的大量实例,具象描绘了科技赋能智慧城市建设惠及民生福祉的诸多景象,从各地大力推进的线上政务服务领域、贴近群众日常的民生领域、彰显城市硬实力的基础设施建设领域和多元主体参与共建的城市治理领域论证了科技赋能应用于公民权益保护的智能化突破,展现了智慧城市建设带给我们的福利与温度。但随着智慧城市建设进程的推进,科技赋能的内在张力逐渐显现,并引发了明显的负外部效应,技术滥用、误用带来了新型社会问题和矛盾,构成了前所未有的风险和挑战,个人信息隐私泄露和技术的获得性差异从小众话题逐渐发展为学界普遍关注的热点问题。对此,一味沉浸于"智慧盛世"的光鲜成果并非明智之举,而应时刻保持清醒认知和理性思维,识破"技术幻象",针对城市建设和治理各阶段出现的问题精准出击,久

---

① 彭国甫、张玉亮:《追寻工具理性与价值理性的整合——地方政府公共事业管理绩效评估的发展方向》,《中国行政管理》2007 年第 6 期。

久为功,努力打造满富情怀、不失边界、更有温度的智慧城市,全方位地保护每位公民的权益。

总之,全面建成智慧城市不是一蹴而就的事情,但已经有越来越多的城市在尝试与努力,用"人民城市论"指导智慧城市建设,在智慧城市治理中践行"以人民为中心"的理念,将人民权益放在首位,这也证明在科技赋能智慧城市建设与治理过程中,保护公民权益是重中之重。正如本文所述,公民权益不仅包括人民在城市各领域能感知到的基本权益,还包括当科技赋能给部分民众造成无意中伤时,相关部门能够及时止损,个人权益损失得以有效弥补,同时,少数弱势群体权益也应该得到同等保护。妥善解决此类问题需要凝聚社会各方合力:公共部门应正确对待、妥善处理好数字转型与人文关怀的关系,做到赋能、提效、增权、定责四者有机统一;公民及其他组织应对智慧城市有期待、有信心,积极参与、主动作为、积聚力量、开拓新局,让技术不再冰冷,让城市更加温暖,建成真正的智慧型人民城市。

展望未来,一些新的问题初见端倪。比如,各个城市急于投身智慧城市建设热潮,但大型城市和小型城市的发展模式和转型程度不同,城市建设惠及人民的成果和福利自然存在差异,人们的体验感会呈现出差距,不同区域群体权益保护的公平性问题会再度成为研究热点。对此,相关主体又该如何在平衡人民获得感和相对剥夺感的关系中实现"相对公平"?再者,高新技术升级速度会越来越快,在当下并未得以完全解决的数字鸿沟问题将来会进一步扩大,引发人们关于"人民适配科技"还是"科技适配人民"的思考,这也是未来需要关注的问题。学术研究的意义不仅在于打造一个更加公平公正、包容普惠的智慧型人民城市,更在于通过更好地保护公民个体基本权益,让生活在这座城市中的人们拥有越来越多的安全感、舒适感和归属感。换言之,"智慧城市为人民"方为"人民城市有智慧"的最终旨归。

研究论文

福利型治理:沪郊 HY 村的村治经验

叶 敏* 徐咏意** 马佐江***

[内容摘要] 大都市上海在紧密型城乡关系格局下发生的郊区化过程形成了一种深度郊区社会,深度郊区社会下的乡村社区治理模式是一种低发展权和高福利的组合。本文通过剖析沪郊 HY 村的经验发现:郊区乡村社区治理呈现出一种以福利发放为治理工具的福利型治理模式;具体福利型治理机制包括普惠而有差别的福利发放机制、福利享受与治理目标相挂钩的福利控制机制和面向老人生活治理的福利空间供给机制;郊区乡村社区的福利性治理虽然成本高昂,但是能够满足大都市整体发展理性所要求的发展秩序和社会团结。

[关键词] 福利型治理;郊区社会;乡村;社区治理

一、大都市上海的郊区化与深度郊区社会的形成

"郊区"在英文中一般使用"suburb"指称,该词由"sub"和"urb"组成,其本义指的是"在城镇之下"或"在城镇附近"。在美国,郊区是城市郊区化的产物和体现,特别的表征是公司和中产阶级外迁

---

* 叶敏,华东理工大学社会与公共管理学院副教授,华东理工大学中国城乡发展中心研究人员。
** 徐咏意,华东理工大学社会与公共管理学院 2018 级本科生。
*** 马佐江,华东理工大学社会与公共管理学院 2018 级本科生。

到郊区,中心城区反而出现衰落现象。而在一般意义上,郊区化可以理解为城市向周围乡村的扩张和渗透。日本地志研究所编写的《地理学辞典》中对郊区化的定义是:"郊区化是指城市周围的农村地域,受到城市膨胀的影响,向城市性因素和农村性因素相互混合的近郊地域变化的过程。"① 顾朝林等认为,郊区化是由于市中心区地租昂贵、人口稠密、交通拥挤、环境恶劣,形成巨大的推动力,促使市中心区人口、产业外迁,形成相对市中心区而言的城市离心化现象。② 相比美欧地区郊区化形成的中产阶级郊区,第三世界的郊区化往往形成的是城乡混合的连续体,在亚洲一些区域则表现为亦城亦乡的"desakota"(城乡互动区)。③ 由于土地的公有制、国家引领的城市化和以城管乡的体制安排,中国的郊区化也较为特别。熊万胜和陈昌军认为,郊区化一方面是显性的城镇郊区化,体现为城区居民或组织外迁以及基础设施的延伸;郊区化另一方面体现为相对隐性的乡村郊区化过程,即城镇体制对乡村社会的不断渗透和覆盖。④ 中国式郊区化过程之所以存在双重形态并进的情形,主要是因为中国的城市实际上是一种有城有乡的地方体系。在市管县、镇管村等体制配备下,地方的管制权和发展权被授予城市,由此形成城市对乡村的领导和控制能力。这种发展体制带来的结果是中国的城市化过程不仅有城镇郊区化的面向,而且有一种城镇体制覆盖乡村的面向,后者最直观的体现是,中国有大量属于城市辖区的乡村区域,这形成了一种城镇体制和乡村景观的重叠地带。⑤

---

① 转引自柴彦威:《郊区化及其研究》,《经济地理》1995年第2期。
② 顾朝林、甄峰、张京祥:《集聚与扩散——城镇空间结构新论》,东南大学出版社2000年版。
③ 于峰、张小星:《"大都市连绵区"与"城乡互动区"——关于戈特曼与麦吉城市理论的比较分析》,《城市发展研究》2021年第1期。
④ 熊万胜、陈昌军:《本土语境中的郊区、郊区化和郊区社会》,《福建论坛》2021年第11期。
⑤ 同上。

中国式郊区化的社会建构结果是形成了一种学者所称的郊区社会。熊万胜认为,郊区社会指的是空间上位于城市郊区的社会系统。① 郊区社会的特色是城乡关系紧密,并且是一种人口流入型地区。在近期的一篇研究中,熊万胜和陈昌军将郊区社会的特征总结为四个方面:紧密型城乡关系、城镇体制和乡村景观的组合体、人口流入型地区的混合型社区,以及频繁的城乡往返的两栖化生活方式。② 据熊万胜的测算,中国的郊区社会的规模相当可观,2016年全国城镇郊区总面积达到215万平方公里,达到陆地国土面积的近五分之一,居住在郊区的人口也达到4亿左右。③ 大都市上海郊区乡村可以理解为一种被深度郊区社会覆盖的区域,除了郊区社会的普遍特征之外,深度郊区社会系统的一个根本特点是乡村的发展权被城市高度统筹,乡村本地年轻人口被城市深度抽空,郊区乡村产业要以配套城市来设计,绝大多数乡村的未来要融入城市的发展体系。在这一深度郊区社会之下,郊区乡村社区的发展任务被淡化了,满足城市管理目标的社会治理和对留在乡村的老人的生活治理成为乡村社区的主要工作任务。在大都市上海的深度郊区社会系统下,郊区乡村社区的治理模式并不以发展为导向,而是以城市下派的治理任务完成为导向,乡村社区职能从发展到治理的转型在不断加深。为了促成社会治理任务的完成,在制度力量的推动下,又逐步形成了一种由国家和集体承担的

---

① 熊万胜:《郊区社会的基本特征及其乡村振兴议题——以上海市为例》,《中国农业大学学报》(社会科学版)2018年第3期。
② 熊万胜、陈昌军:《本土语境中的郊区、郊区化和郊区社会》,《福建论坛》2021年第11期。
③ 熊万胜:《郊区社会的基本特征及其乡村振兴议题——以上海市为例》,《中国农业大学学报》(社会科学版)2018年第3期。在此文中,作者将"市区面积"和"城区面积"之差理解为"市郊区",将"城区面积"和"建成区面积"之差理解为"城郊区",将"县城城区面积"和"县城建成区面积"之差理解为"县城郊区",郊区总面积是三者之和,其中没有统计非县城的建制镇的情况。数据全部来源于《中国城乡建设统计年鉴》和《中国城市建设统计年鉴》。

面向农民的高福利供给体制。

二、深度郊区社会下乡村社区的福利发放能力

由于需要在稀缺土地资源上打造高能级的城市经济体系,大都市上海在发展上的理性选择是彻底地打通城乡,形成一种能够充分盘活城乡发展资源实现发展动力最大化的整体发展格局。在城市掌握发展权配置的城市地方体制下,为了实现城市的整体性发展,郊区乡村承担的角色和功能必然是服从性、辅助性和配套性的。在上海,城市对乡村地区有三大价值认知,即乡村地区对整个城市而言存在经济价值、生态价值和美学价值。比如,2021 年 7 月发布的《上海市乡村振兴"十四五"规划》(沪府发〔2021〕9 号)就指出:"上海乡村具有城郊融合型特点,在形态上要保留乡村风貌,在治理上要体现城市精细化管理水平,在发展方向上要强化服务城市发展、承接城市功能外溢,凸显乡村地区的经济价值、生态价值和美学价值。"实际上,乡村地区的经济价值主要指的是土地资源,其次才是包括现代农业和适合在乡村发展的服务业在内的乡村产业。生态价值和美学价值意味着乡村地区的发展是有方向的,必须满足城市的生态功能和美学需要,如果乡村产业发展与生态价值和美学功能形成矛盾,只能牺牲乡村的产业功能。生态价值和美学价值还意味着对乡村地区的管理标准必然是城市标准而非乡土标准,因为乡土标准根本无法促成和维系城市所需要的生态价值和美学价值。对乡村地区实施城市管理标准也意味着村级组织要承担密集而精细化的社会治理任务。正如有些学者指出的,城镇的发展往往以牺牲地方中郊区乡村的发展权来推进,而城镇发展的同时,又将城镇的政治经济社会标准推广到地方中的郊

区乡村①。由此形成的结果是,郊区乡村社区的社会治理职能被大大强化,而原来强调的发展职能被有意淡化。②

为了实现乡村对城市整体发展的配合与配套,上海有意塑造一种发展权退隐但又有较强的福利发放能力的村级组织。没有福利发放能力的村级组织无法满足城市标准的社会治理任务,村级组织的福利发放能力直接决定了社会治理能力,而社会治理能力的高低又影响到城市发展的"大局"。因为,乡村社区的福利发放显然不仅仅是福利政策本身,而且福利发放往往还是治理工具。③"从人类的历史看,社会控制从来就不是单纯的暴力,任何一个人类社会完全依靠暴力维持的统治都很难长久,与之相适应的是,依靠种种与社会相适应的资源调度与再分配构建起来的社会制度相对而言更为稳定。一个社会为其成员提供的福利,就是为自身提供了一种稳定的力量。"④在大都市上海,随着集体企业的改制,农村集体经济趋于衰落,但是,上海市政府并没有放任集体经济组织的衰落,而是努力维持集体经济组织的运转。这样做的目的有二:第一,通过集体经济的发展,助力乡村社区治理体系的完善;第二,维持既已存在的村级集体福利制度。维持村级集体福利制度的意义越来越突出。⑤ 相比欠发达地区,在乡村工业化时期,上海已经有不少村庄获得了工业化的发展红利,诞生了一批经济实力发达

---

① 熊万胜、陈昌军:《本土语境中的郊区、郊区化和郊区社会》,《福建论坛》2021年第11期。

② 张贯磊:《从发展到治理:基层乡镇政权的职能转向及其实践——基于上海市郊区秦镇的实证分析》,《上海城市管理》2020年第6期;张彬:《乡村治理与发展的协调路径》,《云南大学学报》(社会科学版)2020年第1期。

③ 李迎生、李泉然、袁小平:《福利治理、政策执行与社会政策目标定位——基于N村低保的考察》,《社会学研究》2017年第6期;孙嫱:《政策执行与村落应对:甘肃省Z镇的农村低保制度实践》,《宁夏社会科学》2016年第3期;华汛子:《乡村振兴战略背景下农村社区福利建设的转型与路径》,《江汉论坛》2020年第11期。

④ 陈晓律:《以社会福利促社会控制——英国的经验》,《经济社会史评论》2011年第00期,第14页。

⑤ 熊万胜:《郊区社会的基本特征及其乡村振兴议题——以上海市为例》,《中国农业大学学报》(社会科学版)2018年第3期。

的"工业村"。随着城市开发向乡村的扩张,一些村庄还获得了城市化的红利反馈,村集体在征地拆迁中获得了大量的分配。除了这些幸运的村庄之外,上海还通过项目支持、抱团发展、结对帮扶和财政转移支付等政策对经济薄弱村进行大量的"输血"。在自身积累和政策帮扶的综合作用下,上海郊区乡村的村级组织的可用财力总体水平较高,村级组织也有较为强大的福利发放能力。2017年,上海全市村级集体总资产达到1 397.1亿元,不过农村集体经济的分布具有不平衡性,中远郊村级集体总资产为311.6亿元,仅占22.3%。① 在村级组织较为强大的福利发放能力下,村级组织向村民的福利发放过程又不仅仅是一种福利享受,而是与社会治理目标捆绑在一起,形成一种深度郊区社会特有的乡村社区福利型治理模式。

三、HY 村案例:福利型治理是如何运转的?

作为一种深度郊区社会下的乡村社区治理模式,福利型治理体现为以福利发放为纽带的综合性治理,那么乡村社区福利型治理有哪些具体运作机制呢?沪郊 F 区 HY 村的案例经验给我们提供了一个相对完整的样本,HY 村经验表明,福利型治理有三种重要的运作机制:普惠而有差别的福利发放机制,福利享受与治理目标相挂钩的福利控制机制,以及面向老人生活治理的福利空间治理机制。HY 村位于 F 区 N 镇的镇郊,全村区域面积 4 平方公里,有 22 个村民小组,675 户,全村户籍人口为 2 833 人,其中 60 周岁以上的老人共有 930 人,外来人口近 3 000 人。由于地处镇郊区

---

① 方志权、张晨:《发展壮大上海纯农地区集体经济问题研究》,《科学发展》2019年第3期。

域,HY 村受到 F 区和 N 镇城镇开发的剧烈影响,截至 2019 年年底,HY 村已经有一大半的村民组实现了集中居住(动迁或搬迁),还剩下 293 户分布于自然聚落。HY 村虽然处于深度郊区社会的核心地带,发展权被统筹,但是由于前期积累和城市化过程的红利,HY 村的村级收入相当可观,村集体经济积累也较为厚实。HY 村的村级治理过程体现出较为明显的福利型治理特征,通过福利发放、福利控制和福利空间打造,村级治理目标得到了较为有效的实现。

(一)福利发放:普惠而有差别

调研发现,HY 村虽然不是 F 区集体经济最好的村,但是 HY 村面向村民的福利发放系统是高度发达的,HY 村 2018 年的福利发放额度就高达 75 万元。HY 村的福利发放原则可以理解为普惠而有差别,即一些福利是普惠性的,另外一些福利则是特惠性的。首先是普惠性的村民福利。如表 1 所示,村民福利分为困难家庭补贴、助学奖励、退休老人福利、丧葬补贴和其他补贴。从表 1 中可见,HY 村面向老人的福利发放是非常丰厚的。

表 1 HY 村的村民福利项目

福利项目	福利内容
困难家庭补贴	以医疗发票自付金额为主(起限自付 5 000 元以上) 补助标准(以医疗发票自付金额为依据):自付 5 001—10 000 元,补助金额为 400 元;自付 10 001—20 000 元,补助金额为 800 元;自付 20 000 元以上,补助金额为 1 000 元
助学奖励(父母一方户籍在本村)	全日制大学生一次性奖励:大学本科奖励金额为 1 000 元;专科奖励金额为 500 元

(续表)

福利项目	福利内容
退休老人福利	(1) 中秋节发放金额为100元;(2) 重阳节发放金额为100元和大米、油等生活用品;(3) 春节期间,镇保退休发放金额为200元和生活用品,农保退休发放金额为400元和大米、油等生活用品;(4) 老人尿片申请;(5) 液化气配送,针对本村70岁以上的老人,以户口本为单位
丧葬补贴	(1) 农保补贴金额为500元;(2) 社保镇保补贴金额为300元;(3) 丧事简办:不用吹打,每户一次性奖励2 000元
其他补贴	(1) 对未满16周岁少年儿童参加独生子女意外保险的补贴20元;(2) 对农退69周岁以上村民参加合作医疗人员,每人每年补贴160元;(3) 无用人单位的本村户籍人员在女儿年满16周岁前,每人领取每月30元作为对独生子女父母的奖励费;(4) 夫妻单方为农村户口,男年满60周岁或女年满55周岁,无子女或只有1个子女或只有2个女儿,每人每年补贴1 200元;(5) 对现役军人:政府补贴,村里有相应的配套补贴;(6) 对伤残军人:政府补贴,村里有相应的配套补贴

资料来源:笔者根据调研材料整理。

其次是有差别的特殊福利。如表2所示,除了面向村民的村民福利之外,HY村对村工作人员等还有一些福利补贴。相比普惠性的村民福利所体现的集体成员权和托底保障性,面向村庄工作人员发放的福利补贴奖励的是工作人员的贡献和付出,属于一种特殊福利,旨在维持村庄治理体系的团结和干劲,以实现村庄有效治理的目标。

表2 HY村面向工作人员的福利发放

福利项目	福利内容
村工作人员福利	(1) 住院慰问:事业人员慰问金额为300元;村民组长慰问金额为300元;班子人员慰问金额为500元; (2) 退休慰问:事业人员慰问金额为500元;班子人员慰问金额为3 000元; (3) 过世慰问:事业人员慰问金额为500元;村民组长慰问金额为500元;现任班子人员直系家属慰问金额为800元

(续表)

福利项目	福利内容
其他福利	(1) 事业人员2年一次体检,金额不超过800元; (2) 村民组长2年一次体检,金额不超过800元; (3) 班子人员50周岁以下2年一次体检,金额不超过800元,班子人员50周岁以上每年一次体检,金额不超过800元

资料来源:笔者根据调研材料整理。

(二) 福利控制:福利享受与治理目标的挂钩

HY村的福利型治理还体现为福利享受与治理目标相挂钩的福利控制机制。如前文所述,郊区乡村的治理标准越来越多地执行城市标准,延伸出以管控村民行为为导向的治理任务体系,这些治理任务显然服从的是整体城市的发展理性,但是在一些情况下甚至与乡村自主性和农民利益构成冲突,由此便形成了如何让村庄和农民接受政策的问题。在上海,村级组织已经高度行政化和职业化,在人事控制和绩效考核等综合性激励下,村级组织接受城市下派的治理任务是通畅的,难点是如何让普通村民接受那些与自身利益矛盾的政策。比如,上海郊区乡村对村庄和农民行为越来越需要实施高强度的管制型政策,比如村庄规划、土地管理、宅基地管理、旧房翻建、外来人口管理、违法建筑、违法经营、垃圾分类等,这些政策对村民利益有一定影响,让村民服从政策必须要有管理上的手段。对于包括HY村在内的村级组织来说,一个有效的治理抓手是将村民行为与福利发放挂钩,形成一种福利控制机制。下面材料是HY村的简化版村规民约,其中第一条至第七条都是政策要求,第八条至第十条是对政策执行情况的激励措施和惩罚措施。对村干部的访谈表明,将福利享受与治理目标相挂钩是一种约束村民行为的有效手段。因为能否享受福利不仅仅涉及利益,而且是一种集体成员权的体现,还是一种社会交往中的

"面子"。

> **HY 村村规民约("美丽乡村·美丽约定"十条) 部分条款**
>
> 第八条 本村实行和美宅基长效管理机制,留存"和美宅基"创建奖金500元,每月按照"三清三美"标准,进行一次检查考核,对不符合要求的村民家庭通报上墙,并责令整改,不予整改的村民家庭停发下一年度奖金。
>
> 第九条 邻里互助,相互扶持,党员带头,尚善尚美,共建美丽乡村。对党员、乡贤带头起到模范作用且作用明显的视情况给予一定奖励(如公告表扬、评星级户、资金奖励100—500元等),对懈怠拖后腿的在党员大会或村民代表大会通报,仍不改正的党员年终测评取消评优资格,并视情节轻重给予相应处分。
>
> 第十条 实行村民监督制,对恶意破坏、不配合的村民通报上墙,取消一切相应福利,不享受任何惠民政策,包括老人优惠午餐、节日福利等,且不予出具各类需由村党支部、村委会盖章的证明。给予3个月考察期,考察期合格后方能恢复其权益。

(三) 福利空间:面向老人的生活治理

由于大都市对郊区乡村的管制政策和"虹吸效应",郊区乡村社区本地人口的老龄化和空心化是较为明显的。以 HY 村为例,虽然地处镇郊,户籍人口较多,但是实际居住在村内的主要是本地老人和外来人口,本地老人习惯农村居住条件,本地年轻人则因为就业和子女就学而进城居住,外来人口则图的是农民私房的廉价租金。在日益老龄化的乡村社区,对老人的生活治理成为一项重要的社会治理任务。① 在HY村所属的F区,对乡村社区老人的生活治理探索了一种嵌入式社区互助养老模式,即农村睦邻"四堂间"的政策实践。所谓农村睦邻"四堂间"即为吃饭的饭堂、学习的学堂、聊天的客堂、议事的厅堂。"四堂间"将为老服务端口延伸到宅基,提供助餐、医疗、精神文化服务等,丰富了老人的生理、精神、社会交往等需要。截至2020年年底,F区已经在农村宅基(村民组)之上建立了500个"四堂间"。HY村的睦邻"四堂间"利用的是村委会的空间资源,提供就餐(每周一至周五提供简易健康餐)、便民(每季度循环安排修鞋、磨剪刀、理发等服务1次)、送医(量血压、测血糖、医疗保健、健康咨询等常态化)、教育(开设微型课堂传授惠民政策、科学养生、安全防范等知识1次)等多项服务。如表3所示,除了"四堂间"之外,HY村在村域范围和本村村民安置小区内建立了多个为老服务的公共福利空间。田野调查表明,公共福利空间的供给和功能发挥不仅仅是对老人生活的安顿,而且能够间接地转化为社区治理的正效应。因为,公共福利空间的供给和功能发挥不仅使老人的获得感提高,而且织密了村民之间和党群干群之间的联系纽带。这种由于公共福利空间再造的"社会资本"成为社区治理的有效支撑力量。有村干部指出,有了"四堂间"等公共空间,政策的上传下达更加方便了,社情民意的反映也更加通畅了。②

表3 HY村公共福利空间分布表

类别	分布	数量
党建微家	HY村7组	1
	HY村11组	1
	MW苑	1

---

① 熊万胜:《社会治理,还是生活治理?——审思当代中国的基层治理》,《文化纵横》2018年第1期。

② 资料来源:2020年11月2日笔者在HY村对村干部的访谈记录。

(续表)

类别	分布	数量
妇女微家	村委会	1
"四堂间"	村委会	1
老年活动室	HY 村 8 组	1
健身点	HY 村 6 组	1
	HY 村 8 组	1
	HY 村 10 组	2
生活驿站	HY 村 8 组	1
	村委会	1
	MW 苑	1
宅基课堂	HY 村 11 组	1
法治讲堂	HY 村 5 组	1

四、结语与讨论：作为反哺性控制的福利性治理？

大都市上海郊区乡村社区的福利型治理模式，从本质上可以理解为三个逻辑的"汇合"。一是集体经济的逻辑。由于上海郊区村级集体经济的"家底"较为厚实，所以福利发放是村集体经济壮大之后的结果。二是福利下乡的逻辑。福利下乡的逻辑指的是一些村级福利是大都市推进基层公共服务均等化的体现。三是反哺性控制的逻辑。第三个逻辑是本文强调的核心逻辑，也是大都市上海郊区乡村较为特殊的经验。由于需要实现城市整体发展目标的最优化，大都市上海的城乡关系被不断收紧，城市不仅集中了乡村的发展权，而且针对乡村的各类管制政策越来越多，执行过程也越来越严格。为了弥补乡村发展权的损失，缓和治理标准提升之后对村民利益的冲击,争取村民对政策的接受和认同,上海郊区乡村形成了一种国家与集体共同出资并由村级组织执行的福利型治理模式。这种乡村社区的福利型治理模式的资金来源看似主要来自村集体,实际上,国家通过加强保障、提供转移支付和托底保障为村级福利型治理提供了大量资源。特别是诸如以 HY 村为代表的村庄,原来在乡村工业化时期的村集体经济并不算发达,村级集体经济现阶段较为厚实的"家底"主要是因为征地拆迁和做土地整理等项目所获得的积累和节余。HY 村老书记回忆,2006—2009 年,每年村里都接了不少土地复垦项目,四年下来获得了 1 300 万元的收入。2010 年开始,HY 村又从征地拆迁中村集体获得了 2 000 多万元的分配。① 可见,大都市的城市发展对乡村也体现出强大的反哺能力。当然,这种反哺能力需要乡村接受城市的政策安排,按照城市期待的乡村功能来开展村级治理,乡村社区的福利型治理模式所体现的温暖的背后是一种城市对乡村的统筹。

[本文系华东理工大学 2020 年度大学生创新创业计划(国家级)"大城市郊区农村社区居家养老的供给模式优化研究——以上海市奉贤区为例"的阶段性成果。]

---

① 资料来源:2019 年 8 月 15 日对 HY 村 Z 书记的访谈记录。

城市中小企业如何应对运动式治理:
以 S 市 J 区环保政策执行为例

蒋亦晴*　孙小逸**

[内容摘要]　虽然中央政府对生态环境的重视程度日益提高,但污染问题总是表现出周期性反复,这很大程度上是由运动式治理过程中政府与企业的互动模式造成的。在基层政府的多轮环保整治中,部分中小企业利用运动式治理的短期性、波动性等特征,采取一系列策略性行动,通过由明转暗地开展生产活动,或与执法人员展开"游击战"等方式逃避环保执法,从而为自己赢得生存与发展的空间。这种互动模式削减了环境治理的有效性,加重了污染问题的反复,并且对当地的营商环境产生了负面影响。本文以 S 市 J 区环保政策执行为例,探讨上述现象。

[关键词]　运动式治理;基层治理;政商关系

一、问题提出

改革开放四十多年来,中国经历了经济的高速增长阶段,生产力得到显著提升,但同时也由于采用粗放型的生产方式而导致生

---

* 蒋亦晴,复旦大学国际关系与公共事务学院硕士研究生。
** 孙小逸,复旦大学国际关系与公共事务学院副教授。

态环境的恶化。随着生活质量的改善和环境意识的增强,公众对环境保护的诉求也在不断提升。党的十八大提出将生态文明建设纳入我国"五位一体"总体布局,环境保护作为政府职能的重要性不断上升。2015年1月1日,被称为"史上最严环保法"的新环保法——《中华人民共和国环境保护法》(2014年修订)正式实施。新环保法不仅从法律角度明确各级政府在环境监管与污染防治等方面的责任,而且对于经济主体的生产经营活动也提出更加严苛的要求,大大提高了环境违法成本。生态文明建设逐渐成为城市治理现代化的重要组成部分。

目前中国主要以命令控制型环境规制为主。为加快环保目标的实现,中央政府加强推行环保督察制度,以克服上下级政府间的政策执行差距。① 自2016年起,中央督察组进驻全国各省市,通过自上而下的激励和约束,大大提升了地方政府对环保工作的重视程度。一些治理行动似乎颇具成效,然而督察整治过后,环境污染问题并没有完全消失,总是过段时间便故态复萌,著名的"世博蓝""APEC蓝"如昙花一现,过后便出现污染反弹的情况。这反映出我国环境治理存在周期性、非常态化的运动式治理的特点。

当前有许多研究都从国家的宏观治理体系、行政官僚体系和改革开放历史等角度对运动式治理现象的产生提供了解释,并通过经验研究的方式总结运动式治理作为一种范式的定义、特征及作用逻辑。而在长期治理实践中,运动式治理正在从一种全国性大规模的运动走向地方,成为一种重要的基层治理方式。除了政府在运动式治理当中扮演的主导角色外,其他行动者的视角与行为也值得关注。因此,本文以S市J区过去十年间的环境整治运

---

① Min Wang, "Environmental Governance as a New Runway of Promotion Tournaments: Campaign-Style Governance and Policy Implementation in China's Environmental Laws", *Environmental Science and Pollution Research International*, 2021, 28(26).

动为例,考察中小企业如何看待与应对当地政府运动式环境整治工作,并由此揭示运动式治理对基层治理及政商关系的影响。本文采取个案研究的方法,通过对 S 市 J 区的案例研究来诠释基层政府在环境政策执行中的"运动式治理"现象。个案研究的优势在于可以更好地推动某一领域独特的、深入的理论研究。① 经验资料主要来源于实地调查,包括实地走访、深度访谈及相关资料的查阅。

二、文献综述

运动式治理是指采用政治动员的方式推动关于某一社会问题的专项治理。② 早期对运动式治理的研究集中在分析国家治理的政治逻辑。冯仕政将新中国成立以来各类形式的运动统称为"国家运动",既包括政治性很强的思想运动,也包括针对各领域日常事务的"卫生运动""安全生产大整顿""扫黑行动",并从政体角度出发解释国家运动的形成和变异。③ 在这一时期,对运动式治理的认识主要在于它有坚实的政治合法性为基础,它从国家权威出发,以及它是在社会转型中应运而生的一种应对方式。随着改革开放进程加快,社会各项事务步入正轨,全国性的"大运动"逐渐减少,而地方上区域或部门的运动式治理却一直保留了下来,由此引起了新一轮对于运动式治理实践的研究。

---

① Frances Stage, "What is Your Research Approach?", in Frances Stage and Kathleen Manning, eds., *Research in the College Context: Approaches and Methods*, New York: Brunner-Routledge, 2016.
② 冯志峰:《中国运动式治理的定义及其特征》,《中共银川市委党校学报》2007 年第 2 期。
③ 冯仕政:《中国国家运动的形成与变异:基于政体的整体性解释》,《开放时代》2011 年第 1 期。

运动式治理过程往往采用声势浩大的执法方式,追求一定时间内从重、从严、从快。① 而在组织层面上,运动式治理则打破常规制度和专业界限,通过动员方式整合各方行政力量,②从而形成一种集体行动,自上而下、从中心主体向边缘传递,达到行动的一致性,推动治理目标实现。运动式治理具有六大典型特征:(1) 有高级别的专门领导小组,负责协同各部门开展工作;(2) 行动有清楚的定义,聚焦于组织功能性;(3) 具有强烈的政治动员色彩,通常由权威主体发起,引起各方重视并调集资源;(4) 格外突出监督和问责的地位;(5) 多部门合作形成强大行动力;(6) 突出公众举报机制的作用。③

对于运动式治理产生的原因主要有如下两种分析视角。

一是国家治理的逻辑。过去,在中国的大一统体制下,中央集权和地方治理之间的某种张力始终存在,催生出"权威体制"与"有效治理"之间的矛盾演变,从而产生运动式治理,反映的是国家治理的深层制度逻辑。④ 从这个角度来看,运动式治理是社会用以规约乱象和突出问题,从而使自身日趋常规化的一种手段,然而运动式治理本身又是反常规、对稳定性有破坏作用的。这个矛盾就是美国学者詹姆斯·汤森(James R. Townsend)等人所说的"制度化运动悖论",即"改革意味着中国生活的常规化,但它却是以动员

---

① 朱晓燕、王怀章:《对运动式行政执法的反思——从劣质奶粉事件说起》,《青海社会科学》2005年第1期。

② 冯仕政:《中国国家运动的形成与变异:基于政体的整体性解释》,《开放时代》2011年第1期;周雪光:《权威体制与有效治理:当代中国国家治理的制度逻辑》,《开放时代》2011年第10期。

③ Zhi Jun Yang, "Chinese Campaign-style Governance Model Acts on Anti-pornography and Anti-illegal Publications: Political Power as a New Approach", paper presented at the 9th International Conference on Public Administration, October 31, 2013, Cape Peninsula, South Africa.

④ 周雪光:《运动型治理机制:中国国家治理的制度逻辑再思考》,《开放时代》2012年第9期。

的方式进行的"①。可以说,运动式治理成了一把"双刃剑",一方面能够帮助国家管理社会中的突出问题,另一方面又对管理常规化与制度理性化造成困境。②

二是将运动式治理作为一种政策工具。由于中国在转型时期,超大规模的社会治理需求和匮乏的社会资源供给之间存在供需矛盾,各级政府用于解决公共事务的政策工具选择有限,所以倾向于采用非常规的治理手段。换句话说,运动式治理反映了基层政府面对的政治资源和社会资本匮乏的双重困境:凭借常规的组织结构和行政流程无法解决问题,而必须借助各方资源集中调动形成合力;社会动员能力薄弱,所以主要依靠政治动员来达到目的。社会转型时期,各类新问题层出不穷,原有的官僚体制与行政运作方式无法在短期内对某一领域的问题产出突破性应对方案,因此需要一次"动员"来暂时性地打破常规,依靠上级领导的强指令,集中各方注意和资源,以弥补治理机制的空缺,共同合作完成任务。③

在中国多层级行政体系下,政治任务以自上而下的方式传递,因此基层行政单位成为政策执行的末梢,对政策的执行结果负直接责任,由此导致基层政府对运动式治理方式的偏好。随着"国家-社会"力量之间的动态变化,运动式治理正逐渐由宏观的国家层面内化至中观组织和微观行政层面。④ 基层政府对公共政策的执行通常受到政策适用性和执行压力两方面因素的影响:一是公

---

① [美]詹姆斯·R.汤森、[美]布兰特利·沃马克:《中国政治》,顾速、董方译,江苏人民出版社 1996 年版,第 154 页。
② 唐皇凤:《常态社会与运动式治理——中国社会治安治理中的"严打"政策研究》,《开放时代》2007 年第 3 期。
③ 周雪光:《运动型治理机制:中国国家治理的制度逻辑再思考》,《开放时代》2012 年第 9 期。
④ 黄科:《运动式治理:基于国内研究文献的述评》,《中国行政管理》2013 年第 10 期。

共政策的制定权集中在上级部门,而政策的实践责任却落在基层,使得基层政府有时需要面对超出本级能力或不符合实际情况的公共政策;二是自上而下的行政压力在不同阶段、不同领域表现出差异,基层政府需要对压力程度进行判断进而做出执行选择。① 受到这两大因素的影响,基层公共政策往往表现出一种波动式执行,即执行力度在宽松和严厉之间交替变化,这也是运动式治理周期性的一种体现。

基层政府对于运动式治理表现出的偏好,在很大程度上是源于地方政府自身条件与治理目标无法匹配的窘境:一方面是科层制带来的压力,另一方面是自身可选择的政策工具有限、能够调用的执行资源稀缺以及社会动员能力不足等的限制。一些学者将运动式治理看作受中国政治体制影响的因变量,也有学者将其当作一种强制特征明显的治理模式来研究。② 运动式治理在一定程度上框限了基层政府或部门的行政视域,让决策者变得"短视",在专项行动、单一目标、短期任务驱动下制定短期计划,而很少能看到常规化的治理实践和长效机制。③

现有文献为理解我国运动式治理提供了重要的理论洞见,但仍存在两方面的局限。第一,着重考察运动式治理的发生机制,而对其可能产生的影响与后果关注不够。作为打破常规机制、采用集中动员以实现特定目标的一种"非常规"治理方式,运动式治理虽然持续时间不长,但由于其出现的广泛性,对基层治理仍可能产生长期、深远的影响,这种影响对于我们理解国家治理能力与治理成效具有重要的理论与现实意义。第二,现有研究聚焦于运动式

---

① 陈家建、张琼文:《政策执行波动与基层治理问题》,《社会学研究》2015年第3期。
② 王智睿、赵聚军:《运动式环境治理的类型学研究——基于多案例的比较分析》,《公共管理学报》2021年第2期。
③ 倪星、原超:《地方政府的运动式治理是如何走向"常规化"的?——基于S市市监局"清无"专项行动的分析》,《公共行政评论》2014年第2期。

治理中的政府行为逻辑,却忽略了外在因素可能造成的影响与制约。事实上,基层治理是一个多方行动者互动的过程,企业、公民、社会组织等其他行动者的利益取向与行动策略会反过来影响政府治理的过程和成效。陈家建和张琼文对地方政府关停煤矿执行过程的研究发现,职工下岗困境、保险补偿问题、企业关停损失、地方财政锐减等因素对关停政策的执行形成了巨大的阻滞,并由此引发基层治理危机。①

污染企业作为环境政策执行的重要利益相关者,对政府政策执行并非被动接受,而是会从自身的角度出发,选择最有利于自身生存与发展的应对策略。谢珺和林小冲从政策不确定性角度发现,企业决策受到自身预期的影响,且不同企业的预期存在异质性。② 在基层治理过程中,大规模企业通常具有较强的实力与基层政府进行博弈协商,而对于中小企业而言:一方面,它们与大企业相比存在"先天不足",表现为经营规模较小、战略布局和生产工艺落后、资源极度有限,因此无法稳定支撑转型的技术需求,在与政府的互动过程中通常处于弱势地位;另一方面,这些中小企业在城市中数量庞大,吸纳城乡及周边大量劳动力,是市场环境的重要参与者,其行为与策略会对环境治理成效产生重要的影响。

基于此,本文以 S 市 J 区过去十年间的环境整治运动为例,考察中小企业如何看待与应对当地政府运动式环境整治工作,并由此揭示运动式治理对基层治理和政商关系的影响。

---

① 陈家建、张琼文:《政策执行波动与基层治理问题》,《社会学研究》2015 年第 3 期。
② 谢珺、林小冲:《空气污染对污染企业投资行为的影响研究——基于"悲观预期"的视角》,《经济评论》2020 年第 5 期。

三、S 市 J 区环境整治运动与中小企业的应对

(一) J 区环境整治运动

J 区地处 S 市西北面,属于较大的远郊城区,下辖 3 个街道和 7 个镇,拥有 1 个较大的工业园区,以重工业、制造业为主,区域内分布着上百家大大小小的私营企业。J 区工业园在 20 世纪 90 年代经市政府批准成立,随后成为市级重点开发区域之一。优越的地理环境、人力资本和市场条件吸引了许多实体企业来此落户,以中小型企业为主,涵盖汽车零部件、纺织、涂料、印刷、家具、塑料生产等多种不同产业,相互之间发挥协同效应,为 J 区的经济发展作出了巨大贡献。在早期规模扩张与生产力迅速提高的阶段,J 区工业园内的大多数重工业厂商普遍采用粗放式的生产模式创造产值,然而随着全国对环境污染问题的重视,这些工厂都面临绿色转型的迫切需要,传统重工业的污染与现实环保政策的要求之间存在矛盾,为之后的整治危机埋下了导火索。

随着环境保护在政府职能中的重要性不断上升,J 区在近十年来开始逐步加大环境执法力度,其间有过两轮大规模的环境整治运动。

第一轮执法运动始于 2012 年。在 2011 年年底第七次全国环保大会召开期间,环境保护部(现生态环境部)与各地签下减排军令状,同时,国务院发布《国家环境保护"十二五"规划》,明确"十二五"阶段主要污染物总量减排目标,加强问责与一票否决制,全国上下推进环保工作的力度进一步加强,各地结合自身情况纷纷制订出相关行动计划、五年规划等。环境保护部组织召开地方环保标准工作座谈会,S 市启动环保成绩创先争优的机制,用"城考"对各区县环保成绩进行评估,以区际竞争带动基层执行积极性,以严肃考核促进环保成绩提升。在考评的压力下,包括 J 区在内的 S

市各区政府迅速展开环境整治行动。2012年年底,J区环保局召开了专题例会,将"建设生态文明"的政治目标向下传达,采取了一系列整治行动。一是优先解决重点领域的治污问题:对于大气污染、水污染、土壤污染等长期存在且问题严重的领域,重点展开专项整治。二是增强执法力度:以快、狠、准为原则,在辖区内开展密集式专项排查,尤其针对重污染相关的企业,采取白天常规巡查、夜间突击检查、疏于防范时段突袭的错时执法方式,排查出一批问题企业;另外,立案查处的企业数量、行政处罚的金额等都达到历史新高。三是增加部门合作:建立环境监管、监察、监测"三监"联动,该年还启动了"两级联动"的工作机制,即区环境局协同各街镇两级单位共同开展工作。四是扩大动员范围:制定对环保违法行为举报有奖的规定,鼓励居民积极对身边环保违法行为,尤其是对当前环保工作突出整治的违法行为进行举报,J区开通了信访、热线、行政窗口等提供举报信息。此次环境整治运动在短期内快狠准地打击了一批污染企业,不少企业被限令关停、搬迁,因此在年度政府工作报告上呈现出良好的治理成果。"整治运动"过后很长一段时间,没有再出现较大的"集中约谈""集中关停"等执法行动,但污染现象也随之故态复萌。

第二轮环境整治运动的开启契机是迎接中央环保督察,在第一批中央环保督察开展阶段,仅一个月内便在全国各地掀起一场治污问责风暴,八省市党政部门超2 000人被问责,①力度之大前所未有,给地方和基层政府敲响了警钟。2017—2018年,环保督察始终保持高压态势,不仅环保部门相关人员深刻认识到了当前环保工作的重担,整个地区的环保执法力度也空前加大。J区升级了领导小组部门间的联动,要求从中层领导干部到各下属部门对

---

① 《第一批中央环保督察现场督察阶段结束 百余人被刑事拘留》(2016年8月21日),央广网,http://china.cnr.cn/NewsFeeds/20160821/t20160821_523048218.shtml,最后浏览日期:2021年8月20日。

辖区内突出污染问题齐抓共管,环境监察支队进一步完善执法监察制度,各部门之间实行责任区定期调整和分片轮岗机制,从而确保各项措施得到落实并达到一定的效果。J区环保局还根据新环保法规定,将环境保护行政执法与刑事司法衔接,与J区检察院和J区公安分局的相关部门进行联动执法工作,这无疑将J区环境保护的政策执行力度推向了一个新高峰。2018年的治理行动增加了"双随机"检查环节,短期内J区就有多家中小企业遇到了现场抽查,所有抽查结果为异常的企业都被执法部门要求限期关闭、停产并迁离辖区。这场整治运动虽然成功地在短期内将污染压了下去,然而这并不意味着问题得到了解决,而更像是一种后果在空间和时间上的转嫁。直到2020年,"防止污染反弹""确保整治彻底无反复"等仍是J区政府面临的突出问题。

(二)城市中小企业的应对策略

在J区环境整治运动的重压下,受到严重影响的污染企业并非束手就擒,而是充分利用运动式治理短期性、波动性等特征,采取策略性行动以谋求生存空间。由于工业园内以从事传统制造业的中小企业为主,缺乏充足的政治、经济资源与地方政府互动,因而主要采用"弱者的武器"①,以低姿态的策略来应对政府的执法行动。企业或由明转暗地开展生产活动,或暂时搬迁到辖区治理范围外,与执法人员展开"游击战"。等运动治理风波过后,许多被"关停"的企业又悄悄回到工业园,污染问题卷土重来。基层环境治理由此陷入"上级查处—规模性整治—暂时平息—再次发作"的循环困境。下文从间歇式执法周期下的"避风头"、"一刀切"执法手段下的"游击战"、随意性执法标准下的"拖字诀"三个方面出发,

---

① "弱者的武器"这个概念出自[美]詹姆斯·斯科特:《弱者的武器》,郑广怀等译,译林出版社2011年版。

考察中小企业如何在与地方政府互动的过程中采用一系列应对策略,从而在充满不确定性的治理环境中求得生存与发展。

1. 间歇式执法周期下的"避风头"

J区的运动式环境治理受政治气候和行政压力影响较大,表现出两大明显的特征:一是在治理周期上存在波动,市级领导、中央环保督察组进行专项调查前后是严抓狠打的高峰时期;二是在治理的领域上存在轻重,集中力量专门对上级指出的重点污染源进行重点监管。例如,在2011年之前,J区的环保治理以日常规范检查、安全隐患排查为主,对环保的宣传力度不强,强制命令属性较弱。"十二五"时期,目标责任制得到细化和落实,区环保工作的目标得以理顺,整个环保工作力度比之前有了极大的提升。随后,J区确定了一批重点污染源监管名单,包括百余家规模不等的排污企业,开始逐个企业进行约谈和调查。也是从这时候起,环保在当地企业心目中的存在感突然变强了:

> (环保监察队)直接到现场来的,看了下设备,说要做一个现场的检查,还要做个笔录。我当时也没觉得这个是个事,他们说话也比较客气,那时候环保还没有真正开始宣传,我想我自己基本的手续、经营证件都齐全的,也没往环保方面去想。我想着这个问题也不大,就让他们检查了。后来才知道是区里开始(抓)环保(问题)了。①

这阵环保监察之风让不少相关的排污工厂企业开始有了危机感。很快,J区开展了重点水污染企业专项检查,加上其间辖区内某菜田发生灌溉水源污染事件,环保监察队加强了对饮用水源地风险企业的监管,增大了对排污企业的处罚力度,将污水监管治理

---

① 2021年3月17日笔者在J区工业园对A企业老板的访谈记录。

作为"十二五"减排任务的重中之重。水环境的治理取得成效之后,J区的重金属企业成为新的重点整治对象,而每一阶段重点整治领域都会与全市的环保工作风向、重大污染事件有关。因此,也有部分经营者认为所在行业暂时不会面临这一轮的严厉处罚,觉得环保查到自己头上是个概率事件:

> 有一阵是专门查木材、家具厂的,污水排放严重,那次整治之后,那一排的都搬走了。我们这行规模比较小,所以还能活到现在。①

受到编制和部门预算的限制,也随着环境质量好一阵歹一阵、任务压力轻一阵重一阵,J区的环境治理呈现出运动式治理和常态治理的峰谷对比:在污染高发期,J区便有多部门联合、集中全监察支队能力共同攻克某一领域的整治行动;其余时候便维持常态的治理方式。这样的情况在当地企业看来,认为政府部门的环保执法行动存在较大的波动性,而且每一阶段重点整治的领域也有所差异。由于这种周期、打击力度和治理领域上存在不确定性,许多中小企业经营者常会抱有侥幸心态,只要在打击力度大的时候避过风头,就可能避免被立即关停的处罚,减少经营损失:

> 查的最严的是环保督察组来的那段时间,市里和区里的领导都来园区里检查、抽查,我被开了罚单,要求部分停产,那次检查之后区里开过几次会找我们去协商,再之后几年就没发生什么事了。②

---

① 2021年3月17日笔者在J区工业园对B企业员工的访谈记录。
② 2021年3月17日笔者在J区工业园对C企业老板的访谈记录。

一种做法是暂时地搬离,避开园区大规模查处排摸的风头,环保监察队人员突击现场检查才发现企业已经搬走的情况时有发生。但他们对于搬迁表达了新的担忧,这不过是从一种不确定的困境跳到另一个困境中去:

> 我的厂关停一天要损失多少钱啊,反正停是没办法。我厂里的工人都是住在这附近要打工赚钱养家的,别的厂也是一样,关掉了到哪里去?谁知周边到时候会不会又有别的情况。①

当然,为了能够继续生产,更多企业会选择妥协,接受罚款并根据执法部门的要求进行整改,但蒙受损失让企业对这场治理行动并不认可:

> 最早大概在2013年有过一趟检查,本来说要关掉的,后来罚了十万块,那个材料我也就不做了……我现在规模也比以前小得多了,很多产品怕他们来查,现在都不做了,那些机器也卖掉了,受到环保影响,我那两年亏损很大,现在经济不大好,也没赚回来。②

2. "一刀切"执法手段下的"游击战"

除了自上而下政治动员的因素外,辖区内若有重大环境污染事件发生,或是接到民众举报,对于J区环保监察队来说,也是启动运动式治理的直接推动力,且往往紧急性更高。这是因为这类突发事件的不可控程度高,民众举报反映可能会造成巨大的舆论

---

① 2021年3月17日笔者在J区工业园对C企业老板的访谈记录。
② 同上。

压力,以及重大突发环保事件会引起上级部门的重视和督察问责。尤其是在中央环保督察组进驻期间,J区开通了向督察组反映问题的举报热线,对于举报问题的处理要求是立即回应、立案彻查。这种压力情况推动了J区多次采取运动式治理模式,其环保工作的开展主要以勒令停产、搬迁等简单的方式完成减排、治污的指标。

对于J区环保部门来说,他们并非认识不到一刀切存在弊病,事实上,在各项环保局召开的专题会议上,始终强调建立长效机制、防止污染反弹的重要性。然而,精细化的管理方式通常需要大量人力、物力投入,并且需要较长时间才能见效,比如认真调查企业生产中的问题、了解相关工艺流程与污染产生的原因、与企业共同商讨解决方法等,但在"时间紧、任务重"的现实情况下很难提供精细化管理所需要的条件,相比之下,"一刀切"的解决方法显然成本低、效率高、成效显著。基层执法部门在战略上做到了足够的重视,战术上却得不到相匹配的提升,于是受限于自身的能力和政治资源,往往会采取"一刀切"的执法方式,力求在短期内最快解决问题,正如有企业主反映的:

> 我跟他们讨论过这个办法解决不了问题,他们也没有再给出可行建议,就是说得很直接,现在督察阶段,必须要想办法立即整改,否则就两个选择,要么关掉,要么搬走。①

对于基层执法部门来说,为了尽快解决被曝出的污染问题,在短时间内提升当地的环境质量,强制关停或搬迁是最佳选择;而在中小企业看来,执法部门在意的只是最终呈现出来看上去好的结果,如一位厂商负责人反映:

---

① 2021年3月17日笔者在J区工业园对A企业老板的访谈记录。

> 厂里的手续设备都是齐全的,也是经过区里面批准的,凭什么现在突然说不行?那如果不行的话应该要给出个指导,而且也要有个明确的标准出来……虽然他们有提整改建议,但一直没有明确的措施,也没有准确答复,就只是简单地讲让你搬走。只要不是在他们的辖区里,他们就万事大吉。①

对企业"只管罚,不管治",一味强硬地让它们迁离本辖区,却无法给出科学的指导建议帮助它们转型。在此背景下,中小企业只能与执法人员展开"游击战",或者由明转暗地开展生产活动,或者暂时搬迁到辖区治理范围外,由此形成执法部门和企业之间查与躲的"猫捉老鼠"局面。

3. 随意性执法标准下的"拖字诀"

由于环境整治行动启动仓促,很多具体的执行标准和细节都不够完善,很多时候基层执法人员也不清楚需要整改到什么程度,只能根据上级指示不断做出调整,从而使执法标准不稳定、随意变动的情况时有出现。比如,环保局执法人员对一家印刷厂实地检查的时候并没认为有多大问题,可几天之后,执法人员的态度突然发生了巨大的变化,这让企业主感到困惑:

> 过了几天环保局打电话过来通知我去一趟,结果到了那里,他们讲的话就和前几天到现场不一样了,说现在查得严,我生产中涉及不符合环保规定的环节,问题严重,要罚款,还要停止生产,把厂迁址,我听到这话一下子很意外。②

---

① 2021年3月17日笔者在J区工业园对A企业老板的访谈记录。
② 同上。

环保整治过程中标准变动之快,有时企业刚刚按照新政策的标准安装好设备,政策标准却再次上调,而由于行政处罚具有强制性,随意变动的执法标准很容易使中小企业蒙受损失。据一位家具厂的老板讲述,在2013年左右和环保局执法人员谈话时,对方给到的初步建议是安装环保配套装置,在生产环节中解决污染排放的问题即可。然而过了一段时间,由于收到了上级再一次对环保重视的重申,环保局再次提高了执法标准,此时对于家具厂花费大价钱安装的环保装置,环保局也拒不接受,重新开出了关停、搬迁的处置。①

这一案例对周围的中小企业也有不小的影响,大家普遍认为即使配合执法人员的建议安装环保装置,也难保之后环保标准不进一步收紧,届时既没能使自身摆脱污染的帽子,反而还要白搭上购买环保装置的一笔开销。在此情形下,不少企业在整治期间承诺会安装环保设备、降低或消除污染,然而执行进度却被有意地往后拖延。与之类似的还有相关许可手续,在变动的标准中相当于"灰色地带",既没有搬离也得不到合法许可,排污企业一边有了拖延的空间,一边又在无奈与忐忑中等待未知的处理。有企业主讲述了自己的经历:

> 环保局说还是必须要环评证明。我特地又去了区里一趟,又问了一遍我这个情况,办证的人说我这个暂时办不下来,相关的规定应该是在定了,但还没发出来之前,他们觉得我这个生产有气味,是不能给过的。他们也不一定了解,但肯定是保险起见不允许办。我当时也不抱希望了,除非说像他们说的那样,自己去找环保设备,把这件事处理好。也没有环保设备的渠道,只能说去试试

---

① 2021年3月17日笔者在J区工业园对C企业老板的访谈记录。

看,我看他们也想不出办法,所以就办不下来吧。如果再要查一次的话肯定是做不下去了,或者一直拖着等将来政策的结果。①

许多小企业经营者认为,运动式治理的时间是短暂的,从快、从严的打击力度做不到长期保持,所以执法行动仅能产生短期的威慑力。在长期的生产经营中,相较于集中整治这样的不确定因素,停产会带来的损失却是实打实的。调研中,企业负责人普遍谈到生产设备、租金、客户、员工工资等方面的考量,认为停产的损失肯定是最大的。因此,中小企业通常会选择继续经营,直到面临更大的处罚。

四、结论与讨论

研究发现,面对基层政府的运动式环境治理,中小企业逐步发展出一系列策略应对政府的执法行动,从而为自己赢得生存与发展的空间。由于中小企业并不具备与地方政府互动所需的政治、经济资源,它们所采取的策略更倾向于斯科特所说的"弱者的武器",即这些策略以相对被动、低姿态为特征,主要利用运动式治理所固有的短期性、波动性等特征,通过由明转暗地开展生产活动,或与执法人员展开游击战等方式逃避环保执法。中小企业的日常抵抗行为则进一步推动了污染问题的循环与反复,从而影响到环境治理目标的实现。

从 J 区案例中可以看到,尽管运动式治理的方式成本低、见效快,但对于基层治理的长期影响却值得我们深思。运动式治理依

---

① 2021 年 3 月 17 日笔者在 J 区工业园对 A 企业老板的访谈记录。

赖于上级政府的重视和大规模的政治动员,但这种高强度模式难以形成长期的、制度化的治理机制,这也是中小企业产生投机心理,采用"避风头""游击战"等方式逃避执法的根源所在。从长期来看,运动式治理并没有解决污染问题,而只是将问题在时间上和空间上平移。从时间上来说,虽然J区政府从2012年就启动了环境整治行动,但至今污染问题仍反复出现。2020年下半年,在市级领导部门进行走访抽查时,发现了辖区内一处环保重大污染事件,导致J区下半年的环保成绩被清零。从空间上来说,由于基层政府以完成本辖区内的政治任务为最终目标,普遍采用关停、迁址等方式,责令污染企业迁离本辖区,由此导致的结果便是让污染从这一处迁到另一处。这种方式不仅不能从根本上解决问题,反而还可能引发相邻政府之间的矛盾。因此,如何建立并完善长效、可持续的环境治理机制是我国政府面临的一项重要课题。

"从重、从严、从快"的运动式治理方式可能对政商关系产生预期之外的影响。① 行政执法过程中,执法部门与被罚的污染企业本就是利益相对方,运动式治理方式则进一步加剧了这一矛盾:采取"一刀切"和"集中关停"的方式方便了执法人员,却极大地打击了中小企业的积极性,使相关产业迅速凋零。J区统计局的资料显示,在第一轮运动式治理出现后,第二产业对区域经济的贡献率呈现出明显下降的趋势。② 此外,环保执法人员"只管罚,不管治"的行为方式加大了中小企业的不满,随意变动的标准也让企业对政府失去信任,认为即使配合当下的整改,未来也会有新的变动。长

---

① 朱晓燕、王怀章:《对运动式行政执法的反思——从劣质奶粉事件说起》,《青海社会科学》2005年第1期。
② 据J区统计局2011—2015年公布的统计公报,第二产业对全区经济增长的贡献率为53.9%(2011年)、47.6%(2012年)、54%(2013年)、37.3%(2014年)、35.3%(2015年)。

此以往,中小企业对其生产与经营环境缺乏稳定的预期,从而影响当地的营商环境与经济社会发展。

在此基础上,本文对我国基层环境的执法提出如下优化路径。

第一,推动治理规范化,减少执法随意性。推动治理规范化,指的是在治理周期和治理方式上规范,尽可能减少基层政策执行的波动。一是规范天然能够消除不确定性,增加结果的可预期程度,能够帮助企业厂商做出理性判断,执法部门也不必一再利用行政处罚进行威慑。二是这样做符合国家治理现代化的趋势,让运动式治理回到常规治理的"纠偏机制"的角色上,而不是取代常规治理。只有达到治理职能的规范化、常态化,才能够提高基层政府行政的权威性与合法性,帮助政策的接受方形成合理预期,有助于推动政策顺利执行。

第二,转变执法理念,综合考虑问题。不仅仅是基层,各级政府部门都应当认识到生态环境建设绝不是单一的治理污染的问题,而是牵涉包括城市的整体发展和未来规划在内的多个领域,且与产业结构设计、经济发展战略调整、科学技术水平更新等息息相关,若是一味地处罚、"一刀切"地关停,那么只是驱赶污染厂家从本辖区搬迁到周围其他地方,在空间或时间上转嫁矛盾,不仅无益于生态环境保护政策期望达到的效果,还会对市场营商环境造成消极影响、破坏政企关系。此外,国外有研究发现,国家推动环境政策的进步和完善,能够有效提高地区绿色创新水平、促进地区绿色转型。① 企业绿色转型对于行业可持续发展和环保政策推行都有积极影响:如果说以关停工厂的方式来清洁环境会加重企业负担、削弱地方经济增长实力,属于"减法型"的环境政策;那么扶持新兴环保产业的发展,让经济增长方式向有利方向转型则既能够

---

① Martin Jänicke and Klaus Jacob, "Lead Markets for Environmental Innovations: A New Role for the Nation State", *Global Environmental Politics*, 2004, 4(1).

助力企业长远发展,又能完成地方政府的考核要求,属于"加法型"环境政策。① 因此,在督促工厂企业进行绿色转型的同时,政府部门也应当主动让自身行政执法理念"绿色转型",变"围堵"为"疏通"才是长久之计。

第三,提升基层权力,建设长效机制。基层政府频频使用运动式治理的方式来解决上级政府委派的任务或是履行当地治理职责,很大程度上是因为没有足够且合适的政策工具选择,自身有限的成本和庞大的治理对象之间形成了矛盾和冲突。② 尽管在近年来这种情况已经在不断改善,但基层承担的责任与其具备的政治资源之间还有很大差距,在面对重大、长期存在的社会难题上仍显得捉襟见肘,往往只能依靠政治动员的路径来完成任务。要弥补当前运动式治理中"一刀切"带来的弊病,未来需要发展精细化管理能力,而这对于政府的监管能力提出了更高的要求,包括在人力、物力上的投入以及政策工具的选择等。因此,需要给予基层政府足够的权力,使权责对等,促成政策的顺利推进和长期有效。

第四,加强执法人员培训,有效提升执法水平。基层治理常常会面临许多疑难杂症,这非常考验执法者的专业素养和个人能力。不当的执行方式不仅会使政策效果大打折扣,还会对执法双方造成负面消极的影响。尤其在环保领域中,环境污染是长期存在的社会重要问题,关系重大,平衡环保与经济发展之间的关系也是目前几乎所有国家发展中都绕不开的一大问题,重在长期推进而不是指望一朝一夕就能完成。执法人员既是政策的最终执行者,又是政商关系的中间人,起着非常关键的作用。通过提高执法人员的专业水平,就能够给企业合适的整改建议,采用"分级管理"的精

---

① 王仁和、任柳青:《地方环境政策超额执行逻辑及其意外后果——以 2017 年煤改气政策为例》,《公共管理学报》2021 年第 1 期。
② 庄玉乙、胡蓉:《"一刀切"抑或"集中整治"?——环保督察下的地方政策执行选择》,《公共管理评论》2020 年第 4 期。

细化管理模式,逐渐减少"一刀切"行为,从而提升基层的整体治理水平。

第五,丰富环境规制工具,提升政策稳定性。与强约束性的命令控制型环境规制相比,市场型环境规制能够利用积极的市场激励机制来鼓励企业灵活做出选择,且在发展时间上留有较大空间,因此积极地将市场型环境规制政策与命令控制型环境规制政策相结合,能够在一定程度上改善当前的治理问题,尤其是在最初的大面积治理污染的阶段已经取得较大进步的情况下。面向未来,采用多种政策选择工具,如命令型与市场型相结合的治理手段,不仅能够互相弥补,提升政策的连续性和稳定性,同时也能够针对治理对象的异质性采取恰当的方法,平稳过渡冲突矛盾。

[本文系教育部人文社会科学青年基金项目"基于三重治理逻辑的城市垃圾分类治理模式的生成机制、成效评估及推广路径研究"(项目编号:20YJC810011)的阶段性成果。]

新冠肺炎疫情何以演变为全球灾难：
基于集体行动视角的理论分析

李 玮*

[内容摘要] 集体行动失败是新冠肺炎疫情演变为全球灾难的主要原因。基于公共物品理论和博弈论的传统分析尽管为理解公共行为选择逻辑作出重要贡献，但却不能充分解释诸如流行病控制等更为复杂的大规模集体行动问题。因此，本文通过梳理集体行动相关研究，提出一个由议题特征、网络特征和制度安排三个维度构成的综合分析框架，以讨论影响行动者参与大规模集体行动的可能要素。本文发现，集体行动在世界政治经济格局微妙变化的时期需面对更为复杂的干扰，行动者在信息共享、知识生产、行为干预和能力建设等方面的参与面临不确定性、逐底竞争、资源差异、公平性感知等不同阻碍。基于研究发现，文章最后总结出若干全球卫生治理的政策启示。

[关键词] 传染病控制；集体行动；全球公共物品；全球卫生治理

一、问题提出

20世纪80年代后期以来，新发传染性病原体以每年一种的

---

* 李玮，复旦大学国际关系与公共事务学院博士研究生。

速度出现。① 在过去短短二十年间,世界卫生组织(简称"世卫组织")先后宣布六次"国际公共卫生紧急事件"。全球流行病的潜在威胁以及合作带来的共赢为在国际层面开展集体行动提供良好的空间。主要国家和世卫组织在根除天花、抗击艾滋病毒以及应对埃博拉危机中有着成功的合作经验,但在抗击新型冠状病毒肺炎[(COVID-19),简称新冠肺炎]疫情过程中,一些大国不仅没有共同应对,个别国家反而做出围绕病毒起源无端指责他国、否认风险威胁、封锁边境、拦截物资、囤积药品等难以解释的行为。已有研究从比较政治学、国际关系理论②和风险沟通策略③等视角讨论新冠肺炎病毒在全球范围内的失控蔓延,指出一些相关机构行动不力以及一些大国拒绝合作④是此次风险管控失败的主要原因。但现有研究未能合理解释一些国家为何即便认识到病毒的全球危害却仍然消极应对的行为逻辑。

新冠肺炎疫情在全球范围内一再失控及其造成的巨大健康、经济和社会损失在很大程度上源自集体行动问题。而在全球贫富差距持续扩大和未知安全隐患不断增加的情况下,超越国家边界在健康议题上开展合作是解决结构性健康不平等、应对未来卫生风险事件的关键。因此,本文试图从集体行动的理论视角出发,梳理相关研究,提出一个更为全面的分析框架,讨论大流行控制过程中关键环节面临的合作困境,最后总结研究对于全球卫生治理的政策启示。

---

① Angela Merianos and Malik Peiris, "International Health Regulations (2005)", *Lancet*, 2005, 366(9493), p.1250.
② Joshua Busby, "Understanding the Anemic Global Response to COVID-19", *Journal of Health Politics, Policy and Law*, 2020, 45(6), pp.1013-1021.
③ William Hatcher, "A Failure of Political Communication not a Failure of Bureaucracy: The Danger of Presidential Misinformation during the COVID-19 Pandemic", *The American Review of Public Administration*, 2020, 50(6-7), pp.614-620.
④ Joshua Busby, "Understanding the Anemic Global Response to COVID-19", *Journal of Health Politics, Policy and Law*, 2020, 45(6), pp.1013-1021.

二、文献综述

集体行动理论是现代政治经济学中的一个重要分支,旨在深入探究人们在关乎共同利益事项上的行为选择。集体行动问题通常被描述为一种社会困境,即行动者出于某种考量倾向于采取符合个人利益的行动方案,但这可能导致社会成本高于社会收益,给集体收益造成严重损失。曼瑟尔·奥尔森(Mancur Olson)在《集体行动逻辑》一书中从公共经济学的角度论证道:"除非成员数量非常少,或者除非存在激励或其他特殊手段,个体才有可能做出有利于共同利益的行为选择。"[1]奥尔森的研究给后来的研究提供了诸多启示,经济学家、政治学家、社会学家和心理学家分别从不同视角提出大量解释性框架、理论和模型,深入探讨集体行动困境。集体行动的相关研究大致可划分为理性选择、社会资本和制度主义三个阵营。

以奥尔森集体物品供给模型为代表的理性选择研究以理性经济人假说为核心,指出短期个人利益与长期集体利益构成主要矛盾,成员参与集体行动是为了实现狭隘的自身利益,集体利益的公共性使个体成员可能产生损害集体利益的搭便车行为倾向,每个人都试图从他人参与中获得利益,同时避免自己参与带来的成本。为解决广为人知的"搭便车"行为,标准经济学理论提出通过外部权威、选择性激励和清晰产权等政策工具作为解决方案。理性选择逻辑在人们牺牲个人利益采取利他行动的例子上缺少解释力。理性选择逻辑倡导的物质激励政策方案被质疑只能形成具有象征

---

[1] Mancur Olson, *The Logic of Collective Action: Public Goods and the Theory of Groups*, Massachusetts: Harvard University Press, 1965, p.63.

性、不可持续性和机会主义色彩的参与,长此以往反而会增加干预的实施成本。①

一些实验研究和田野调查陆续发现,个体在许多情况下并不总是纯粹理性地计算得失,在一些情况下愿意做出服务于他人或集体利益的行为选择。这些研究呼吁摆脱传统经济学解释,寻找集体行动困境中合作与背叛的其他合理解释。对于契约者而言,效率和公平是影响其采取维护集体利益行动的重要因素。与"搭便车"者不同,契约者愿意为集体作出贡献,但前提是确信其他人同样有所贡献或自己的付出不会白白浪费,同时,他们也很在意成本-收益在成员之间分配的结果公平。正式规则、法律、合同、条约以及非正式规范和公约通过限制行为选择范围提高参与者行为的可预测性,从而为契约者提供过程公平的确信;通过明确责任分工以及回报机制为契约者提供结果公平的确信,并最终减少合作风险和交易成本。

另一个反复出现的理论主张是,社会资本能够促进社会困境中的合作。"社会资本"被定义为促进处在强大社会网络中的群体之间合作的要素组合,②包括信任、关系强度、关系密度等指标。这一概念最早由罗伯特·帕特南(Robert Putnam)提出,它在集体行动理论建构中的应用受到费奥科等关于美国地方政府之间在城市服务、应急管理和河流治理等共享政策领域中集体行动问题讨论的推动。考虑到个体并非生活在相互割裂的世界中,集体行动发生在早已存在的社会网络或其他关系之中,一些研究者借鉴社会资本相关研究,以社会关系的本质为切入点,从文化、社会和制

---

① Lu Gram, Nayreen Daruwalla and David Osrin, "Understanding Participation Dilemmas in Community Mobilization: Can Collective Action Theory Help?", *J Epidemiol Community Health*, 2019, 73(1), pp.90 - 96.

② Robert Putnam, "Bowling Alone: America's Declining Social Capital", *Journal of Democracy*, 1995, 6(1), pp.65 - 78.

度等方面解释网络和关系对社会结果的形塑,发现参与者之间的非正式联系能够促进信息交换、增强彼此信任并减少合作中投机行为的出现。①

社会科学对集体行动现象及问题的产生进行了广泛而系统的研究。在现代政治经济学中,集体行动问题通常用公共物品和博弈论来解释,为理解公共行为选择提供丰富的理论基础和概念框架,并在气候变化、金融危机和社会运动等领域得到检验。但目前的研究多关注国家内部机构、组织、个体之间的集体行动,未能充分讨论诸如全球大流行这类更为复杂、更大规模的集体行动。在大规模集体行动中,参与者的行为选择存在更为复杂的诱因。研究者很难使用"搭便车"、猎鹿博弈等用于解释一般集体行动困境的单一概念解释各国政府在流行病全球蔓延过程中的行为选择动机,而未来或将面临更多气候变化、生物多样性丧失、传染病全球大流行以及复合风险等需要全人类共同应对的大规模挑战。基于此,本文在现有集体行动研究的基础上勾勒出一个分析框架,试图捕捉包含国家、各级政府、社会组织和个体等多元主体在内的大规模集体行动的影响因素。

三、分析框架

新冠肺炎疫情在全球范围内的传播与蔓延折射出全球卫生治理所面临的集体行动困境。卫生问题越来越全球化,但卫生治理责任主要由国家来承担,卫生问题与当前解决这些问题的机制之

---

① Elinor Ostrom and T. Ahn, "The Meaning of Social Capital and Its Link to Collective Action", in Gert Svendsen and Gunnar Svendsen, eds., *Handbook of Social Capital: The Troika of Sociology, Political Science and Economics*, Cheltenham: Edward Elgar Publishing, 2009, pp.17-35.

间的错位导致集体行动在国际层面的缺席。尽管国家政府一致认同,应对大流行离不开国际合作,寄希望于其他国家提供公共物品将最终导致无人受益,但集体行动却由于各种原因而失败,全球卫生治理呈现碎片化。新冠肺炎疫情由局部危机演变为不知何时才能结束的全球灾难,如此糟糕的抗疫局面似乎很难完全由"搭便车"行为来解释。流行性疾病在规模、时空和复杂性上均呈现出与常规集体行动不同的特征,为更深入地分析事态的演变过程,本文针对性地从议题、网络和制度三个方面讨论全球抗疫过程中的社会困境(如图1所示)。

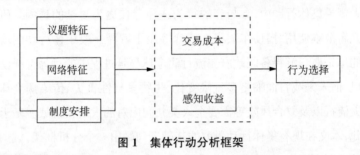

图1 集体行动分析框架

(一)议题特征

在全球化时代,国家之间贸易和人员往来频繁,新发和复发传染病能够快速传播至邻国甚至更远的地方。传染病暴发产生跨越物理边界的负外部效应,不仅威胁人类健康,还会使正常的社会运转陷入瘫痪。从这个意义上来讲,传染病控制被视为具有非竞争性和非排他性的公共物品:一国的传染病预防工作不仅能够减少本国损失,还会降低传染病蔓延至其他国家的可能性;一人接种疫苗不仅能够保护自己免患疾病,还会降低接触者的感染概率。然而,公共物品的固有特征往往导致集体行动的失败。[①]

---

① 参见 Mark Lichbach, *The Cooperator's Dilemma*, Michigan: University of Michigan Press, 1996。

除了具有公共物品的特征之外,全球大流行这类压倒性灾难带来的不确定性也会成为集体行动参与的障碍。灾难的动态演变与认识的反复迭代之间的矛盾抑制行动意愿和响应速度。面对复杂或新兴风险,人们很难在短时间内充分了解其本质。灾难发生初期,人们对形成原因、发展趋势和应对措施的认知有限,时间压力下的仓促决策极可能产生更为严重的影响,风险厌恶以及过早采取措施产生的锁定效应导致一些行动者在问题实际危害和政策方案效应不明朗的情况下更倾向于维持现状。尤其是,客观事实揭示过程中释放的前后不一致的信息和建议会减少参与者对领导机构的信任,[1]从而降低支持和配合的意愿。

卫生治理是一项投资大、耗时长、回报慢的议题。决策者处理信息时呈现的序列式认知模式决定了议题必须相互竞争才能进入优先事项的列表中。决策者通常将有限的注意力更多分配在政治显著度高的议题上。与政治稳定和经济发展等事项相比,卫生议题在全球议程中的显著度较低,全球卫生治理的推动者不得不利用安全框架、发展框架、人权框架和经济框架将卫生问题与其他优先事项关联,使其获得更多的政治关注和资金支持。另有研究表明,尽管有充足证明表明气候变化正在发生、传染病大流行可能再次暴发,罕见(概率低)和(时间或空间上)遥远事件仍无法像短期或眼前挑战那样获得决策者的重视,导致准备不足。[2] 认知偏见和偏好阻碍知识转化为有效行动。

---

[1] Erin Hester, Bobi Ivanov and Kimberly Parker, "Overcoming Obstacles to Collective Action by Communicating Compassion in Science", in Henry O'Hair and Mary O'Hair, eds., *Communicating Science in Times of Crisis: COVID - 19 Pandemic*, New Jersey: Wiley Blackwell, 2021, pp.150 - 171.

[2] Inci Otker-Robe, "Global Risks and Collective Action Failures: What Can the International Community Do?", *IMF Staff Papers*, 2014, 14(195), pp.1 - 26; Neil Weinstein, "Perceived Probability, Perceived Severity, and Health-Protective Behavior", *Health Psychology*, 2000, 19(1), pp.65 - 74.

（二）网络特征

行动者网络特征对大规模集体行动的影响主要体现在以下四个方面。

其一，集体规模是诸多文献都提及的影响集体行动的重要因素。一定数量的参与者尽管更容易通过信任、互惠、监督等机制促成集体行动，但在复杂的大规模挑战面前，则很难获取有效解决集体问题所需要的资源。相反，随着参与者数量的增加，单元投入边际效应减少导致个体不合作变得更加不易被察觉，搭便车的动机得到强化，[1]达成一致的交易成本也会增加。而全球大流行在时间和空间上的跨度之广意味着必须动员尽可能多的行动者参与进来才有可能取得胜利。

其二，组织成员的同质性能够降低相互之间的交易成本，减少冲突，增加合作可能性；[2]异质性将增加参与者克服"搭便车"和责任推卸动机的难度。[3] 即使对风险及其后果有充分的了解，参与者在文化、信仰、宗教等方面的差异以及社会经济地位和权力上的不对等都会影响参与者对风险和成本-收益分配的感知，使共识建立和规范执行变得困难；更需注意的是，国家以及地方政府作为全球传染病控制的主要参与者，具有比一般组织更为复杂交错的内部结构，它们为获得国际地位要考虑政治和外交策略，为获得选民支持要考虑辖区内民众的政策偏好，由此形成的国家间的利益分

---

[1] Mancur Olson, *The Logic of Collective Action: Public Goods and the Theory of Groups*, Massachusetts: Harvard University Press, 1965.

[2] Frank Van Laerhoven, "Governing Community Forests and the Challenge of Solving Two-Level Collective Action Dilemmas — A Large-N Perspective", *Global Environmental Change*, 2010, 20(3), pp.539–546.

[3] George Varughese and Elinor Ostrom, "The Contested Role of Heterogeneity in Collective Action: Some Evidence from Community Forestry in Nepal", *World Development*, 2001, 29(5), pp.747–765.

歧和优先关注差异会阻碍全球努力合作和有效性。①

其三,行动者分布会影响其参与集体行动的意愿。尽管距离等情境因素在集体行动文献中受到的关注不多,但心理学实验发现,时间或空间距离会改变目标事件的心理表征,人们在建构距离遥远的风险时往往采用抽象或上位类别加以归类,②缺少情感共振和具体认知。另外,时空距离会使个体承担的成本呈现差异,距离问题源越近的群体受到的冲击更大,距离较远的群体对共同脆弱性的感知则有所减弱,例如,居住在垃圾填埋场或废水处理厂等问题源附近的人们往往对议题更加关注。③ 这一心理学发现在风险管理中得到证实,一项关于地震救援的实证研究表明,地理距离的确会减少社会和其他国家对灾区的关注和捐赠。④ 另一项针对环境政策支持度的研究也强调了空间距离以及代际距离在政策认同中的重要影响。⑤ 受已有研究启发,本文将行动者分布视为一个重要解释要素。

其四,行动者之间的良性关系能够促进集体行动。关系强度、历史合作、声誉评价等变量与集体行动的形成与成功概率之间呈正向相关关系。行动者之间关系越密切,在共同目标商定和执行时的摩擦越少。在反复互动中,成员之间可以加深了解,对他人的

---

① Inci Otker-Robe, "Global Risks and Collective Action Failures: What Can the International Community Do?", *IMF Staff Papers*, 2014, 14(195), pp.1 - 26.

② Demis Glasford and Krystle Caraballo, "Collective Action from a Distance: Distance Shapes How People View Victims of Injustice and Decreases Willingness to Engage in Collective Action", *Group Processes & Intergroup Relations*, 2016, 19(1), pp.27 - 42.

③ Gilbert Bassett, Jr., Hank Jenkins-Smith and Carol Silva, "Onsite Storage of High Level Nuclear Waste: Attitudes and Perceptions of Local Residents", *Risk Analysis*, 1996, 16(3), pp.309 - 319.

④ Adam Simon, "Television News and International Earthquake Relief", *Journal of Communication*, 1997, 47(3), pp.82 - 93.

⑤ Taciano Milfont and Valdiney Gouveia, "Time Perspective and Values: An Exploratory Study of Their Relations to Environmental Attitudes", *Journal of Environmental Psychology*, 2006, 26(1), pp.72 - 82.

行动轨迹形成合理预判,因此,历史合作的成功经验同样能够促成行动成员在未来的行动协调。此外,社会资本相关研究表明,即便在缺少健全制度和社会激励的情景下,良好信誉和相互信任也能够促成集体行动;①相反,信任缺失则会削弱风险感知公众行为参与或政策支持的意愿。②

（三）制度安排

干预机制和制度约束通过激励或惩罚机制能一定程度上解决集体不作为现象。当成员的决定或行为对其他主体构成影响时,需要采取适当的干预手段迫使其充分考虑作为或不作为的溢出效应,否则个体激励与共同利益之间的差距会引发次优或低效的集体行动。国际组织和全球治理体系的创建就起到将外部性内化的作用,如通过汇集资源履行单个国家无法实现的职能。严格的监督和问责机制通过限制参与者的行为选择减少"搭便车"的动机,如果不能对不合作者施加或多或少的强制制裁,合作也将失败。

过程与结果公平能够打消潜在贡献者参与合作的顾虑。一些行为体不参与集体行动未必怀有搭便车的动机,而是担心其他人不履行协议导致自己的回报远低于付出,因此,他们的行为选择在很大程度上取决于他人行为或是对他人行为的预期,在其他人合作的情况下愿意实现承诺。对于这些条件性合作者而言,权威机构或干预制度的公平性能够提供猎鹿博弈中所需要的保障(确信),提高其集体行动的参与意愿,相反,不公平的游戏规则会增加

---

① W. Neil Adger, "Social Capital, Collective Action, and Adaptation to Climate Change", *Economic Geography*, 2003, 29(4), pp.387-404.
② E. Keith Smith and Adam Mayer, "A Social Trap for the Climate? Collective Action, Trust and Climate Change Risk Perception in 35 Countries", *Global Environmental Change*, 2018, 49, pp.140-153.

成员之间的观望博弈。①

制度或机制的协调能力通过直接影响交易成本对集体行动形成约束。通常,协调问题不会被理解为集体行动问题,但当行动者有合作意愿,却在目标的具体实现方式上与其他行动者出现分歧时,便出现了协调博弈。与猎鹿博弈不同,在协调博弈中,每个成员的行动选择尽管也取决于其他参与者的政策选择,但更加关注执行过程中的流畅度和兼容性。制度的不合理安排造成的行动重复、资源浪费也会让参与者萌生退意。

上述要素通过影响参与者对行动成本与效益的感知塑造其在集体中的行动选择,各个要素的效应在多要素重合的情境中可能会进一步增强或放大,对集体行动困境形成更为复杂的影响。

四、分析框架应用:抗疫过程中集体行动失败的原因分析

21世纪第一个十年,全球公共物品概念开始广泛应用于卫生领域,涌现出大量有突出贡献的研究,集中讨论全球公共物品概念对于满足卫生需求的贡献,讨论自愿捐款、全球税收系统或市场运作哪种机制能够更好地解决全球公共卫生物品资金来源问题。理查德·史密斯(Richard Smith)等曾断言:全球卫生公共物品概念可以成为"促进全球健康的有力工具",由于它建立在"自身利益"这一论点上,②因此极大提升个体、团体和国家在全球卫生治理过程中的合作意愿,通过强调集体行动的重要性说服国家从国内预

---

① Roger Gould, "Collective Action and Network Structure", *American Sociological Review*, 1993, 58(2), pp.182–196.

② Richard Smith, "Global Public Goods and Health", *Bulletin of the World Health Organization*, 2003, 81(7), p.475.

算中拨出数以亿计的资金用在地球上其他地区人民的健康促进上,推动国家在根除传染病和非传染病上开展战略合作。① 从实践来看,框架在过去一段时期确实发挥了重要引导作用,国家政府、国际组织、慈善组织和私营部门在消除癌症和心脏病等非传染病以及艾滋病、埃博拉等传染病上加强合作并取得值得称道的成绩。然而,部分国家政府在新冠肺炎疫情全球流行期间的表现似乎传递出一个令人担忧的信号:公共物品框架在此次的国际合作动员上并未达到预期效果。

为深入理解新冠肺炎疫情应对过程中集体行动失败的具体原因,笔者在类型学研究思路的启发下将全球大流行应对过程中需要集体合作的全球卫生公共物品划分为四类:一是为卫生决策提供依据的监测信息;二是预防控制流行病蔓延的知识及衍生产品;三是促进健康行为的卫生规则;四是提供健康保障的卫生能力。下文从议题、网络和制度三个维度分析每一类卫生公共物品面临的集体行动困境(如表1所示)。

表1 新冠肺炎疫情期间集体行动困境成因分析

具体事项	主要参与者	集体行动困境
信息监测与共享	主权国家、世卫组织	议题:不确定性 网络:资源差异、网络规模 制度:成本-收益分配机制的公平性
药物研发与分配	主权国家、企业、研究机构、NGO、基金会、国际组织	(疫苗生产) 议题:非排他性 网络:关系强度;资源差异;网络规模 (疫苗分配) 网络:利益协调 制度:分配机制的公平性;激励机制

---

① Richard Smith, David Woodward, Arnab Acharya, Robert Beaglehole and Nick Drager, "Communicable Disease Control: A Global Public Good Perspective", *Health Policy and Planning*, 2004, 19(5), pp.271-278.

(续表)

具体事项	主要参与者	集体行动困境
行为干预与遵从	主权国家、个体	议题:政治显著度;不确定性(导致卫生建议不一致) 网络:成本在群体间的差异分布;认知/文化差异
国家卫生能力建设	主权国家、国际组织、基金会、世界银行	议题:政治优先级;不确定性 制度:领导力;协调力

（一）信息监测与共享

信息共享是有效应对传染病暴发的前提。① 真实的疾病信息既可以引起国家和民众足够的重视,缩短突发事件反应时间,极大程度控制疫情跨境传播,也能避免其他渠道散布不实信息引发恐慌、扰乱秩序。监测信息属于"最薄弱环节公共物品",传染病整体控制效果取决于监测能力最差的国家,传染病发源地在追踪病毒方面的合作至关重要,否则会严重妨碍全球干预策略的制定和实施,因此只有通过集体合作才能提高整体应对水平。信息共享的重要性在2005年修订通过的《国际卫生条例》中得到凸显。《条例》规定,各国政府有义务报告"可能构成国际关注的突发公共卫生事件"的确切信息。随后,世卫组织设立全球疫情警报和反应网络(Global Outbreak Alert and Response Network, GOARN),要求国家政府在疫情暴发期间及时准确地传达有关健康风险的信息,这些监测和诊断信息是世卫组织宣布"国际关注的突发公共卫生事件"的决策依据,也是其他国家采取适切行动的关键要素。

在世卫组织的呼吁下,疾病信息共享在国家层面得到重视。

---

① Raphael Lencucha and Shashika Bandara, "Trust, Risk, and the Challenge of Information Sharing during a Health Emergency", *Globalization and Health*, 2021, 17(1), pp.1-7.

国家政府纷纷投入大量资金打造疾病监测系统。美国设有国家法定传染病监视系统（National Notifiable Diseases Surveillance System, NNDSS），在近20个国家和地区设立海外传染病研究实验室，以应对流行病、地方病和突发性疾病的暴发。[①] 欧盟创建总部位于瑞典的欧洲疾病预防和控制中心（European Center for Disease Prevention and Control, ECDPC），负责监控整个欧洲的传染病发病率。加拿大政府建立名为全球公共卫生信息网（Global Public Health Intelligence Network, GPHIN）的电子监测系统。中国在经历2003年SARS后不惜花重金打造传染病与突发公共卫生事件监测信息系统（简称"网络直报系统"）。

尽管如此，仍有一些国家拒绝或延迟向国际社会公开境内疾病的实际情况。一方面，国家对传染病的重视程度和监测能力的差距分裂了国际合作。通常情况下，发达国家凭借其强大完善的医疗体系能够妥善处置卫生突发情况，而发展中国家落后的基础设施和监测技术导致出现信息反馈不及时、病例统计不准确等问题。另一方面，现有卫生治理机制未能合理分配信息共享带来的成本和收益，致使一些国家缺少信息共享的政治承诺。以往若干实践表明，疾病报告国家或地区承担了过多的成本，共享传染病信息后不仅不能得到及时援助，反而会因其他国家的旅行禁令或污名化指责遭受经济和声誉损失。[②] 出于这一考虑，一些国家政府在向世卫组织和其他国家报告病例时故意隐瞒或淡化，例如，2019年被世卫组织点名批判的坦桑尼亚政府。信息报告国无法获得信息共享产生的知识收益。资源本就有限的发展中国家在疾病监测

[①] Jean-Paul Chrétien, et al., "Experience of a Global Laboratory Network in Responding to Infectious Disease Epidemics", *Lancet Infectious Diseases*, 2006, 6(9), pp.538-540.

[②] Richard Cash and Vasant Narasimhan, "Impediments to Global Surveillance of Infectious Diseases: Consequences of Open Reporting in a Global Economy", *Bulletin of the World Health Organization*, 2000, 78, pp.1358-1367.

投入巨大资金、在全球流感监测网络(Global Influenza Suveillance Network,GISN)上提供疫情信息和病毒样本后,却没有能力购买发达国家或先进制药公司使用免费样本研制的价格高昂的药物和疫苗。① 正是出于这一缘由,印度尼西亚政府在2006年禽流感疫情期间拒绝免费共享病毒样本。这一决定引发全世界的强烈关注,也引起相关方对疾病信息共享机制公平性的反思。

（二）药物研发与分配

尽管人们普遍认为药物是根除传染病的关键,但各方在药物研发上却缺乏合作动机,主要存在以下三方面的原因。

其一,药物是一种具有双重属性的产品:一般情况下,药物被视为制药企业用来获取利润的商品,受专利保护;但在特殊情境中,药物尤其是用以控制传染病传播的药物和疫苗,会被赋予公共属性,成为全球公共产品。药物的公共属性能够有效遏制传染病,但也衍生出搭便车等负面结果。药物研发对资源投入的要求极高,而一旦药物在道德约束和强制干预下具备非排他性和非竞争性后,原本依靠需求驱动创新的市场机制便失去了效力。

其二,创新资源与健康需求的错配阻碍行动者在药物研制方面的集体行动。疾病负担重的发展中国家缺乏新药研制需要的巨大资源和知识投入,而具备研发资源和能力的国家、研究机构和大型制药企业则缺少直接动力。针对本国或盟友国家健康需求研发健康工具的做法导致资源在全球范围内分配严重失衡,投入在解决影响90%人口健康问题上的研发资金仅占总额的10%。② 为

---

① David Fidler, "Influenza Virus Samples, International Law, and Global Health Diplomacy", *Emerging Infectious Diseases*, 2008, 14(1), pp.88-94.
② Secretariat of the Global Forum for Health Research, "The 10/90 Report on Health Research 1999" (June 25, 1998), World Health Organization, https://www.files.ethz.ch/isn/20413/10.90.FULLTEXT.pdf, retrieved March 13, 2021.

弥补市场手段在资源与需求匹配上的不足,国家有时会通过财政倾斜或人员抽调等政策工具加以调整,并产生了良好的效果。例如,当今用于预防或治疗疟疾的许多药物都是由国家驱动的,氯喹是美国军事研究机构在二战期间为寻找奎宁合成替代品解决美军在亚热带国家因疟疾大幅减员努力的结果,青蒿素的发现源于中国政府为援助越南开展的"523"项目①。

其三,协调能力是影响药物研发合作的重要因素之一。全球化背景下国家之间不断提高的依存度催生出当前国家政府、非政府组织、慈善基金会和跨国公司等多元主体参与的新全球卫生治理结构,新的治理结构旨在运用制度、规则和程序加强针对健康威胁的集体行动,但日趋复杂的治理格局为世卫组织的领导能力和协调能力提出更高的要求。从理论上来讲,中间产品的扩散和高度合作的科学探究方法能使知识生产达到最佳水平。但诸如"购买承诺"等激励机制的排他性使研究机构和医药行业在药物和疫苗研究工作中形成竞争关系,各机构对中间产品严格保密。世卫组织必须促进资金提供方、研究机构、医药行业等不同利益相关者之间的有效沟通,避免重复劳动和资源浪费,否则集体行动将因协调成本过高陷入失败。

安全有效和可负担的疫苗是形成遏制传染病传播的群体免疫屏障的前提保障,但疫苗全球范围内公平分配因参与主体之间的利益冲突陷入僵局。药物疫苗的全球公平分配取决于国家之间的有效合作和对保护脆弱人群的承诺。弱势群体受到疫情的冲击最大,却往往是最后一批获得诊断、治疗和接种疫苗的群体。当前的

---

① 在越南战争期间,恶性疟疾成为困扰北越人民军的主要传染病。应越南民主共和国领导人要求,在毛泽东主席和周恩来总理的指示下,中国发起一项由军事医学研究机构负责的紧急援外任务。中华人民共和国科学技术委员会和中国人民解放军原总后勤部于1967年5月23日讨论制订三年研究规划,遂以开会日期命名为"523任务"。"523任务"的标志性成果之一是从青蒿中分离出抗疟有效成分——青蒿素。

卫生治理安排使得作为全球公共物品的药物疫苗面临产权保护、国家利益和公平获得三角冲突。在疫苗分配环节存在三个利益相互竞争的群体：拥有专利专有权的制药企业，希望确保本国公民优先获得的国家，主张药品作为全球公共物品的人道主义。① 1994年通过的《与贸易有关的知识产权协定》(Agreement on Trade-Related Aspects of Intelleatual Property Rights, TRIPS)规定食品或药品受专利保护。此举通过在全球范围内扩散成本使专利成为研究型制药公司的主要融资机制，尽管能够激励创新，却因将经济利益置于健康权之上招致批评。艾滋病的流行将药物全球获得的讨论推向白热化，成为全球公共议程的重要议题之一。20世纪90年代，发达国家普遍使用抗逆转录病毒疗法治疗患者，显著降低发病率并延长患者寿命。但治疗费用超出大多数艾滋病病毒感染者的承受能力。迫于公众压力，制药公司向欠发达国家提供价格折扣或实物捐赠。企业的自发行为远不能满足大量需求，于是国家之间在2001年达成《多哈宣言》，在国际层面为保护广泛公共利益的国家政府开设特权，允许国家诉诸强制许可获得特殊药物。专利保护是研究机构和制药企业的主要资金来源之一，要想实现疫苗全球获得必须缓解创新活动对高昂定价的依赖，在投入、产出与效果之间建立联系，制定适当的激励措施实现收益-成本的合理分配。例如，扩展资金来源、设立健康影响基金等。在资源有限的情况下，国家利益与全球获得之间存在冲突。国家往往优先考虑国内经济社会秩序的恢复。以往经验表明，即使有效药物问世，多数群体依然无法得到有效保护。

在新冠肺炎疫情肆虐全球期间，全球疫苗免疫联盟和世卫组织为保障疫苗公平分配，专门推出"2019冠状病毒疫苗全球获得

---

① Wolfgang Hein and Anne Harant, "Global Access to COVID-19 Vaccines and Medicines — A Global Public Good", *GIGA Focus*, 2020(4), pp.1-13.

计划"(COVID-19 Vaccines Global Access),强调疫苗作为全球公共产品的属性,目标是为参与国至少 20%的人提供疫苗。世界银行和多边发展银行为低收入和中等收入国家的疫苗接种计划预留百亿美元,用于购买世卫组织等监管机构批准的疫苗。① 而一些发达国家一方面口头承诺致力于"疫苗全球获得计划",另一方面却在疫苗研制阶段就通过与制药企业签订投资计划或高价签订购买合同换取优先采购机会,目的是获得足够疫苗率先重启国内经济。据估,仅占全球人口 16%的国家已经获得 70%的可用疫苗剂量。②这种国家采购策略成为疫苗可负担性和可持续性的绊脚石,扰乱了公平分配计划,使得疫苗接种率在国家之间呈现巨大差异(如图 2

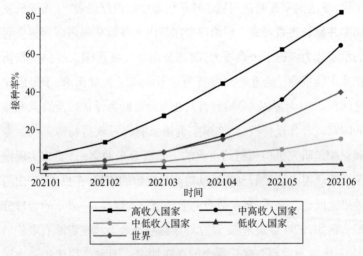

图 2 新冠疫苗完全接种率对比

数据来源:笔者根据 Our World in Data 网站(https://ourworldindata.org/covid-vaccination-dataset)统计数据制作本图。

---

① World Bank Group, "World Bank Group's Operational Response to COVID-19 — Projects List"(October 8, 2021), The World Bank, https://www.worldbank.org/en/about/what-we-do/brief/world-bank-group-operational-response-covid-19-coronavirus-projects-list, retrieved December 26, 2020.

② The Lancet, "Access to COVID-19 Vaccines: Looking beyond COVAX", Lancet, 2021, 397(10278), p.941.

所示)。自艾滋病危机以来,健康工具在全球范围内的可获得性就是一个备受关注的棘手难题,但一直未能得到妥善解决,新冠肺炎疫情的暴发再次将这一问题推上国际政策议程。

(三) 行为干预与遵从

在有效药物问世之前,非药物干预措施是减缓新发传染病传播和医疗资源负荷最为直接有效的手段。研究表明,口罩能够使COVID-19日增长率降低40%—60%[①]、传播速度下降18%[②],封锁措施能够将R_t指数降低75%—87%[③]。根据限制程度,非药物干预大致可分为个人卫生、社交距离、聚集限制、旅行限制和经济封锁等类别。作为一种公共物品,这些规则的实施和遵守在贸易和人员往来密切的全球化时代带来的健康收益具有明显的溢出效应,但也面临严重的"搭便车"问题。

为控制新冠肺炎疫情发展,至少186个国家对人口流动实施了不同程度的限制,其中,限制较少的规定在多数国家和地区得到推广和遵守,口罩令和封锁令等限制程度较高的措施因与人身权利、经济发展之间的潜在冲突在一些国家引发争论。由于价值观和风险认知上的差异,非药物干预措施得到不同程度的实施和遵守。在欧美等西方国家,政客出于政治考量,刻意淡化病毒威胁,担心激进的响应措施会破坏经济稳定和政府连任。为在选举中获胜,各党派罔顾流行病学专家的卫生建议,将口罩令作为拉选票的工具,将口罩佩戴和区域封锁等措施描述成对个人自由的侵犯,将

[①] Lia Mayorga, et al., "Detection and Isolation of Asymptomatic Individuals Can Make the Difference in COVID-19 Epidemic Management", *BMC Public Health*, 2020, 20(1), pp.1-11.

[②] Colin Berry, Heather Berry and Ryan Berry, "Mask Mandates and COVID-19 Infection Growth Rates", in IEEE, eds., 2020 *IEEE International Conference on Big Data*, New York: IEEE, 2020, pp.5639-5642.

[③] Seth Flaxman, et al., "Estimating the Effects of Non-Pharmaceutical Interventions on COVID-19 in Europe", *Nature*, 2020, 584(7820), pp.257-261.

公共安全与个人自由分裂对立。相比之下,中、韩等亚洲国家因经历过 SARS 威胁,更愿意采取严格的预防措施。

在个人层面,遵守社交距离和封城等干预政策的好处是减少感染风险,但代价是要放弃休闲活动。个体在平衡收益和成本时往往忽视干预措施带来的社会效益,由此产生规则的不遵从行为。健康威胁受物理距离的影响在不同群体和地区之间呈现出异质性,预期受到冲击较小的群体遵守卫生规定的动机较弱。在美国,皮尤研究中心(Pew Research Center)2020 年 6 月的一项调查表明,美国成年人中仅有 65% 表示在商店或其他公共场合会佩戴口罩,①而老人中多数表示会佩戴口罩。此外,政客释放出的不一致信息使公众对疾病风险和行为效益出现认识偏差,未能严肃对待。

研究表明,实施时机、宣传策略、信息一致性和执行策略能够提高个体遵从程度。② 只有将个体行为改变纳入响应计划的一部分,持续评估公众信仰、态度和行为,借助宣传动员和技术追踪等多元措施才能更好地促进行为合规。尽管世卫组织不能强制国家实施某项政策,但可以时利用专业人才的储备优势制订科学指南,指导国家实施干预的时机、时间和类型,以最小化干预程度,最大化健康效益。同时,国家政府要提高治理能力,在实施隔离和封锁期间,协调多方参与,保障民众的正常生活需求和心理健康。强调非医学干预的科学性及其全球公共物品属性或许能够淡化文化观念和政治体制差异带来的阻碍,提高参与者的合作。

---

① Fact Tank, "Most People Say They Regularly Wore a Mask in Stores in the Past Month" (June 23, 2020), Pew Research, https://www.pewresearch.org/fact-tank/2020/06/23/most-americans-say-they-regularly-wore-a-mask-in-stores-in-the-past-month-fewer-see-others-doing-it/, retrieved October 11, 2020.

② Bella Kantor and Jonathan Kantor, "Non-Pharmaceutical Interventions for Pandemic COVID-19: A Cross-Sectional Investigation of US General Public Beliefs, Attitudes, and Actions", *Frontiers in Medicine*, 2020, 7, pp.1-6.

(四)国家卫生能力建设

国家卫生系统是国际组织和社区公众之间的桥梁,是全球最佳实践和地方卫生需求之间的联系,是全球卫生系统的组成部分。① 国家卫生系统是应对传染病的有力屏障。学界在"国家卫生系统究竟是不是全球公共物品"上存有争议,史密斯等认为,国家卫生系统是获得卫生公共物品的"通道"。② 事实上,强大的国家卫生体系本身的确应该被视为具有正外部效应的全球公共物品。一旦疫情在卫生治理能力薄弱的地区或国家暴发,病毒从地方性疾病演变为区域或全球流行病的风险就会增高,其他国家都将面临巨大风险。③ 国家卫生能力薄弱造成的灾难已经不止一次上演。西非基本监测能力的缺乏导致病毒在出现三个月之后才被发现,由此导致 2014 年埃博拉疫情的暴发。国际卫生工作者在 2015 年着手开展衡量国家卫生体系应对能力的工作,制定出全球卫生安全保障指数(Gobal Health Security Index,GHSI)用以全面评价和比较国家卫生能力,2019 年发布的首份评估报告表明,国家卫生保障能力十分薄弱,195 个国家 GHSI 总体平均得分为 40.2 分(总分 100 分),其中,国家在卫生系统指标上的平均得分最低(26.4 分)。欠发达国家在预防、监测和应对国家突发公共卫生事件上的表现更是令人担忧。④

---

① Suerie Moon, et al., "The Global Health System: Lessons for A Stronger Institutional Framework", *PLoS Med*, 2010, 7(1), e1000193.
② Richard Smith, David Woodward, Arnab Acharya, Robert Beaglehole and Nick Drager, "Communicable Disease Control: A 'Global Public Good' Perspective", *Health Policy and Planning*, 2004, 19(5), pp.271 – 278.
③ Joshua Michaud, "Governance Implications of Emerging Infectious Disease Surveillance and Response as Global Public Goods", *Global Health Governance*, 2010, 3(2), pp.1 – 16.
④ OECD, "Expenditure in Relation to GDP" (November 7, 2019), OECD iLibrary, https://www.oecd-ilibrary.org/sites/592ed0e4-en/index.html?itemId=/content/component/592ed0e4-en, retrieved January 1, 2021.

SARS、埃博拉等流行病的暴发使各界认识到加强国家卫生能力的重要性,但由于投入大量人力和财力为应对可能发生或可能不发生的流行病建设卫生能力的做法产生的政治收益很小,一些国家总是抱有侥幸心理,对于卫生议题的关注时增时减,出现突发国际卫生事件时,国际和国家对于卫生议题的关注和投入骤然增加,随后又会减弱,将精力投入在经济发展和社会维稳等其他更加紧迫的议题上。还有一些领导者认为"如果其他国家都拥有消灭传染病的强大卫生能力,那么它传播到自己国家的机会就会很小",这种"搭便车"的心理无疑将损害全球卫生治理工作。

私人基金会的参与为全球卫生治理注入大量资金,但全球层面缺少一个能够协调卫生资源和集体行动的权威政府,导致国家之间卫生能力发展极不均衡。作为负责全球健康促进的主要国际机构,世卫组织长期以来在提供全球卫生公共物品中积极发挥领导角色,无论是制定规范和标准,还是协调分歧促成共识,以及提供物资技术支持,世卫组织为改善全球健康状况作出重大贡献。[1]尽管如此,世卫组织存在与生俱来的结构问题,近年来又备受信任下降和地缘政治动荡等新问题的困扰。世卫组织的设计初衷是依据专业知识协调全球卫生问题的应对,既没有法律和政治权威,也没有解决健康风险造成的负面影响的财务能力。[2] 世卫组织面临的结构性矛盾体现在三个方面。一是作为政府间组织和作为伙伴关系中的参与者这两个角色之间存在冲突,一方面受制于国家优先事项以及利益斗争的制约,另一方面要保证基金会、非政府组织和私营部门在内的更广泛行为体的参与。二是世卫组织的卫生使

---

[1] Thomas Pogge, "Human Rights and Global Health: A Research Program", *Metaphilosophy*, 2005, 36(1-2), pp.182-209.

[2] Allyn Taylor and Roojin Habibi, "The Collapse of Global Cooperation under the WHO International Health Regulations at the Outset of COVID-19: Sculpting the Future of Global Health Governance", *ASIL Insights*, 2020, 24(15), pp.1-8.

命与可用资源之间存在错位,预算不足严重削弱了世卫组织提供全球公共物品的能力。自2008年全球金融危机以来,国家政府大幅削减在公共卫生领域的投入,对世卫组织的支持也逐年减少,其2020—2021年的两年期预算为48亿美元,与美国一家大型医院的预算接近。此外,它还要面对国际组织普遍存在的委托-代理问题,捐赠方通过指定资金用途影响其议程并确立对它的控制权。作为组织主要资金来源的分摊会费近几年占比不到20%,导致它能够自主控制的预算不足四分之一,其余专项资金则需花在捐赠方指定的计划上。三是世卫组织规范制定与执行监督的角色之间不对称。早在2011年,世卫组织总干事就在报告中指出开展具体改革的必要性,但一直以来会员国提供的支持十分有限,改革成为一纸空谈。世卫组织在西非埃博拉危机中的迟滞响应引发广泛批评,信任持续下滑。①

五、对全球卫生治理的政策启示

《柳叶刀》卫生投资委员会(Commission on Investing in Health,CIH)提出"全球职能"一词用以描述"超越国家边界解决跨国问题的活动",指出有效的全球卫生体系应承担包括全球公共物品提供(例如,针对可能出现的传染病进行的药品研制)、管理跨境负外部性(例如,防范全球大流行等)、促进全球卫生领导和管理(加强世卫组织核心职能)等核心职能。② 但在应对新冠肺炎疫情时,全球卫生体系没能充分发挥作用,世卫组织和《国际卫生条例》

---

① Colin McInnes, "WHO's Next? Changing Authority in Global Health Governance after Ebola", *International Affairs*, 2015, 91(6), pp.1299-1316.

② Dean Jamison, et al., "Global Health 2035: A World Converging within a Generation", *The Lancet*, 2013, 382(9908), pp.1898-1955.

未能获得某些大国的强有力支持,使集体行动陷入困境。国际组织和国家政府在信息共享、疫苗分配、行为干预以及卫生能力建设等关键方面缺乏合作,致使疫情在持续一年之后仍在全球范围内肆虐。经济重启和秩序恢复成为全球共同关切。毫无疑问,行为体之间的共同行动是控制传染病的唯一路径,通过在全球范围内合理分配健康工具,才能使健康效益在全球而非单个国家层面达到最大化。具体而言,包括科学共识建立、卫生治理体系完善以及行动者参与等方面。

首先,要建立更加有韧性的全球危机应对体系,提高国际卫生治理体系提供全球公共物品的能力。当前一些国家只顾优先谋求本国的利益,这对全球治理和多边合作构成威胁,全球卫生体系日趋碎片化,国际组织的权威受到质疑和挑战。世卫组织最大的资助者放弃全球健康责任、试图完全退出世卫组织的做法表明依靠霸权国提供公共物品的模式存在不稳定和不可预测性。未来可以考虑从参与主体、资金供给和激励机制等多个维度着手改进工作:创新融资工具和渠道,通过发展创新风投、低息贷款、社会影响债券、私营部门投资等智慧融资工具①形成一个可预测的充足资金池,除提供资金和物资等直接援助外,考虑帮助受援国发展经济、发掘国内资源是一种更为可持续的模式;充分发挥G20、欧盟等区域性国际组织的灵活性,国家之间由于信任缺失导致公共物品提供上可能难以达成合作,但区域性组织或专门性国际组织提供的社会关系和频繁互动可以减少参与主体在卫生领域合作中的摩擦和阻碍,长期合作网络提供的未来收益也会减少一次性合作中经常出现的背叛行为,此外,与大规模集体相比,在依存度较高的小规模集体中,每个成员因在特定公共问题上面临更大的得失而更

---

① National Academies of Sciences, Engineering, and Medicine, *Global Health and the Future Role of the United States*, Washington, D.C.: The National Academies Press, 2017.

愿意承担生产公共物品的成本；使用道德约束、选择性激励和法律制裁等多种方式提高主体在全球卫生公共物品提供中的参与，例如，利用同理心等内在动机以及对声望的渴望和对指责的恐惧等外在动机激发参与主体履行承诺的动机；加强沟通，促进不同国家和主体在全球公共物品之于传染病防范的重要性上达成共识，提高卫生治理在全球议程中的优先级，鼓励全球卫生投资向全球公共物品倾斜，尤其关注国家卫生能力和全球卫生安全等具有广泛影响的基础计划，不管是出于人道主义的考虑还是出于贫困国家存在的健康隐患可能带来全球震荡的担忧，初级医疗保健都应被视为一种值得在全球范围内重新配置大量资源来保障的全球公共卫生物品。

其次，未来比以往任何时候都更加需要联合国和世卫组织等国际组织在合作网络中发挥更大的领导和管理角色。如果没有全球层面的一致努力，大多数国家都会因不能充分从公共物品中获得潜在收益而减少投资。世卫组织的成立源自国家对开展传染病外交和公共卫生区域合作重要性的认识。它汇聚全球最优秀的卫生专家，了解国家疾病信息和最佳实践，制定最佳技术规范为地方卫生实践提供专业支持。但近年来，世卫组织在应对全球突发卫生事件时的表现使其遭遇信任危机，对世卫组织的批评和指责并非完全合理，成员国对于世卫组织的有限支持束缚其核心职能发挥，还有个别国家倚仗资金投入对其议程进行干预。来自不同国家和不同领域的研究者和领导者围绕其改革给出不同见解，主张加强领导力和实际权力的呼声不断涌现。相比之下，保持世卫组织作为专业机构的独立性和中立性更为重要，因为一旦陷入政治斗争漩涡，就会沦为国家攫取自身利益的工具。未来应形成以世卫组织为核心、国家政府为主导、非政府行为体积极贡献参与的多元参与和良性互动，通过公众舆论和民间社会等渠道开展对话，自下而上推动国际合作。

最后,作为新兴大国,中国应当在全球卫生治理中发挥更大的作用。主导理论认为,国际合作和公共物品供给依赖一个有能力且有意愿的单一主导力量,①关键国家的领导尽管不能保证全球公共物品充足供应,却能够帮助打破初始困境。过去很长一段时间,美国在全球公共卫生领域扮演着这样的角色。近年来,随着经济衰退、失业率攀升、贫富差距扩大等国内社会问题的涌现,美国承担国际卫生责任的意愿逐年降低,甚至在抗击新冠肺炎疫情过程中攻击世卫组织领导层,②对世卫组织的建议充耳不闻,将政治意识形态置于流行病学现实之上,加剧全球公共物品供给的集体行动问题。相比之下,中国在应对疫情过程中积极承担卫生治理责任。作为一个人口众多、发展迅速的新兴大国,中国的卫生治理能力对其他国家具有重要影响,2002—2003年的SARS使中国卫生治理成为世界关注的焦点,国际社会对中国在全球卫生治理中发挥更好和更积极作用的期望越来越高。随着国际社会对善治的强调及中国对"负责任大国"的践行,中国近年来更加主动、广泛、深度地参与全球卫生治理。十年前,有学者提出疑惑:随着经济和政治影响力的增加,中国是否会坚定不移地参与全球卫生治理?③中国应对国内疫情取得的成绩以及在国际社会上的承诺似乎是对这一疑问最好的回应。如果说SARS是中国国内卫生治理的分水岭,④

---

① Charles Kindleberger, "International Public Goods without International Government", *American Economic Review*, 1986, 76(1), pp.1-13.

② Lawrence Gostin, Roojin Habibi and Benjamin Meier, "Has Global Health Law Risen to Meet the COVID-19 Challenge? Revisiting the International Health Regulations to Prepare for Future Threats", *The Journal of Law, Medicine & Ethics*, 2020, 48(2), pp.376-381.

③ Lai-Ha Chan, Pak Lee and Gerald Chan, "China Engages Global Health Governance: Processes and Dilemmas", *Global Public Health*, 2009, 4(1), pp.1-30.

④ Lai-Ha Chan, Lucy Chen and Jin Xu, "China's Engagement with Global Health Diplomacy: Was SARS A Watershed?", in Ellen Rosskam and Ilona Kickbusch, eds., *Negotiating and Navigating Global Health: Case Studies in Global Health Diplomacy*, Singapore: World Scientific Publishing, 2012, pp.203-219.

那么应对新冠肺炎疫情则是中国积极参与国际卫生治理的重要转折。在借助医学和非医学手段基本控制国内疫情后,中国立即通过多边和双边机制向 150 多个国家和国际组织提供物质援助,向 27 个国家派遣医学专家;①建立中非对口医院合作机制,帮助卫生体系脆弱的国家提高应对能力;承诺提供 20 亿美元国际援助支持受疫情影响的国家恢复经济社会发展秩序;支持世卫组织在促进和协调全球应对措施中的关键领导作用;承诺将中国疫苗作为全球公共产品,为发展中国家疫苗的可及性和可负担性贡献力量;提出的"人类卫生健康共同体"概念更是体现出中国致力于全球卫生公共物品供给的坚定承诺。中国之所以能够在国内和国际社会取得令世卫组织称道的抗疫成果,很大程度上得益于信息透明共享、通过政治动员迅速扩充的卫生能力、非医学干预的及时性和有效性,尤其是医护人员和科研工作者的努力和奉献。未来,中国应继续扩充高水平医护队伍,公平分配医疗资源,关注区域和群体之间的健康不平等,以及在社会认同度高的卫生领域加强国际参与。

六、结论与讨论

本文提出的集体行动分析框架旨在更为全面地讨论传染病全球传播背景下以主权国家为代表的部分行动体在集体行动中的背叛行为。研究发现,行动者在信息共享、知识生产以及卫生能力建设等传染病控制的关键方面的参与问题不仅源自其公共物品属性,还有合作网络和制度安排方面的约束。

每当构成国际传播威胁的疾病暴发时,都有倡议者站出来呼

---

① 中国国务院新闻办公室:《抗击新冠肺炎疫情的中国行动白皮书》(2020 年 6 月 7 日),中国政府网, http://www.gov.cn/zhengce/2020-06/07/content_5517737.htm,最后浏览日期:2021 年 4 月 2 日。

吁"加强在全球卫生治理方面的合作",但 2019 年暴发的新冠肺炎疫情表明,某些大国仍未能从以往经历中吸取教训。贾卡亚·基奎特(Jakaya Kikwete)曾失望地表示:"人们对未知威胁感到恐慌,却又自满无所作为。"①如果这次仍未能成为国际合作、世卫组织改革的契机,那么下一次大流行将导致更多的本可避免的死亡和损失。新冠肺炎疫情使人们认识到集体行动失败对人类健康和全球社会构成的威胁比未知病毒更为严重,但究竟能否重塑全球卫生治理体系尚未可知。

---

① U. N. High-Level Panel on the Global Response to Health Crises, "Protecting Humanity from Future Health Crises: Report of the High-Level Panel on the Global Response to Health Crises" (February 9, 2016), p.6, United Nations Digital Library, https://digitallibrary.un.org/record/822489? ln = en, retrieved December 26, 2020.

乡村治理数字化转型的多重逻辑：
以浙江省德清县为例

唐曼[*] 甘甜[**]

[内容摘要] 乡村数字化转型是推动乡村有效治理的重要方式,然而,这一转型过程遵循的逻辑及对乡村治理的作用机制尚不明确。考虑到乡村治理碎片化的现实,本文基于整体性治理理论和技术执行框架,通过分析浙江省德清县数字乡村建设的案例,发现乡村治理数字化转型背后蕴含多重逻辑,即党建引领的政治逻辑、治权强化的治理逻辑和双向互动的民众参与逻辑。一方面,这三重逻辑分别通过顶层设计、整合资源和接纳与反馈的机制作用于数字化转型过程中的制度安排、组织设计和技术应用;另一方面,这三重逻辑之间也存在明显的互动关系。本质上,这一转型是城乡模糊治理转向精准治理的体现。

[关键词] 乡村治理；数字化转型；多重逻辑；精准治理

一、问题提出：乡村治理何以"有效"？

乡村社会是国家社会发展中最末梢的治理单元,其治理的重

---

[*] 唐曼,复旦大学国际关系与公共事务学院博士研究生。
[**] 甘甜,清华大学公共管理学院博士研究生。

要性和复杂性不言而喻。可以说,"中国的治与乱、兴与衰、变革与倒退、发展与停滞,都可以从深厚的乡土文明中寻找动因和根据"①。由此可见,乡村治理是国家治理体系的重要组成部分。随着国家治理体系和治理能力现代化议题的不断推进,城市、社区等治理单元由于其经济和技术等各类资源占优势取得较好的治理效果。而现阶段我国乡村治理任务的繁重性和复杂性使乡村治理仍面临严峻挑战,基层组织涣散、服务效能低下、村民参与不足等问题仍然存在。随着中国特色社会主义进入新时代,乡村治理也进入新时期。党的十九大提出"实施乡村振兴战略",并将"治理有效"作为乡村治理的总要求之一。因此,在新形势下,为了实现乡村社会的有效治理,需要转变传统的乡村治理方式,创新乡村治理体系,数字治理为这一转变提供了良好的契机。

改革开放以来,中国社会经历了一场从总体支配向技术治理的转变,②技术治理的逻辑已经辐射到公共领域的各个方面。在技术赋能的发展逻辑下,数字中国、数字政府、数字城市等新的发展理念和治理形态不断涌现,而乡村社会作为国家治理体系中最广泛存在的基础单元,不可避免地受到数字化的冲击。2019年5月,中共中央办公厅、国务院办公厅印发《数字乡村发展战略纲要》,强调"数字乡村既是乡村振兴的战略方向,也是建设数字中国的重要内容",提出"到本世纪中叶,全面建成数字乡村,助力乡村全面振兴"的目标。此外,2020年1月出台的《数字农业农村发展规划(2019—2025年)》也提出要以数字化引领驱动农业农村现代化,这标志着我国乡村治理已经开始步入数字化转型的新时代。

然而,乡村社会能否通过数字化转型实现"治理有效"的目标?

---

① 徐勇、项继权:《村民自治进程中的乡村关系》,华中师范大学出版社2003年版,第1页。
② 渠敬东、周飞舟、应星:《从总体支配到技术治理——基于中国30年改革经验的社会学分析》,《中国社会科学》2009年第6期。

"治理有效"作为乡村振兴战略总体要求之一,源于社会主义新农村建设要求之一的"管理民主",但又有更为丰富的内涵。这意味着当前乡村治理目标的多元化与复杂化,对通过数字化转型实现乡村有效治理提出了挑战。为实现乡村治理的有效性,有学者倡导要重拾乡村价值和激发乡村活力,试图从"乡土社会"复归的可能性路径实现乡村的有效治理。[①] 贺雪峰则从乡村治理的角度,探讨通过资源下乡的方式重构乡村治理体系,从而实现乡村社会怎样发展,如何发展的问题。[②] 当前数字技术的发展在助力农村公共服务的创新供给的同时,对乡村社会治理效能的提升也起到助推作用,尤其是在全社会数字化转型的时代背景下,加速推动农业农村的数字化转型进程,能够成为立足国内大循环、促进双循环强有力的政策抓手。[③] 尽管学界对乡村治理议题表现出理论关切,但对数字技术在其中的作用逻辑揭示不足。进一步说,数字技术在乡村治理中的具体过程和运行逻辑值得深入探讨。基于此,本文采用案例研究方法,基于数字治理的相关理论并结合浙江省德清县数字乡村建设这一成功案例,对乡村治理的数字化转型过程进行探讨,重点剖析其背后蕴含的多重运作逻辑。对于上述问题的回答,有助于深化对数字乡村建设的认识和理解,并为实现乡村社会"治理有效"提供理论和实践启示。

二、文献回顾:乡村治理范式变迁与数字化转型

"乡村"作为一个地域空间概念,是相对于城市而言的,一般指

[①] 胡红霞、包雯娟:《乡村振兴战略中的治理有效》,《重庆社会科学》2018年第10期。
[②] 贺雪峰:《通过资源下乡来重构村庄治理体系》,《农村工作通讯》2017年第7期。
[③] 殷浩栋、霍鹏、汪三贵:《农业农村数字化转型:现实表征、影响机理与推进策略》,《改革》2020年第12期。

涉的是城市以外的地域,但它同时也是一个生产生活空间和治理空间。因此,对"乡村治理"的探讨不仅局限于地理空间上的基础设施以及外在表征,更多地聚焦在权力资源配置以及各类行为体与行为方式的演变。

整体来看,"乡村治理"经历了多次范式变迁,学界已有的代表性观点基本可以概括为两分法、三分法,分别将中国乡村治理划分为不同的阶段。其中,两分法的代表性文献又有不同视角。有学者从政府与市场二分的视角切入,认为新中国成立以来的乡村治理可以划分为两个阶段,即从1949年到1978年是以政治整合为主导的时期,从1978年至今是以市场整合为主导的时期。① 也有学者从政治与社会两方面考察,认为1949—1978年的乡村治理是单向度的国家政治整合,而改革开放以后,政治整合开始松动,随之而来的是社会整合的重启。② 最常见的是对乡村治理的三分法研究,文斌等学者将新中国成立后我国乡村治理的演变划分为"乡苏维埃"(1949—1958年)、"政社合一"(1958—1978年)、"乡政村治"(1978年至今)三个阶段。③ 另有学者将新中国成立后我国农村社会管理体制演变划分为三个阶段,只是在后两个阶段时间节点的选择上略有不同。④ 跳出纵向阶段划分的维度来看,乡村治理研究的焦点主要集中在公共权力问题上。⑤ 具体来讲,当代中国乡村治理的研究与人民公社解体和村民自治的推行有关,自治的过程也是一个公共权力下沉的过程。随着国家治理现代化的提出,推动乡村治理现代化并实现乡村有效治理成为当下必须面对

---

① 谢雯、黄新宇:《农村社会管理体制创新的变迁与新识》,《求索》2011年第11期。
② 狄金华、钟涨宝:《中国农村社会管理机制的嬗变——基于整合视角的分析》,《吉林大学社会科学学报》2012年第3期。
③ 文斌、吴红:《农村社会管理体制改革创新的多维动因探究》,《攀登》2011年第5期。
④ 郭泽保:《构建中国现代农村社会管理体制的路径选择——基于社会转型期存在的问题》,《福建行政学院学报》2009年第3期。
⑤ 贺雪峰、董磊明、陈柏峰:《乡村治理研究的现状与前瞻》,《学习与实践》2007年第8期。

的核心议题。在这一背景下,乡村治理需要增加更丰富的维度和内容。党的十九大报告指出:"加强农村基层基础工作,健全自治、法治、德治相结合的乡村治理体系。"①该阶段的乡村治理要求在自治的基础上融合法治与德治,2019年印发的《数字乡村发展战略纲要》进一步提出"要着力发挥信息技术创新的扩散效应、信息和知识的溢出效应、数字技术释放的普惠效应,加快推进农业农村现代化"②,强调网络化、信息化和数字化在乡村治理中应发挥的作用。由此,乡村治理进入了数字化转型的新阶段。

关于乡村治理数字化研究主要围绕技术赋能乡村治理与数字乡村理论建构两方面展开。就前者而言,学界普遍认为大数据等数字技术作为促进社会治理现代化和精准化的重要手段能够为乡村"治理有效"的目标实现提供重要驱动力。③ 技术治理形态的出现,通过技术嵌入科层制体系互动、重构与沉淀,催生出新的治理技术和样态。④ 现代信息与通信技术作为新的生产要素和治理工具能够极大地拓展乡村治理空间。从技术赋能和技术治理角度展开的研究主要着眼于微观层面的现实应用,将新的治理工具运用到精准扶贫⑤等具体问题领域中。由于城乡二元结构的历史问题以及数字技术发展水平的差异性,有学者关注到乡村治理的"信息鸿沟"问题。他们认为信息鸿沟的扩大会进一步压缩乡村获取信息资源的机会,加剧村民陷入"数字化生存"的危机,而要弥补这一差距,需要制度、技术、保障、教育等多重组合。⑥ 换言之,要将数

---

① 习近平:《决胜全面建成小康社会 夺取新时代中国特色社会主义伟大胜利——在中国共产党第十九次全国代表大会上的报告》,人民出版社2017年版,第32页。
② 中共中央办公厅 国务院办公厅《数字乡村发展纲要》,2019年。
③ 冯献、李瑾、崔凯:《乡村治理数字化:现状、需求与对策研究》,《电子政务》2020年第6期。
④ 唐亚林:《新中国70年:政府治理的突出成就与成功之道》,《开放时代》2019年第5期。
⑤ 汪三贵、郭子豪:《论中国的精准扶贫》,《贵州社会科学》2015年第5期。
⑥ 陈潭、王鹏:《信息鸿沟与数字乡村建设的实践症候》,《电子政务》2020年第12期。

字信息技术运用到乡村治理中,在诸多方面助推乡村治理模式转型,促使其从封闭式管理走向开放式治理。① 此外,技术嵌入乡村治理,还意味着管理体系和配套制度的改善。健全的农业信息和数据监测分析系统、互联互通的基础设施体系以及完善的政府监管路径均是乡村治理数字化转型的现实基础所在。② 在技术赋能的基础上,乡村在政治、经济、文化、生态、社会等各个领域实现数字化转型。

由于数字乡村建设的重要性日益凸显且存在实践先于理论发展的现象,学界开始将目光转移到乡村治理数字化的理论探讨中。冯献等学者聚焦乡村治理的数字化架构,从基础与条件、实现形式、实现目标等维度整体梳理出逻辑链条。③ 作为一种新型的乡村治理模式,制度体系等方面需要进一步建立健全。有学者从技术治理的角度切入探讨乡村技术治理体制机制建构,包括信息传播机制、资源互通机制、创新创业机制和跨界融合机制。④ 也有学者对乡村治理的智能属性进行论述,并结合浙江、贵州、湖北等省的实践经验,从政务体系构建、基础设施、制度规则等层面做相应的分析研究。⑤

总体上,已有文献对乡村治理的研究能够带来诸多增益启示,但是对于乡村治理的新兴范式,即数字乡村治理的研究还存在进一步研究的空间。现有研究多是对技术应用具体领域的讨论和顶层设计方面的分析,但是对于乡村治理数字化转型过程的运作逻辑缺少治理层面的剖析,而乡村治理的核心是要理解乡村治理的

---

① 赵早:《乡村治理模式转型与数字乡村治理体系构建》,《领导科学》2020 年第 7 期。
② 沈费伟:《乡村技术治理的运行逻辑与绩效提升研究》,《电子政务》2020 年第 5 期。
③ 冯献、李瑾、崔凯:《乡村治理数字化:现状,需求与对策研究》,《电子政务》2020 年第 6 期。
④ 沈费伟、诸靖文:《乡村"技术治理"的运行逻辑与绩效提升研究》,《电子政务》2020 年第 5 期。
⑤ 刘俊祥、曾森:《中国乡村数字治理的智理属性、顶层设计与探索实践》,《兰州大学学报》(社会科学版)2020 年第 1 期。

机制及其内在逻辑。① 基于此,本文拟从乡村治理数字化转型的具体运行逻辑入手,通过微观层面的案例呈现和剖析数字乡村所体现的不同于以往的运作逻辑,并探讨乡村治理数字化转型的下一步发展路径。

三、分析框架与案例呈现

(一)分析框架:整体性治理与数字化转型

长期以来,乡村治理中的"碎片化"问题比较突出。基层党建、基层治理、社会服务提供等相关的制度和机制缺乏统一规划和有机整合,在公共服务体系建设、信息资源交换与互通等方面也存在统筹程度较低、规范性和整体性不强等问题。但是乡村作为基层治理的重要场域,担负"整合资源"与"形成互动"的重要任务,因此,要实现乡村社会"治理有效",需要着眼于整体性视角,从整合的理念和思路出发,将乡村治理的多维复杂化任务置于一个分析框架下进行考察。基于此,本文拟选择整体性治理作为分析的理论工具。

佩里·希克斯(Perry Hicks)是整体性治理理论的创立者。该理论的出发点是运用现代信息技术拆除部门之间的藩篱,并通过整合公共服务的供给部门,实现对新公共管理"碎片化"治理的战略性回应。因此整体性治理理论实则是建立在两个现实背景之上:一是盛极一时的新公共管理运动的式微;二是信息技术的发展,即数字时代的来临。② 整体性治理的主要内容包括:强调预

---

① 贺雪峰、董磊明、陈柏峰:《乡村治理研究的现状与前瞻》,《学习与实践》2007年第8期。

② 竺乾威:《从新公共管理到整体性治理》,《中国行政管理》2008年第10期。

防、公民需求和结果导向;强调整体性整合、技术整合、目标和手段的增强;重视信任、责任感和制度化。① 从理论层面看,整体性治理的核心要义包含以下四个方面:一是树立以人民为中心的治理导向,二是构建以信息技术为核心的治理手段,三是倡导以整合、协同和责任为架构的治理机制,四是达到为公民提供无缝隙的整体性政府公共服务的治理目的。② 乡村治理的数字化转型正是当下数字时代所致的一种必然趋势,而其面临的碎片化问题也亟须在数字赋能的基础上进行有效的治理整合。从整体性治理出发对乡村治理数字化过程进行深刻的审视和剖析,可以获得更全面的刻画和认知。

党的十九大报告强调"打造共建共治共享的社会治理格局",要"完善党委领导、政府负责、社会协同、公众参与、法治保障的社会治理体制"。③ 这与整体性治理倡导的"以整合、协同和责任为架构"的治理机制高度契合。在乡村这一治理场域中,涌现多类行动主体,其中政党(本文指"党委")、政府以及村民是最主要的治理主体。在当前中国的治理格局中,政党处于领导核心地位,遵循政治逻辑;政府处于主导地位,遵循行政性的治理逻辑;村民处于参与地位,遵循社会性和乡土性逻辑。在乡村治理数字化转型阶段,尽管原有治理主体相对分离,处于碎片化状态,但在信息技术的推动下,通过整合资源、再造结构等方式,有利于推动整体性治理体系建设,是推动乡村有效治理的重要契机。④

---

① 曾凡军、韦彬:《整体性治理:服务型政府的治理逻辑》,《广东行政学院学报》2010年第1期。
② 翟云:《整体政府视角下政府治理模式变革研究——以浙、粤、苏、沪等省级"互联网+政务服务"为例》,《电子政务》2019年第10期。
③ 习近平:《决胜全面建成小康社会 夺取新时代中国特色社会主义伟大胜利——在中国共产党第十九次全国代表大会上的报告》,人民出版社2017年版,第49页。
④ 韩兆柱、单婷婷:《网络化治理、整体性治理和数字治理理论的比较研究》,《学习论坛》2015年第7期。

数字化转型起源于工商业管理领域,大致经历了三个重要阶段,即信息化阶段、数字化阶段和数字化转型。① 数字化转型通常是指基于现代信息技术的引入和应用,应用对象以及领域出现向网络化、智能化转变的过程。② 其中,信息化阶段主要强调应用传统的信息及通信手段;数字化阶段侧重于新兴的大数据、云计算、AI技术的应用;数字化转型则侧重于信息化和数字化技术,实现整体性的组织和运作过程的战略转变。随着公共领域内电子政府、开放政府等实践,数字化转型的概念进入公共管理研究者的视野,并被赋予推动行政改革和政府转型的功能性内涵,甚至被认为是应急管理领域改革的重要依托。③

　　建设数字乡村既是乡村振兴的战略方向,又是建设数字中国的重要内容。随着信息化、网络化和数字化在农业农村发展中的广泛应用,数字乡村建设将持续释放数字红利,成为建立乡村现代化经济体系、现代乡村社会治理体系、开启城乡融合发展和现代化建设新局面的重要抓手。④ 随着数字下乡工程的推进,乡村治理数字化转型受到学界和实务界的广泛关注。通常,乡村治理数字化转型是指"利用数字技术,推动乡村治理信息化、智能化和现代化"⑤。在这一过程中,最重要的任务是推动乡村治理数字化体系建设。这一体系并不仅仅指涉政党、政府和村民等治理主体的整合与协同,还涉及多个方面。简·芳汀(Jane Fountain)针对数字化

---

① 刘飞:《数字化转型如何提升制造业生产率——基于数字化转型的三重影响机制》,《财经科学》2020年第10期。
② 孙琳琳、郑海涛、任若恩:《信息化对中国经济增长的贡献:行业面板数据的经验证据》,《世界经济》2012年第2期。
③ 卢向东:《准确把握数字化转型趋势,加快推进数字政府建设——从"数字战疫"到数字政府建设的实践与思考》,《中国行政管理》2020年第11期。
④ 江维国、胡敏、李立清:《数字化技术促进乡村治理体系现代化建设研究》,《电子政务》2021年第7期。
⑤ 饶静:《数字乡村建设对构建新发展格局具有重要意义》,《国家治理》2021年第20期,第15页。

转型议题,提出了著名的技术执行框架(technology enactment framework,TEF)。她指出,数字化转型以客观的信息技术为基础,但对于信息技术所处的制度、组织和技术应用本身都会产生重要影响。① 言下之意,数字化转型不仅是单纯的技术转型问题,还涉及制度安排、组织设计和技术应用过程本身等诸多方面的转型,是一个多维、立体的范畴。综合整体性治理理论对治理主体的整合以及技术执行框架对数字化转型的维度划分,本文提出如下分析框架(如图1所示)。

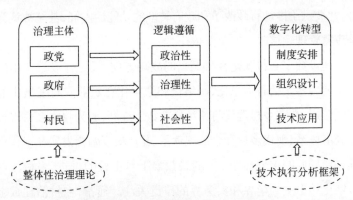

图1 乡村治理数字化转型的分析框架

(二)案例选择:浙江省德清县的数字乡村建设

本文选择浙江省德清县作为研究个案。德清县作为浙江省首批美丽乡村示范县,同时又是联合国世界地理信息大会举办地,拥有良好的美丽乡村和数字技术发展基础。近年来,德清县委县政府高度重视数字乡村工作:一方面,通过加大财政投入,整合各类资源,坚持把以地理信息为基础而衍生开来的数字技术广泛运用到经济社会发展的方方面面,特别是将数字乡村治理融入乡村振

---

① [美]简·芳汀:《构建虚拟政府:信息技术与制度创新》,邵国松译,中国人民大学出版社2010年版,第79—81页。

兴工作之中,在全省率先构建"数字乡村一张图",建成全国首个渔业尾水治理全域智能监管平台,并以全县 141 个行政村为舞台,开展了一场大规模的"数字革命";另一方面,全面推进全域数字治理试验区建设,探索一条以数字赋能撬动乡村振兴的发展新道路,数字赋能乡村发展、数字赋能乡村治理、数字赋能乡村服务,在开展数字乡村建设过程中推进了数字技术与农业产业的深度融合,加快 6 个省级数字工厂建设,有效推动了县域农村生产、生态、生活"三生空间"全面数字化转型。截至 2021 年 6 月底,数字德清总门户已上线任务数 1 057 个,四大综合应用上线,其中典型应用共 26 项,分别是数字政府 8 项、数字社会 5 项、数字经济 4 项、数字法治 9 项。①

本文之所以选择德清县作为研究案例,主要是基于以下两方面原因。一是案例的典型性,2020 年 11 月,农业农村部发布数字乡村建设典型案例,浙江省德清县"建设全域数字治理试验区"案例位列第一,因此通过对德清县的数字乡村治理进行研究可以得出有益经验并在全国范围内进行推广。二是案例与研究主题的恰适性,要对乡村治理数字化进行研究,研究对象需要开始并处于数字化转型的过程中,并且能够取得一定的治理效果,在此基础上开展的微观具体案例研究具有较好的参考性价值。

四、乡村治理数字化转型的多重逻辑

新型城镇化、城乡一体化、国家治理现代化等战略目标的提出

---

① 数字政府的 8 项应用是:GEP 核算辅助决策及生态价值转化、农产品全链条数字化、标准地企业投资项目信用监管应用、数字国土空间应用、智慧交通、数字城管、政务服务、内外贸一体化应用场景;数字社会的 5 项应用是:数字乡村一张图、数字教育、数字卫健、数字残联、数字救助;数字经济的 4 项应用是:经济运行监测、企业亩均效益评价、项目浏览、数字地图;数字法治的 9 项应用是:渣土数字化智慧服务管理、政法一体化办案集成应用、社会矛盾纠纷调处化解集成应用、基层社会治理综合应用、解纷码、智能办案、数字警务一张图、雪亮工程、数字城管。

和实施,标志着我国经济社会发展及其相应治理体制进入了一个新时期。"乡村"作为一个复杂的空间场域,在其治理过程中需要考量诸多要素。从整体性治理的视角出发,结合具体的案例实践,本文认为在乡村治理的数字化转型过程中主要运作逻辑包括:党建引领下的政治逻辑、治权强化下的治理逻辑和双向互动中的民众参与逻辑。这三种逻辑分别作用于乡村数字化转型中的制度安排、组织设计和技术应用,三者共同形塑了数字时代下的乡村治理新范式。

(一)党建引领下的政治逻辑

新时代下乡村治理亦身处现代国家建构进程之中,其主要特征表现为:"从现代国家建构的内部性看,它至少包括两个方面的一体化过程:一是将政治权力从散落于乡里村落集中到国家,纵向集权,形成统一的国家'主权';二是从统一的权力中心发散,纵向渗透,使政治权力的影响范围在地理空间和人群上不断扩大,覆盖整个领土的人口,渗透到广泛的社会领域,特别是分散的乡里村落。"[①]从分散到整合,党建在乡村治理的一体化进程中发挥了政治上的整合功能。中国共产党作为一个革命政党力量在乡村社会的介入,主动打破了传统的权力结构和治理体系,使党在作为革命领导主体和治理主体的同时,也承担起并最终完成了整合分散化乡村社会的重要任务。

村级党组织作为中国共产党的"神经末梢",也是党和国家开展农村工作的核心力量。2019年9月,中共中央印发《中国共产党农村工作条例》,作为中国共产党首次制定的农村工作领域的内部法规系统地阐述了党领导农村工作的体制机制。这也进一步表

---

① 徐勇、项继权:《现代国家建构中的乡村治理》,《华中师范大学学报》(人文社会科学版)2007年第5期。

明党的领导在新时代的乡村治理中具有不可替代的作用,实际扮演制度安排者的角色。近年来,数字化转型作为新时代乡村治理的重要发展方向,党建引领是保障其有效推行的关键性环节。在国家治理体系框架内,村级党组织处于纵向权责结构的基础环节,承担各项政策的执行任务,负责中央与地方的各项法律、政策及具体措施在乡村的贯彻落实。① 在乡村治理数字化转型过程中,党的建设在制度层面提供了重要供给。

在德清县乡村治理数字化模块中,党建引领扮演了非常重要的角色。在乡村社会发展不充分、不成熟的情况下,政党建设能够在一定程度上弥补这种真空状态,以政治整合的方式促进社会各类事务的统合治理。因此,在数字赋能的基础之上,通过党建黏连乡村治理中的各项事务和各类群体,也进一步凸显政治秩序在乡村治理中的关键作用和党组织在乡村社会的领导态势。在实际工作中,党在乡村社会的领导作用通过党员示范、业务指导和党群互动共同发挥作用。例如,洛舍镇结合"亲清直通码",对手机端"数字党务"公开内容进一步完善,有针对性、有侧重点地将村庄的三年发展规划、党员先锋指数考评、党员发展动态等10项内容向手机用户公开。村民只需扫描二维码,就可以实时了解村级党务公开情况,还可以反馈个人意见。再如,东衡村党委则通过"数字党务"模块全面公开116位党员参加组织生活、助力中心工作等情况,对不经常参加组织生活的党员进行党务提醒,公开公示党员领办项目,强化党建引领作用。

(二) 治权强化下的治理逻辑

在对世纪之交的"三农"问题的解读中,农民负担的根源被认为是乡村两级组织的权力滥用。因此在之后凭借税费改革的契

---

① 韩旭:《村级党组织建设与新时代乡村治理体制》,《人民论坛》2018年第6期。

机,国家推动了相关制度的改革并重构乡村的公共权力。在具体的政策实践中,国家基本上也沿着弱化乡村"治权"的路径行进。[①]具体来说,国家主要弱化乡村组织配置各种资源的能力,而这种资源既包括物质性资源,也包括权威性资源。近年来,随着国家治理体系和治理能力现代化的不断深入,治理结构也发生了重要调整。在基层,治理重心的不断下沉已经成为新的特征。在这一过程中,乡村治理数字化转型获得了拓展空间。传统乡村治理体系中的基层自治模式与繁冗复杂的现代乡村生活出现了悬浮式治理、空心化治理等诸多融入性难题。要破解以往的难题,真正实现数字化转型,就需要对乡村治理的组织设计进行重构和优化,而农村网格化管理的推行疏解了这一困扰。网格化管理旨在把行政化管理语境下的农村社区实体转化为由地方统筹治理的基层社会"网格"单元。

农村网格化管理工作的主要特征表现为依靠行政力量下沉,将基层权力的触角渗透至乡村社会"网格"之中,并整合各方治理资源。这一治理技术的精准化特征正是乡村治理数字化转型的重要方面。德清县推行的综治"网格化管理"通过分层管理,将治理任务进一步分解落实到各个网格员,同时建立目标管理制度和信息反馈制度,由以往的粗放式管理转为精准化治理,并在一定工作日内及时处理村民诉求和建议。在这一强有力的治理基础之上,德清县推行乡村治理数字化转型具备了良好的现实条件。借助数字技术打造的集成村庄人口、资源、空间等各种数据要素的"数字乡村一张图"平台目前已经全面覆盖德清县 141 个村。"数字乡村一张图"把历年投入的公共基础设施感知设备数据接入"城市大脑",智能化形成精细的数据报表和具象的发展趋势分析,为政府决策提供大数据支撑。此外,德清县依托"数字乡村一张图"还开

[①] 张静:《基层政权:乡村制度诸问题》,上海人民出版社 2007 年版,第 30 页。

发了全省首个农村环境卫生智能监管系统,利用遥感监测和人工智能辅助分析,实现对人居环境、违章搭建等问题的精准定位、自动归类。

数字技术的嵌入结合网格化的治理基础有效打破了乡村治理的信息壁垒。"通过打破自然资源、农业、交通、建设等 20 多个部门的数据壁垒,我们实现了数据资源共享,摸清了每个村的'家底'"①,德清县大数据发展管理局局长应聿央如是说。在对村庄情况进行详细了解之后,德清县建立健全"治理直通车"服务长效机制,具体而言德清县政府采取了如下措施:结合"网格化管理"的治理基础,将各类诉求汇聚提交到基层治理平台统一分发、分类处置、实时呈现;整合各镇(街道)、相关职能部门、社会组织、企业单位等多方力量,协同解决乡村治理数字化转型过程中出现的各类问题,最终形成全领域的数据闭环治理体系。

(三)双向互动中的民众参与逻辑

乡村治理中面临的两大结构性问题:一是由于市场化、城镇化和现代化进程不断加速,原来乡村社会独有的生活方式被侵蚀,村集体的身份认同不断减弱;二是乡村人口外流导致"空心化"现象,村民难以实质性参与到乡村治理中去。20 世纪 90 年代,我国实现"村民自治"的治理模式,但是在"乡政"和"村治"相对分离的二元治理结构中,公共政策的落地很少考虑基层村民的意愿和真实诉求,农民对政策的执行或评估也缺乏有效的监督,造成政社互动失衡。传统的乡村治理是一元化、垂直型管理模式,政府是其中唯

---

① 霍建虹、钱祎、吴丽燕、王钰涵:《一张图管住村里大小事 德清用数字化赋能乡村治理》(2020 年 7 月 2 日),浙江新闻网,https://zj.zjol.com.cn/news.html? id=1477658,最后浏览日期:2021 年 12 月 12 日。

一的权力中心和治理主体,①将数字信息技术特别是大数据、云计算运用到乡村治理中,会颠覆这种传统管理方式。

在数字治理赋能下,乡村社会各类群体参与治理的机会和可能性大大增加。正如简·芳汀所言:"因特网以及信息通信技术的不断更新,从根本上改变了传播、工作、企业和政府的组织方式,作为一项革命性的技术,因特网提供了影响政府结构以及政府和市民关系的技术潜力。"②事实上,数字技术在乡村治理场域的出现也在一定程度上影响基层组织的运作方式以及基层政府与村民的关系。一方面,技术的介入为村民参与公共事务和公共治理建构了新的空间;另一方面,村民在参与过程中发现的问题也可以通过反馈进一步优化数字技术的应用。

德清县在数字化转型过程中借助数字技术,通过精密化的治理方式及时回应乡村治理的难点痛点问题,不断探索乡村自治数字化。设立乡贤议事厅、微改革、社区共享、微公益、清廉乡村等线上参事议事平台,不断提高群众参与意识,实现线上线下互通。村民通过微信就可参与村务管理,及时发现和解决关系群众切身利益的热点难点问题。如新市镇宋市村的"幸福云"通过微信发布以"幸福指数"为核心的考核体系,将垃圾分类、环境整治、美丽庭院、村规民约的执行效果列为考核对象,量化分值。村民只要通过微信就可参与村级事务的管理、决策和监督。

村民的参与不再是单向度的,而是一种基于反馈和响应基础上的互动式参与,具体呈现在如下三个方面。首先,在现有的技术水平下,村民可随时利用手中的电脑和手机等移动设备登录政府网站同政府部门进行交流和对话。德清县整合乡村基础设施大数

---

① 谭九生、任蓉:《大数据嵌入乡村治理的路径创新》,《吉首大学学报》(社会科学版)2017年第6期。

② [美]简·芳汀:《构建虚拟政府:信息技术与制度创新》,邵国松译,中国人民大学出版社2010年版,第21页。

据,如道路维护、公共厕所、各类应急电话、停车位等,将信息定向推送,让群众掌握最新消息动态。其次,建立高效便捷的线上民情反馈渠道,通过移动端小程序,便捷反映身边各类民生问题,联通基层治理综合信息平台,实现"反映—响应—处理—反馈—评价"的全流程闭环,在很大程度上促进了乡村社会"治理有效"。最后,通过平台实时反馈网格员行走轨迹,让每一次服务都"有迹可循",即随时记录走访过程中发现的各类问题并记录,通过现场定位,缩短问题报送、问题交办流程,让群众参与、让群众监督、让群众发声,实现高效良性的"政民互动"。在数字化转型过程中,依靠农民主体进行自下而上的参与和监督,获得乡村治理的内生型增长力量,从而推进乡村振兴,具有强烈的社会价值和稳定功能。

综上,本文提炼出乡村治理数字化转型的三重逻辑(如图2所示)。

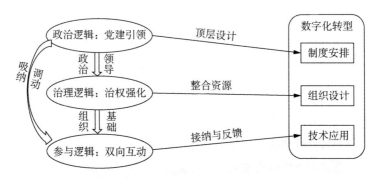

图2　乡村治理数字化转型的多重逻辑

党建引领下的政治逻辑、治权强化下的治理逻辑以及双向互动中的民众参与逻辑在乡村治理走向数字化转型的过程共同发挥效用。党建引领的政治逻辑是乡村治理数字化转型逻辑的基础层,在制度安排和供给中具有顶层设计的作用。基层党组织对各类资源的整合,产出了"党建政治秩序"的结果。在中国,离开中国共产党这一力量则无法解释治理——中国共产党的介入弥补了

"权力真空",发挥了政治核心的作用。从深层次来看,政党组织通过治权统合构建了乡村社会治理的政治秩序,并且在政权建设之外更多地切入了对村民的生活服务和关心。治权强化的治理逻辑是乡村治理数字化转型的第二层逻辑。党建深入乡村治理,一并把科层制的工作逻辑带入乡村社会,在技术加持乡村治理数字化转型的背景下,乡村社会各项事务的管理得以打破壁垒,实现统筹安排和精准化治理。行政组织通过治权强化,整合和联通乡村场域中碎片化的资源,构建了乡村社会的治理秩序。与此同时,村民的生活秩序越来越多地受到数字技术影响,因此村民自身以及企业组织等社会力量被选择性地导入乡村治理,在此基础上形成的双向互动的民众参与逻辑构成了乡村治理数字化转型的第三层逻辑。以往在大多情况下,只有个体生活需求或者权利受到侵犯,村民才会选择主动借助社会参与和政治参与的形式来保卫自己的生活空间。而在乡村治理面向数字化转型后,技术的介入为村民参与公共事务和公共治理建构了广阔的参与空间。村民这一乡村社会的主要群体在接纳数字技术嵌入其生活的同时也可以通过反馈和有效使用信息推动技术的不断优化革新,村民由此得以深入有效地参与到乡村治理的运作中来。

  乡村治理数字化转型背后的三重逻辑之间也具有一定的联系。党建引领的政治逻辑为治权强化的治理逻辑提供了政治上的领导,国家的基层治理往往需要强大的政党力量对其进行领导和巩固,以确保其拥有坚实的政治基础。同时,党的领导对于村民的互动参与亦有吸纳和调动作用,可以通过思想教育和实践活动唤醒村民参与村务治理的积极性。治理逻辑则为数字治理下村民参与公共事务提供了组织基础,行政力量的下沉以及精准化治理的取向为村民提供了参与村务治理的渠道,拓展了村民参与的公共空间。

五、从模糊到精准：乡村治理数字化转型的本质

从本质上来看，乡村治理数字化转型呈现的是一种从模糊治理向精准治理的趋向，且这一趋向是多维度的，涵盖制度安排、组织设计和技术应用三个层面，而党建引领、治权强化与双向互动的运作逻辑是精准化治理本质的呈现。在传统的乡村治理中，农村社会的复杂性和异质性一定程度上反映出国家干预的对象是充满模糊性的，这也是传统乡村治理模糊性的真实写照。改革开放以后，政府转向"有限政府"，国家政权从村级收缩到乡镇一级。本质上讲，村委会并不是政府组织，而是基层自治组织，但它们却承担着政府任务下沉的管理与服务职能。随着现代化发展，模糊化的治理无法满足日益复杂的乡村社会公共事务。正如习近平总书记指出："随着改革开放和社会主义现代化建设不断向前推进，各项工作对专业化、专门化、精细化提出了越来越高的要求，采取一般化、大呼隆、粗放型的领导方式和领导方法是完全不能适应的。"①数字化技术嵌入乡村社会运作过程正是打破了这种模糊性，让乡村治理迈向精准化。

"精准化"具有精确、细致等含义，是20世纪50年代起源于发达国家的一种企业管理理念。随着社会分工的逐渐细化以及服务精准程度的不断提高，原本粗放式的管理思想以及管理方式中低效的弊端愈发显现，从而产生了对高效、优质、精简等精准化理念的强烈诉求，精准化管理因此成为现代工业与企业管理中的新思想。新公共管理理论认为，"精准化管理"的实质就是通过规范化、程序化、标准化、信息化的手段，要求每一个环节都要尽可能精准，

---

① 习近平：《在党的十九届一中全会上的讲话》，《求是》2018年第1期，第7页。

从而形成一个完善的管理系统,降低组织成本,提升组织效率。①尽管"精准化"发轫于管理领域,其同样是乡村社会治理演变的核心面向。这里的"精准化"至少包含两个层面的含义:一方面强调从"粗放"到"精准"的转变,另一方面强调从"管理"到"治理"的转变。前者将着力点置于行政管理的程序与技术上,借助"标准化、流程化、信息化等手段,将全面质量管理等科学方法运用到社会治理实践中去"②。后者则是聚焦于民众诉求的回应性,通过增强民众在乡村事务治理中的,以社会参与提升地方治理和公共服务供给的灵敏度和细致化程度,突出精准化治理的主体和"以人为本"的价值导向。乡村治理的数字化转型便是致力于拓展乡村社会的治理空间,凝聚各类资源并激活乡村治理的社会力量,用技术打破以往村民在村务治理中的信息不对称劣势,为村民直接参与乡村公共事务创造新的数字化途径。精准化从本质上要求合理动员和有效配置各类资源,既释放乡村社会中各类主体、资源的活力并促进其流动,又注重各治理主体在活力基础上的规范、有序以及问题的有效解决。

精准化治理并非单一、简单的工程,而是复杂的系统工程,它需要打破过往党政间、政府部门间、政社间的区隔,突破碎片化的治理现状,因此乡村治理数字化转型过程中还须实现政治、治理和民众参与三重逻辑的和谐互动。具体来说,政治逻辑是统领性力量,政党需要在决策中充分考量政府的执行能力,一方面为政府提供完善的制度安排和激励机制,另一方面为治理对象提供完善的党政协调渠道。此外,为了更好地鼓励乡村民众参与其中,政党要充分吸纳和调动社会力量。例如,通过吸纳具有参与积极性的优

---

① 王阳:《从"精细化管理"到"精准化治理"——以上海市社会治理改革方案为例》,《新视野》2016 年第 1 期。
② 陆志孟、于立平:《提升社会治理精细化水平的目标导向与路径分析》,《领导科学》2014 年第 13 期,第 15 页。

秀人才入党,由他们引领所处地区的民众参与工作;通过调动社会志愿力量,鼓励乡村区域的民众在数字化转型过程中"共建共享"。治理逻辑作为重要的整合与组织力量,要求政府在政党的指导下,充分整合各方资源,为数字治理的引入和运行提供信息、资金、人才、政策等资源。同时,为了适应数字化转型的进程,政府自身要进行组织再造,通过精简机构、网络办公、信息系统管理等方式完成数字化政府组织的设计工作,为乡村居民提供便捷的参与渠道。民众参与逻辑则是关键的补充力量,乡村民众自身要有主动参与的意识,与政党、政府形成良性的双向互动,既主动接纳新兴治理模式,又主动监督和反馈,促进数字化转型工作朝"便民、利民"的方向前进。总体来说,上述三重转型逻辑只有形成良性互动,三方治理主体只有充分发挥各自的作用,有统领,有执行,有参与,协同共治,才能实现乡村治理数字化转型,最终推动乡村治理现代化。

在数字化转型过程中,数据是数字治理的原材料,其质量好坏也是数字治理的关键。因此,为收集高质量的数据,需要实时精准掌握村庄的环境污染、违章搭建、矛盾纠纷等信息。在网格化治理的组织基础上,数字化平台借助数据实现了对乡村公共事务的精准治理:一方面,通过精准的数据搜集为村民提供精准化服务,包括村务公开、党务公开、财务公开、精准帮扶等,实现了线上线下服务的"全天候""零距离",也促使移动端小程序和数字平台成为村庄治理的重要补充力量;另一方面,借助现有的信息技术将参与农村政治生态优化的主体微缩为虚拟数字,可以实现社会风险的动态化监控,进一步推动乡村治理复杂性的精准梳理和高效治理。数字治理的优越性在于从"管人""管物"向"管数"转变,而正是这种转变让乡村社会的治理目标和治理秩序更加清晰化。此外,在传统乡村社会治理中,村民囿于渠道不足,难以成为乡村治理的真正主体,数字治理则可以为村民提供参与乡村公共事务的平台和机会,通过网络技术赋予村民治理权利,既保障了村民自治的权利,也保证了乡村治理的民主性和科学性。

总体上,从模糊化到精准化是一个系统转变的过程,需要在制度、组织、技术等多个维度上转型,以便更加适应精准化治理的要求。这一转型过程也要求政治、治理和民众参与逻辑的协调,需要政党、政府和村民的协同。因此,这一转型仍然有待实践的不断深入和学界的不断关注与探究。

数字时代我国边境海关国门安全智慧防控治理模式研究

朱　晶[*]　李清华[**]　张　扬[***]

[内容摘要]　数字化趋势下,作为进出境监督管理机关的海关需要建构起国门安全智慧防控治理新模式。边境海关作为落实总体国家安全观的重要一环,在应对错综复杂的全球安全形势的同时,更直接地面对周边国家带来的系列风险和挑战,其维护国门安全的内涵和外延更加多元、时空领域更加宽广、影响因素更加复杂。本文基于数字时代背景分析边境海关维护国门安全面临的复杂形势,探讨在实际执法中存在的不足及薄弱环节,最后提出以智慧海关、智能边境、智享联通建设为重点,进一步提升国门安全防控治理能力的政策建议。

[关键词]　国门安全;智慧海关;智能边境;智享联通;防控治理能力

一、问题提出

国门安全是总体国家安全观的重要组成部分,是统筹发展与

---

[*] 朱晶,复旦大学国际关系与公共事务学院行政管理专业博士研究生,上海海关学院党校工作部副主任。
[**] 李清华,乌鲁木齐海关所属霍尔果斯海关党委书记、关长。
[***] 张扬,复旦大学国际关系与公共事务学院行政管理专业博士研究生。

安全,以高水平开放推动高质量发展,构建国内国际双循环相互促进新格局的重要基础。当前,海关维护国门安全的形势任务和工作要求已发生了巨大变化。2018 年,根据党和国家机构改革部署,原出入境检验检疫管理职责和队伍划入海关,中国特色社会主义新海关应运而生。新海关除承担监管、征税、打私、统计等传统职能之外,还需负责把好口岸公共卫生安全关、重大疫情防控安全关、进出口食品安全关和进出口商品质量安全关等,国门安全的内涵和外延更加丰富、时空领域更加宽广、影响因素更加复杂。在全球贸易领域新需求快速增加、疫情常态化和经济数字化深刻影响海关改革发展的方向和进程的时代背景下,世界各国海关更加关注数字化浪潮和后疫情时代下自身在维护安全、促进贸易便利化中的角色定位和管理模式。

边境海关作为落实总体国家安全观极具特点的重要一环,必须在新时代突出新作为、体现新担当。边境海关是指辖区与邻国接壤的边境地区海关。于我国而言,辖区与邻国接壤的边境地区直属海关有 10 个,其辖区口岸大部分处于国门边境一线,与周边国家国土接壤、道路相连、空域相通,涉恐涉暴、疫情疫病、食品安全、质量安全等各类风险要素在边关口岸防控的复杂程度和难度较其他类型海关更大。随着我国进一步扩大对外开放、"一带一路"倡议、东北振兴战略以及新时代推进西部大开发战略等的实施,边境海关发展呈现出新特征:沿边省区进出口贸易业务门类和业务体量呈现快速增长态势,拥有对外开放口岸 126 个;物流运输网络更加完善,形成陆运、空运、水运、管道等立体式物流网,多式联运业务的迅速发展进一步提升了运能互补和物流支撑能力;对外开放平台不断丰富和拓展,形成沿边和腹地交相呼应、相得益彰的全面开放格局。全球贸易深入发展引发了国家安全环境的重大变化,边境在国家安全中的重要性更加凸显,加之总体国家安全观涵盖的政治、国土、经济、文化、生物等领域安全内容直接涉及国门安全,边境海关作为维护口岸安全的核心主体面临的压力与挑战更加繁重严峻。

在数字时代背景下,依托数字技术促进治理理念、政务流程与体制机制等多方面创新的系统性变革成为提升公共部门治理效能的有效路径。① 边境海关承担起维护国家安全和促进双循环新发展格局的"交汇枢纽"角色的同时,在数字化进程中面临何种挑战及薄弱环节,又应如何推进"三智"合作(智慧海关、智能边境、智享联通)②,并提升边境口岸国门安全防控治理能力? 对于以上问题的梳理,可为边境海关实现深入践行总体国家安全观,坚决筑牢国门安全防线,促进贸易安全与便利的目标提供优化对策。

二、数字时代我国边境海关维护国门安全面临的新挑战

数字时代与数字治理的到来使云计算与大数据等信息技术成为重要的治理工具,国家安全在数字技术发展过程中也得以拓展内涵和空间、重塑环境。③ 而在数字时代趋势下,国际政治经济形势浪潮涌动,大国博弈日趋激烈,各国之间相互联系和依存日益加深,新型冠状病毒肺炎疫情(以下简称"新冠疫情")深刻改变了国际政治经济格局。④ 我国面临的安全环境更加复杂多变,边境海

---

① 刘淑春:《数字政府战略意蕴、技术构架与路径设计——基于浙江改革的实践与探索》,《中国行政管理》2018年第9期。
② "三智"合作中的"智慧海关"是确保海关自身能力适应时代要求的关键,"智能边境"是确保海关监管服务有效促进贸易安全便利的保证,"智享联通"是确保各国海关监管制度和信息衔接通畅的手段,三者相辅相成。
③ 姚璐、何佳丽:《全球数字治理在国家安全中的多重作用》,《现代国际关系》2021年第9期。
④ 祁昊天:《疫情下美国总体安全态势演进:大国竞争、经济压力与军事转型》,《国际政治研究》2020年第3期。

关作为维护国门安全的主力军,防范境外安全威胁的责任和压力也愈发艰巨。

(一)国际格局复杂多变给边境海关维护国门安全形成新威胁

现阶段,国际社会的逆全球化、单边主义、贸易保护主义、"中国威胁论"频频抬头,多边主义和多边贸易体制受到严重冲击。国际政治热点此起彼伏,恐怖主义、武装冲突等活动猖獗,国内社会大局发展稳定的基础还需不断筑牢。从进出境领域来看,"枪弹毒"、管制刀具、反动宣传品等各类危安物品非法进出境依然频发,"洋垃圾"、濒危物种及其制品进入以及"水客"走私风险高企,屡禁不绝。境内外反动势力利用所谓的"人权"、民族、宗教以及台湾、西藏、新疆、香港等问题,盯住我国边境地区,不断对我国进行政权颠覆、和平演变、颜色革命等干扰破坏,通过国境口岸渗透危害社会稳定和长治久安的风险仍然长期存在。新冠疫情暴发以来,以美国为代表的"国际不合作"以及各种压力,使中国面对的国际环境更加复杂。① 边境海关在政治和安全把关、反奸防谍、防范意识形态方面渗透等领域面临的挑战愈加艰巨。

(二)经济社会快速发展给边境海关维护跨境贸易秩序带来新挑战

数字时代的进步有力促进了扩大和深化全方位对外开放,尤其体现在现代物流业迅猛发展、科学技术日新月异,囊括多种运输方式的立体物流网络日益成熟完善,跨境电子商务、边境管理与协调、农产品检验检疫准入等各种业务不断发展。面对世界百年未

---

① 赵可金:《"软战"及其根源——全球新冠肺炎疫情危机下中美关系相处之道》,《美国研究》2020年第3期。

有之大变局,海关身处国家对外开放的最前沿,承担促进对外贸易强化税收安全的职责。新冠疫情的突然暴发致使全球经济陷入深度衰退,外贸外资规模大幅度萎缩,更加凸显了海关管理面临诸多挑战需用数字化管理手段来有效解决的迫切性。2020 年,我国进出口总值达 32.16 万亿元,创历史新高,增长 1.9%,是全球唯一实现正增长的主要经济体。但同时,人流、物流、资金流、信息流相互聚集叠加,与之伴生的安全风险隐患也在加大。2021 年 3—4 月,某边境直属海关连续破获两起大案要案,分别涉及濒危物品走私和"水客"走私,案值合计超过 10 亿元,表明在国际贸易逐步恢复的情况下,边境地区走私风险丝毫不容忽视(如图 1 所示)。面对百年大变局与疫情大流行带来的全新课题,世界海关组织将 2021 年国际海关日的主题定为"海关促进可持续供应链的恢复、更新和韧性",呼吁海关的数字化转型。近年来,中国海关致力于智能化建设,在第二届"一带一路"国际合作高峰论坛上首次提出"三智"这一全新的国家海关间合作理念,与各国积极共建"一带一路"海关信息交换共享平台,为进一步推进海关数字化管理,维护跨境贸易安全便利提出新方案、新方向。

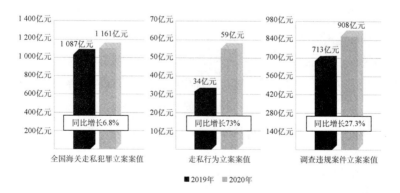

图 1　全国海关案件查获情况

资料来源:海关总署 2020 年统计数据。

(三)现代化治理方式给边境海关履行把关职责提出新课题

党的十九届五中全会就"统筹发展和安全"做出重要论述和部署。当前,我国对外开放的国策未变,且不断深化,国门安全面临的考验也越来越严峻,同时贸易及边境安全、通关便利化与海关人力资源有限的矛盾也日益突出。立足新发展阶段推动高质量发展,需要海关及时回应现代化治理方式提出的新要求、新课题,不断创新监管服务机制,提升基层海关的治理效能,使海关履职的基础更牢固、更坚实。数字时代治理理论体现了治理理论与信息技术的有机结合。① 随着大数据、云技术、人工智能等数字化科技手段给海关业务带来的安全与便利体验受到普遍认可,实现现代海关智能化管理成为深层次需求。在西方已有多个国家开展"政府即平台"的数字政府建设框架,例如英国政府通过"通用技术系统(GTS)"构建标准化的数字服务并改进税务和海关管理数字化平台。② 对于中国一些边境海关来说,因其所处特殊的区情社情及相对薄弱的经济发展基础,如何借助信息技术手段将危安因素有效封堵于国门之外、拦截于边境一线,实现监管、治理模式的变革创新,更是一项复杂而深刻的课题。对标新加坡、德国等拥有跨境贸易安全便利"最佳实践"③的国家和地区,中国边境海关需要坚持系统观念,把握好强化监管与优化服务的辩证统一关系,在数字化技术驱动下,进行全局性管理和数字化赋能的探索,发挥各类对外开放平台作用,深耕智慧海关管理的新模式、新流程,真正在"管

---

① 翁士洪:《数字时代治理理论——西方政府治理的新回应及其启示》,《经济社会体制比较》2019 年第 4 期。
② 蒋敏娟、黄璜:《数字政府:概念界说、价值蕴含与治理框架——基于西方国家的文献与经验》,《当代世界与社会主义》2020 年第 3 期。
③ 参见王念:《新加坡数据跨境流动管理的经验与启示》,《财经智库》2020 年第 4 期。

得住"的前提下实现"通得快",努力实现强化监管与优化服务的有机统一。

三、我国边境海关维护国门安全存在的薄弱环节

我国海关事业的发展历程蕴含深刻的科技基因与创新文化。① 在数字化趋势下,基于大数据、物联网、云计算等先进技术,逐步构建起海关信息化应用体系。② 然而,随着数字时代的纵深推进,在贸易竞争与经济数字化、新冠疫情等态势叠加下,边境海关承担的维护国门安全、保障进出口安全等方面的监管职责更多、范围更广、链条更长,更加需要以数字科技创新推动治理模式转变。①总体而言,面对新形势下国门安全防控工作中不断出现的新情况、新问题,结合数字治理理论与海关机构实践,可发现边境海关在强化安全管控、提升把关效能、数字技术应用等方面还存在薄弱环节。

(一)边境海关全链条、全领域安全防控体系不健全

目前,我国边境海关全链条、全领域安全防控体系不健全主要体现在两个方面。一方面,部分地区在国门安全防控上还存在思维惯性,仍然认为"国门安全主要还是口岸安全",受这一传统认识的影响,风险防控、实际监管力量分配不够精准,没能有效围绕供应链开展全链条、全领域的有效安全防控,在系统防控上存在不足。另一方面,一些地区在处理把关与服务关系时存在偏差,没能

---

① 李文杰、李梅、李丽华、刘晓慧、刘鹏:《"十四五"海关科技融入地方科技创新体系的必要性及发展路径探析》,《科技管理研究》2021年第7期。
② 刘建军、孙玉健、张智、唐彩焱:《区块链技术在海关智慧通关领域的应用研究》,《天津科技》2021年第1期。

很好地将强化监管与优化服务有机统一起来,嵌入式监管、顺势监管的质效仍有提升空间,与"三智"建设提出的安全风险的融合防控仍有较大差距。

(二)边境海关强化科技运用维护国门安全不到位

数字时代,新一轮科技革命和产业变革加速演进,颠覆性技术持续涌现,新一代信息技术全面渗透应用,科技创新进入大融通阶段。对边境海关而言,传统安全与非传统安全问题交织凸显,亟须以科技创新有效支撑口岸监管和检疫。对照新阶段、新理念、新格局和新要求,科技的先导作用发挥不足。就现阶段国门安全防控领域的科技成果转化率、贡献率来说,口岸实验室检测能力和设备使用效益还需持续提高,还不能适应边境海关业务发展变化的最新需求。此外,关键技术研发和应用创新能力,以及主动谋划科技带动管理变革和技术提升的能力有待进一步提升。

(三)边境各方维护国门安全的防控合力未形成

随着国门安全内涵的拓宽、海关业务改革的推进和进出境监管实践的发展,一定程度上出现了法规制度与现行业务运行不匹配的情况,对于理顺防控机制、提升防控效能造成一定影响。边境国门安全治理具有"点多、线长、面广"的突出特点,双多边贸易交易频繁、人员流动性强、执法任务繁重、口岸利益攸关方众多,对边境海关维护国门安全的治理能力是一项巨大挑战。边境地区海关与周边国家海关的国际合作成为我国政府部门对外交流交往的特色项目和品牌项目,如 AEO、TIR、农产品快速通关"绿色通道"等,迄今已取得一系列成效。但也应当看到,经贸领域合作成果较为丰硕,在安全领域的合作项目相对较少,跨境联合执法等方面的合作层次、合作成果还有进一步提升的空间。

（四）边境海关维护贸易通道安全高效的措施不精准

贸易安全是指一国（或地区）的对外贸易在受到来自国内外不利因素冲击时，依然能保持较强的国际竞争力或具有足够的抗衡和抵御能力，贸易额能够维持在一个稳定水平的状态；而海关在贸易安全中起关键性的作用。随着世界各国之间关税同盟、自由贸易协定的缔结使关税收入的重要性下降，海关管理的重点逐渐向反恐、知识产权保护和维护贸易安全与便利等非传统职能转变，海关在经济安全体系中发挥着更加重要的作用。囿于业务体量、改革经验、资源支撑等多方面原因，目前我国边境海关很多业务改革均是"自上而下""自东向西"部署推进，再加上边境地区及周边国家特殊的经济社会特点，一些具体措施在边境海关的契合度、落实效果还有不足，不利于应对各种叠加复杂、错综交叉的国门安全风险。在疫情防控的特殊形势下，边境地区海关在"双循环"格局中扮演着更加特殊的"交汇枢纽"角色，"稳外贸、稳增长"的目标压力更大。边境海关辖区与周边国家国土接壤、道路相连、人文相通，交流发展有先天的基础和优势，是探索维护贸易通道安全高效的有利条件。目前，边境海关迫切需要以智能化建设为基础，因地制宜，勇于探索，积极促进疫情防控、严密监管与安全便捷、通关便利的有机统一。

四、提升我国边境海关国门安全治理能力的建议

习近平总书记指出，越是开放越要重视安全，越要统筹好发展和安全，着力增强自身竞争能力、开放监管能力、风险防控能力，炼

就金刚不坏之身。① 随着新一轮科技革命的深入发展,越来越多的发展中国家也意识到推进数字时代治理进程是促进国家发展的重要举措。② 中国紧跟时代步伐,《中华人民共和国国民经济和社会发展第十四个五年规划和 2035 年远景目标纲要》对加快数字化发展、建设数字中国做出部署。2021 年 2 月 9 日,习近平主席在中国-中东欧国家领导人峰会上,秉持人类命运共同体理念,将协同治理理论与现代科技运用相结合,创造性地提出"三智"合作倡议。③ 中国海关深入领会"三智"合作的重大意义和丰富内涵,以"三智"合作为引领,提高监管服务效能,促进贸易安全和通关便利化,既与推进数字化改革要求相呼应,体现海关现代化建设的方向,也为国门安全治理插上高新技术和智能化的翅膀。"三智"合作即"智慧海关、智能边境、智享联通"合作,三者相辅相成、融为一体。"智慧海关"是确保海关自身能力适应时代要求的关键,"智能边境"是确保海关监管服务有效促进贸易安全便利的保证,"智享联通"是确保各国海关监管制度和信息衔接通畅的手段。我国边境海关必须对标国际最高标准,加快实施监管能力水平提升工程,深化数字监管模式和手段改革创新,强化监管优化服务,从软实力、统筹力、协同力三个方面,不断提升边境海关维护国门安全治理能力,不断丰富完善"三智"合作的科学内涵,提高海关开放监管能力,提升口岸运行效能,畅通国际经贸和人员往来。

(一)建设"智慧海关",提升维护边境海关国门安全的软实力

"智慧海关"强调科技创新和管理手段的优化,实现海关治理

---

① 习近平:《正确认识和把握中长期经济社会发展重大问题》,《求是》2021 年第 2 期。
② 王少泉:《数字时代治理理论:背景、内容与简评》,《国外社会科学》2019 年第 2 期。
③ 转引自倪岳峰:《以"智慧海关、智能边境、智享联通"引领海关贸易安全和通关便利化合作》(2021 年 3 月 16 日),海关总署网站,http://www.customs.gov.cn/customs/xwfb34/302425/3578116/index.html,最后浏览日期:2021 年 11 月 25 日。

体系和治理能力的现代化。通过加强海关监管设施设备及新技术应用的"智慧"基因,推进监管查验装备、物流基础设施智能化,提升促进贸易安全与便利化的科技支撑,配套完善相关监管制度和流程,优化监管资源配置,进一步提高监管的精准性、有效性。

1. 提升科技装备配置智慧效能

凭技术执法、靠数据说话是海关监管工作的鲜明特色。随着海关智慧监管不断加强,核心关键技术研发和应用创新能力亟待相应提升,具体可以从以下方面加强统筹。首先,积极引进先进技术,加快监管装备智能化升级,推动VR查验、无人机、人工智能系统、远程操作、北斗导航、5G智能眼镜等高新技术应用于海关监管查验,探索核生化等危害因子智能识别技术,在打击"洋垃圾"、濒危动植物及其制品、新型毒品走私和疫病疫情防控等领域,加快检测项目扩项和科技装备研发,补齐边境一线执法短板。其次,优化科技资源,强化风险情报、传染病和动植物疫情、食品安全、商品质量安全等科技资源整合,着力打造更加高效的预警监测指挥平台以及全景可视化风险地图,特别是综合运用AR、数字孪生①、可视化等技术,克隆口岸一线海关监管作业场所数字化模型场景,依托数字副本实现精准映射、虚实互动、智能干预,进一步提升远程智能监控和精准管控水平。最后,盘活存量、提高质量,用好用足各类科技设备资源,做好实战状态下的硬件功能检测,真正让设施设备在战时发挥智慧功能,提升使用效能。

2. 推动海关业务和管理系统的高度融合

以科技为支撑,加强海关各业务领域的关联耦合和业务结合的协调联动,是推进海关治理体系和治理能力现代化的重要举措,

---

① 数字孪生是充分利用物理模型、传感器更新、运行历史等数据,集成多学科、多物理量、多尺度、多概率的仿真过程,在虚拟空间中完成映射,从而反映相对应的实体装备的全生命周期过程。数字孪生是一种超越现实的概念,可以被视为一个或多个重要的、彼此依赖的装备系统的数字映射系统。

具体可以从以下方面尝试突破。首先,整合海关作业系统,打通通关管理、风险管理、税收征管、自贸发展、检验检疫、监管指挥、企业管理、统计分析等业务领域,推动海关业务参数、业务代码标准化,理顺业务岗位与系统授权关联关系,打造信息对称、数据贯通、流程清晰、线上线下相融合的业务信息系统,推动实现数据重生。其次,深入推进海关"互联网+政务服务""互联网+监管"系统建设和移动应用普遍化,以"零风险、零泄漏"为目标构建"零信任"网络安全技术体系,持续优化网络配置结构,打造海关数据高度融合、交换共享的智慧系统。最后,深化跨部门跨地域互联互通,加快国际贸易"单一窗口"标准版的推广和应用,实现口岸部门"单一窗口"标准版功能和地区全覆盖,牵头建设口岸数据资源共享平台,进一步汇聚相关政府部门、运营机构、常驻企业的各类数据,推动跨系统、跨部门、跨层级数据要素有序流动、安全共享、全程可溯。

3. 优化科技资源智慧布局

科学合理的科技资源布局,有利于形成充满活力的海关监管和技术保障机制,具体可以从如下方面入手。首先,对标国际一流水平,聚焦公共卫生安全、国门生物安全、进出口危化品及危险货物包装鉴定等专业领域,加强国家检测重点实验室建设,重点攻关海关工作中带有全局性、关键性、前瞻性的科学技术问题,推动实验室资质和检测结果国际互认。其次,不断调整和优化国家检测重点实验室、区域实验室和常规实验室布局,建立特色鲜明的检验检测实验室网络,打造"重点突出、布局合理、快速精准、保障有力"的海关实验室技术保障格局。最后,严格落实《中华人民共和国生物安全法》等国家法律法规关于实验室建设有关要求,推进实验室标准体系建设,严格执行实验室技术规范和操作规程,注重质量控制,加强检测技术培训,不断提高海关实验室检测质量。

（二）构建"智能边境"，增强维护边境海关国门安全的统筹力

"智能边境"强调推动信息共享，强化联防联控，打造边境管理部门跨界跨境联通共治，即应用大数据技术支持智能风控实施，推动物流监管智能预警、安全风险智能研判、企业信用智能分析、产品信息智能溯源等，实现出入境货物、旅客、运输工具自动化风险评估和精准布控。

1. 防控举措向国境之外智能延伸

面对日趋复杂的国际环境，维护口岸安全责任更加突出。口岸监管关口前移是提升口岸安全风险防控和应急处置能力的重要途径，可从如下方面推进。首先，发挥大数据分析支撑作用，掌握境外致害因素，做到科学识别与精准防控，重点关注威胁"源发性"的地缘空间特点，从国际外源性、国内内源性、边疆双源性和交织多源性等方面，加强风险信息搜集。其次，深化数据监测技术运用，对货物安全准入、合法进口等要素提前完成风险甄别，强化境外源头锁定，探索与国外多部门开展涉恐涉爆、枪弹毒、活动物、种苗、转基因食品等高风险货物的协同监管，应用智能定位等物联网技术，更加精准地将高危风险拦截在国门之外。[1] 最后，复制推广安哥拉境外传染病监测哨点等经验，在探索拓展境外监测哨点工作内容的基础上，建设边境智能监测预警系统，实现疫情早期发现、早期预警、危害评估和快速处置以及监测点全景展示，并将境外传染病监测哨点的模式和经验推广至安全准入、商品检验、动植物检疫等领域。[2]

---

[1] 陈斯友、庄佩芬：《中国农产品贸易口岸监管运行机制及其优化路径探索》，《农业经济》2021 年第 9 期。

[2] 莫纪宏：《关于加快构建国家生物安全法治体系的若干思考》，《新疆师范大学学报》（哲学社会科学版）2020 年第 4 期。

2. 防控重点向口岸一线智能聚焦

海关是维护国门安全的第一道防线，以智慧建设为抓手，着力提高海关口岸一线监管能力，对打造平安口岸、筑牢国门安全屏障意义重大，可从以下方面将防控重点向口岸一线智能聚焦。首先，全面落实"两段准入"改革，针对高资信类企业、生产型企业的有效识别商品，通过先期机检防范安全准入风险，依托"智能审图"技术实现快速研判和信用验放，在"准许入境"环节突出专业化、全覆盖，在"合格入市"环节突出集约化、高效率，切实做到风险分级分类处置、行政主导型执法与技术主导型执法有机融合。其次，强化安全准入智能监管，充分利用物联网、5G 等技术，不断优化完善"智能审图"算法，借助 X 光机、H986 等，提高对枪支弹药、核生化爆、管制刀具、毒品、反动宣传品等违禁品的查缉效能。最后，推动构建智能边境管控线，借鉴边防部门边境管控"人防、物防、技防"经验，以"边境铁丝网、电子脉冲、高清视频监控、光电追踪系统、射频识别设备、WiFi 管控、便民警务站"等要素建设为抓手，进一步深化边境感知技术运用，不断延伸边境管控触角，压缩非法边境活动空间，有效遏制绕开设关地对我渗透、跨境贩毒、"蚂蚁搬家式"走私等情形。

3. 防控链条向后续领域智能拓展

提升智慧化水平，创新监管方式，将防控链条向后延伸，有利于放管结合、并重，构建公开透明、简约高效的监管体系，具体而言可采取如下措施。首先，抓紧建立基于数据挖掘的海关风险管理体系，①探索应用大数据创新海关后续监管模式，在确保安全的基础上，注重用好内部数据、聚集外部数据、交互政府数据，科学合理分类监管风险，破解后续监管人力资源分散配置与后续监管链条

---

① 李延海、孙林岩、孙雯：《信息技术在海关风险管理中的应用》，《科技进步与对策》2006 年第 9 期。

延伸的结构性矛盾,推动后续监管资源向高水平集中。其次,健全国内追溯反馈体系,加强与市场监管、食药监、畜牧、林业林草等部门的联动协作,探索建立监管数据信息共享平台,配套建立覆盖链条末端的商品监管机制,推广电子监管手段和标签溯源体系,实现对进境产品全程质量安全监管。最后,强化稽查、核查在安全领域的作用,探索运用企管业务运行监控平台、企业精准画像等科技系统打造"智能企管",持续完善商品流向追溯、风险分析、不合格商品处置等制度,充分利用海关后续稽查、核查管理手段,开展对进出口食品安全问题追溯调查、企业遵守检验检疫法规状况检查、履行质量安全承诺制情况核查等后续执法,追溯防范、严厉打击危害国门安全的违法违规行为。

(三)实现"智享联通",强化维护边境海关国门安全的协同力

"智享联通"强调推进海关网络的互联共享,加快制度标准对接,联合全球供应链各方共促贸易安全与便利。边境海关不仅要加强监管智能化发展的"硬"建设,还需不断完善与周边国家海关在安全领域、信息数据、边境通关、注册准入等方面的执法合作的联防共享机制,与边境管理部门在联防联控中的配合协作的协同机制,持续聚焦政策、规则、标准的"软"联通,通过凝聚智享联通理念和制度创新共识,推动实现跨境合作和边境管理协调。

1. 强化国门安全协同共治

国门安全是攸关国家安全的重要领域,坚决守牢国门关口是落实总体国家安全观的重要任务,是一项系统工程,需要加强顶层设计,深化协同共治,不断完善防控闭环,具体可以从如下方面入手。首先,树立场域安全理念,建立将国门安全的源头、终端、过程、第三方、关涉部门及社会力量进行整合布置的"场域安全"体系,加强国门安全治理的战略性、整体性设计,在更大的空间场域

内重新认识国门安全在国家安全、地缘、利益、战略拓展中的联结作用。其次,随着新一轮机构改革的落地实施,海关已成为维护国门安全的主力军,①为更好发挥海关在维护国门安全方面的重要职责作用,需从顶层制度设计层面,明确海关主力军的地位和作用,为争取相关配套保障资源奠定基础。再次,完善联防联控机制,加强各地区对国门安全工作的组织领导和执法协作,在现行各级安全防控工作组织领导机制下专设"维护国门安全工作组",建立契合国门安全防控实际的综合治理体系,不断凝聚疫情监测、信息共享、快速反应、处置协调等环节的防控合力。最后,推动社会力量参与共治,②加强与行业协会、企业、社区、村镇等社会力量协调联动,在应对技术性贸易壁垒、反走私综合治理等方面,加强信息搜集和流通交互,提升社会力量参与国门安全联防联控的积极性。

2. 明晰维护国门安全职责标准

明晰维护国门安全职责标准就是要把握"三智"合作中的制度创新机遇和空间,依托技术理性跨越推动制度理性,③针对性推进数字化转型各个领域的决策、技术架构选择、制度和流程的变革等,具体而言可采取如下措施。首先,从顶层设计视角进行制度建设,对数字化的近期和长远目标进行合理规划,并及时做好相关法规制度文件的"立改废释",明晰海关在安全管理方面的事权和责任,推动构建系统完备、科学规范、运行有效的海关法律规范体系标准,高质量提供制度供给。其次,加强边境地区国门安全治理的战略性、整体性设计,推动将国门安全纳入总体国家安全战略体

---

① 倪岳峰:《以习近平新时代中国特色社会主义思想为统领 坚定不移把党的十九大精神在海关落到实处》,《人民论坛》2018 第 1 期。
② 丁忠毅:《中国陆地边境公共卫生安全治理研究》,《社会科学战线》2020 年第 12 期。
③ 许亥、陈川、李魁:《数字化改革必须把握好六大关系》,《浙江日报》,2021 年 4 月 12 日。

系,将国门安全能力建设作为国家全面深化改革的重要内容。再次,积极推进《中华人民共和国国境卫生检疫法》《国务院关于反走私工作的若干规定》等法律法规制定工作,深入参与国门安全和国际贸易相关规则制定,提升法律法规的时代性、针对性及其与国际规则的接轨度,深度参与规则设计。最后,在推进严格规范公正文明执法的同时,消除基层执法中的模糊地带,既做到依法履职,又防止超范围承责,加强对海关一线执法人员合法权益的依法保护,完善配套保障机制,可参照公安机关建立的相关执法保障机制,探索建立海关依法履职容错免责机制,满足新形势下开展包容审慎监管、容缺监管等需要。

3. 推进国际海关执法合作共享

海关处在对外开放安全防控"第一线"。近年来,中国海关积极参与世界贸易组织、世界海关组织、世界动物卫生组织、国际植物保护公约组织等有关规则和标准的制定,深度参与自贸协定谈判,实现了与有关国际规则和标准的全面对接。这些前期的探索和工作为推进"三智"合作打下坚实基础。面对百年未有之大变局,海关需要进一步深化国际海关执法合作共享机制,具体可以从如下三个方面着手。首先,理顺合作规则,有效发挥科学技术、数据系统等在跨境安全防控中的作用,深度参与针对风险管理和供应链安全标准制定的国际海关合作,围绕信息共享、情报交换、联合监管、跨境执法、动植物检疫等多个领域,推动形成与周边国家的一揽子国门安全对话和合作框架,协同保障产业链供应链安全稳定。其次,搭建合作平台,积极地构建完善和参与实施"高级别政治对话、海关外事合作战略对话、磋商或互访、边境会晤"等多层面、多领域、多主体的对话和协商机制,发挥边境海关的参与、协调、推动作用,突出多元治理、多元参与,将海关、口岸相关部门和相关组织机构,以及从事国际贸易的企业和个人纳入其中,构建一体推动格局。最后,加强合作共享实践,围绕案件协查、控制下交付、联合行动等,积极举行跨境联合演练,不断拓展联演联训领域,提高演练综合性,为推动国际海关间"监管互认、执法互助、信息互换、行动互信"积累实战经验。

面向未来,新海关应充分立足职能优势,从深化改革创新、强化系统集成、加快创新实践、提高服务水平、加强国际合作等不同维度搭建"三智"合作治理平台,并在"三智"合作框架下,为企业"走出去"参与"一带一路"建设提供海关方案,进一步引领开放型经济高质量发展。总之,在维护我国边境海关国门安全的前提下,不断巩固和挖掘边境海关长期以来形成的国际海关合作经验基础,重点聚焦"一带一路"沿线国家,着力打造具有标志意义和引领意义的国际合作品牌项目,为深入践行人类命运共同体理念、丰富"三智"合作成果,切实作出海关贡献。

稿　　约

1. 《复旦城市治理评论》于 2017 年正式出版,为学术性、思想性和实践性兼具的城市治理研究系列出版物,由复旦大学国际关系与公共事务学院支持,复旦大学国际关系与公共事务学院大都市治理研究中心组稿、编写,每年出版两种。《复旦城市治理评论》坚持学术自由之方针,致力于推动中国城市治理理论与实践的进步,为国内外城市治理学者搭建学术交流平台。欢迎海内外学者惠赐稿件。

2. 《复旦城市治理评论》每辑主题由编辑委员会确定,除专题论文外,还设有研究论文、研究述评、案例研究和调查报告等。

3. 论文篇幅一般以 15 000—20 000 字为宜。

4. 凡在《复旦城市治理评论》发表的文字不代表《复旦城市治理评论》的观点,作者文责自负。

5. 凡在《复旦城市治理评论》发表的文字,著作权归复旦大学国际关系与公共事务学院所有。未经书面允许,不得转载。

6. 《复旦城市治理评论》编委会有权按稿例修改来稿。如作者不同意修改,请在投稿时注明。

7. 来稿请附作者姓名、所属机构、职称学位、学术简介、通信地址、电话、电子邮箱,以便联络。

8. 投稿打印稿请寄:上海市邯郸路 220 号复旦大学国际关系与公共事务学院《复旦城市治理评论》编辑部,邮编 200433;投稿邮箱:fugr@fudan.edu.cn。

稿　　例

一、论文构成要素及标题级别规范

来稿请按题目、作者、内容摘要(中文 200 字左右)、关键词①、简短引言(区别于内容摘要)、正文之次序撰写。节次或内容编号请按一、(一)、1.、(1)……之顺序排列。正文后附作者简介。

二、专有名词、标点符号及数字的规范使用

1. 专有名词的使用规范

首次出现由英文翻译来的专有名词(人名、地名、机构名、学术用语等)需要在中文后加括号备注英文原文,之后可用译名或简称,如罗伯特·登哈特(Robert Denhardt);缩写用法要规范或遵从习惯;各类图表制作清晰正确,引用图表一定注明"资料来源"(出处文献格式请按照下面的"文献注释"要求)。

2. 标点符号的使用规范

请严格遵循相关国家标准,参见《标点符号用法》(GB/T 15834—2011)。

3. 数字的使用规范

请严格遵循相关国家标准,参见《出版物上数字用法》(GB/T 15835—2011)。需要说明的是:一般情况下,对于确切数字,请统一使用阿拉伯数字;正文或注释中出现的页码及出版年月日,请以公元纪年并以阿拉伯数字表示;约数统一使用中文数字,极个别地方(为照顾局部前后统一)也可以使用阿拉伯数字。

三、正文中相关格式规范

1. 正文每段段首空两格。独立引文左右各缩进两格,上下各空一行,不必另加引号。

---

① 关键词的提炼方法请参见《学术出版规范——关键词编写规则》(CY/T 173—2019)。

2. 正文或注释中出现的中、日文书籍、期刊、报纸之名称,请以书名号《》表示;文章篇名请以书名号《》表示。西文著作、期刊、报纸之名称,请以斜体表示;文章篇名请以双引号""表示。古籍书名与篇名连用时,可用中点(·)将书名与篇名分开,如《论语·述而》。

3. 请尽量避免使用特殊字体、编辑方式或个人格式。

四、注释的体例规范

所有引注和说明性内容均须详列来源:本《评论》的正文部分采用"页下脚注"格式,每页序号从①起重新编号,除对专门的概念、原理、事件等加注外,所有注释标号放在标点符号的外面;表和图的数据来源(资料来源)分别在表格下方(如果表有注释的话,请先析出资料来源再析出与表相关的注释说明)和图题下方析出。

【正文注释示例】

[例一] 陈瑞莲教授提出了区域公共管理的制度基础和政策框架。① 杨龙提出了区域合作的过程与机制,探讨如何提高区域政策的效果和协调区域关系。② 第二类主要着眼于具体的某个城市群区域发展的现实要求,比如政策协同问题、大气污染防治、公共服务一体化等。

[例二] 1989 年,中共中央发表《中共中央关于坚持和完善中国共产党领导的多党合作和政治协商制度的意见》,明确了执政党和参政党各自的地位和性质,明确了多党合作和政治协商制度是中国的基本政治制度,明确了民主党派作为参政党的基本点即"一个参加三个参与"③。

---

① 陈瑞莲:《论区域公共管理的制度创新》,《中山大学学报》2005 年第 5 期。

② 杨龙:《中国区域政策研究的切入点》,《南开学报》(哲学社会科学版)2014 年第 2 期。

③ "一个参加三个参与"指,民主党派参加国家政权,参与国家大政方针的制定,参与国家事务的管理,以及参与国家法律、法规、政策的制定和执行。

【表的注释示例】

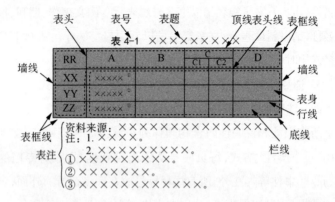

【图的注释示例】

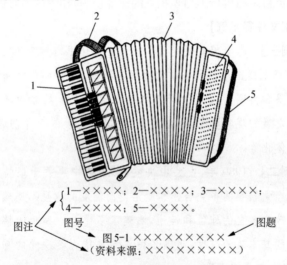

五、注释格式附例

1. 中文著作

＊＊＊(作者名)著(或主编等):《＊＊＊＊＊＊》(书名),＊＊＊出版社＊＊＊＊年版,第＊页。

如,陈钰芬、陈劲:《开放式创新:机理与模式》,科学出版社2008年版,第45页。

2. 中文文章

（作者名）:《***》（文章名）,《******》（期刊名）****年第**期,第**页/载***著（或主编等）:《******》,***出版社****年版,第*页①。

期刊中论文如,陈夏生、李朝明:《产业集群企业间知识共享研究》,《技术经济与管理研究》2009年第1期,第51—53页。

著作中文章如,陈映芳:《"违规"的空间》,载陈周旺等主编:《中国政治科学年度评论:2013～2014》,复旦大学出版社2016年版,第75—98页。

3. 译著

（作者名或主编等）:《***》,***译,***出版社****年版,第*页。

如,[美]菲利普·科特勒:《营销管理:分析、计划、执行和控制》（第九版）,梅汝和等译,上海人民出版社1999年版,第415—416页。

4. 中文学位论文

（作者名）:《***》（论文标题）,****大学****专业**（硕士/博士）学位论文,****年,第*页。

如,张意忠:《论教授治学》,华东师范大学高等教育学专业博士学位论文,2006年,第78页。

5. 中文网络文章

（作者名、博主名、机构名等著作权所有者名称）:《****》（文章名、帖名）(****年*月*日)（文章发布日期）,***（网站名）,***（网址）,最后浏览日期:*年*月*日。

如,王俊秀:《媒体称若今年实施65岁退休 需85年才能补上养老金缺口》(2013年9月22日),新浪网,http://finance.sina.com.cn/china/

---

① 期刊中论文的页码可有可无,全文统一即可,但是涉及直接引文时,需要析出引文的具体页码。论文集中文章的页码需要析出。

20130922/082216812930.shtml,最后浏览日期:2016 年 4 月 22 日。

6. 外文著作

******(作者、编者的名+姓)①,ed./eds.②(如果是专著则不用析出这一编著类型),******(书名,斜体,且除虚词外的每个单词首字母大写),***(出版地):***(出版社),****(出版年),p./pp.③*(页码)。

如,John Brewer and Eckhart Hellmuth, *Rethinking Leviathan: The 18th Century State in Britain and Germany*, Oxford: Oxford University Press, 1999, pp.5-6.

7. 外文文章

******(作、编者的名+姓),"******"(文章名称,首字母大写),******(期刊名,斜体且首字母大写),****,(年份)***(卷号),p./pp. ***(页码).或者,如果文章出处为著作,则在文章名后用:in ******(作、编者的名+姓),ed./eds.,******(书名,斜体且首字母大写),***(出版地):***(出版社),****(出版年),p./pp.*(页码)。

期刊中的论文如,Todd Dewett and Gareth Jones, "The Role of Information Technology in the Organization: A Review, Model, and Assessment", *Journal of Management*, 2001,27(3),pp.313-346.

或著作中的文章如,Randall Schweller, "Managing the Rise of Great Powers: Theory and History", in Alastair Iain Johnston and Robert Ross, eds., *Engaging China: The Management of an Emerging Power*, London: Routledge, 1999, pp.18-22.

---

① 外文著作的作者信息项由"名+姓"(first name + family name)构成。以下各类外文文献作者信息项要求同。
② "ed."指由一位编者主编,"eds."指由两位及以上编者主编。
③ "p."指引用某一页,"pp."指引用多页。

8. 外文会议论文

******(作者名+姓),"******"(文章名称,首字母大写,文章名要加引号), paper presented at ******(会议名称,首字母大写),********(会议召开的时间),***(会议召开的地点,具体到城市即可).

如,Stephane Grumbach, "The Stakes of Big Data in the IT Industry: China as the Next Global Challenger?", paper presented at The 18th International Euro-Asia Research Conference, January 31 and February 1, 2013, Venice, Italy①.

以上例子指外文会议论文未出版的情况。会议论文已出版的,请参照外文文章的第二类,相当于著作中的文章。

9. 外文学位论文

******(作者名+姓),******(论文标题,斜体,且除虚词外的每个单词首字母大写), doctoral dissertation/master's thesis(博士学位论文/硕士学位论文),****(大学名称),****(论文发表年份),p./pp.*(页码).

如,Nils Gilman, *Mandarins of the Future, Modernization Theory in Cold War America*, doctoral dissertation, John Hopkins University, 2007, p.28.

10. 外文网络文章

******(作者名、博主名、机构名等著作权所有者名称),"******"(文章名、帖名)(********)(文章发布日期),***(网站名),***(网址), retrieved ******(最后浏览日期)。

如,Adam Segal, "China's National Defense: Intricate and Volatile" (April 1, 2011), Council on Foreign Relations, https://www.cfr.org/blog/chinas-national-defense-intricate-and-volatile, retrieved December 28, 2018.

---

① 如果会议名称中含有国家名称,出版地点中可省略国家名称信息。

图书在版编目(CIP)数据

人民城市论/唐亚林,陈水生主编.—上海:复旦大学出版社,2021.12
(复旦城市治理评论)
ISBN 978-7-309-15992-9

Ⅰ.①人… Ⅱ.①唐…②陈… Ⅲ.①城市管理—研究—中国 Ⅳ.①F299.23

中国版本图书馆 CIP 数据核字(2021)第 220195 号

人民城市论
RenMin ChengShi Lun
唐亚林 陈水生 主编
责任编辑/孙程姣

复旦大学出版社有限公司出版发行
上海市国权路 579 号 邮编:200433
网址:fupnet@fudanpress.com http://www.fudanpress.com
门市零售:86-21-65102580 团体订购:86-21-65104505
出版部电话:86-21-65642845
上海四维数字图文有限公司

开本 787×960 1/16 印张 16.75 字数 210 千
2021 年 12 月第 1 版第 1 次印刷

ISBN 978-7-309-15992-9/F·2843
定价:66.00 元

如有印装质量问题,请向复旦大学出版社有限公司出版部调换。
版权所有 侵权必究